编委会

高等职业学校"十四五"规划酒店管理与数字化运营专业新形态系列教材

总主编

周春林　南京旅游职业学院党委书记，教授

编委（排名不分先后）

臧其林　苏州旅游与财经高等职业技术学校党委书记、校长，教授
叶凌波　南京旅游职业学院校长
姜玉鹏　青岛酒店管理职业技术学院校长
李　丽　广东工程职业技术学院党委副书记、校长，教授
陈增红　山东旅游职业学院副校长，教授
符继红　云南旅游职业学院副校长，教授
屠瑞旭　南宁职业技术学院健康与旅游学院党委书记、院长，副教授
马　磊　河北旅游职业学院酒店管理学院院长，副教授
王培来　上海旅游高等专科学校酒店与烹饪学院院长，教授
王姣蓉　武汉商贸职业学院现代管理技术学院院长，教授
卢静怡　浙江旅游职业学院酒店管理学院院长，教授
刘翠萍　黑龙江旅游职业技术学院酒店管理学院院长，副教授
苏　炜　南京旅游职业学院酒店管理学院院长，副教授
唐凡茗　桂林旅游学院酒店管理学院院长，教授
石　强　深圳职业技术学院管理学院院长，教授
李　智　四川旅游学院希尔顿酒店管理学院副院长，教授
匡家庆　南京旅游职业学院酒店管理学院教授
伍剑琴　广东轻工职业技术学院酒店管理学院教授
刘晓杰　广州番禺职业技术学院旅游商务学院教授
张建庆　宁波城市职业技术学院旅游学院教授
黄　昕　广东海洋大学数字旅游研究中心副主任/问途信息技术有限公司创始人
汪京强　华侨大学旅游实验中心主任，博士，正高级实验师
王光健　青岛酒店管理职业技术学院酒店管理学院副院长，副教授
方　堃　南宁职业技术学院健康与旅游学院酒店管理与数字化运营专业带头人，副教授
邢宁宁　漳州职业技术学院酒店管理与数字化运营专业主任，专业带头人
曹小芹　南京旅游职业学院旅游外语学院旅游英语教研室主任，副教授
钟毓华　武汉职业技术学院旅游与航空服务学院副教授
郭红芳　湖南外贸职业学院旅游学院副教授
彭维捷　长沙商贸旅游职业技术学院湘旅学院副教授
邓逸伦　湖南师范大学旅游学院教师
沈蓓芬　宁波城市职业技术学院旅游学院教师
支海成　南京御冠酒店总经理，副教授
杨艳勇　北京贵都大酒店总经理
赵莉敏　北京和泰智研管理咨询有限公司总经理
刘懿纬　长沙菲尔德信息科技有限公司总经理

高等职业学校"十四五"规划酒店管理
与数字化运营专业新形态系列教材

总主编 ◎ 周春林

酒店督导管理实务

主　编　黄　昕　赵莉敏
副主编　王　艳　刘　嫄
　　　　陈啸林　柳　勤
　　　　严秀玲　翁　栋

JIUDIAN
DUDAO
GUANLI SHIWU

华中科技大学出版社
http://www.hustp.com
中国·武汉

内 容 提 要

本教材由在酒店业深耕多年的行业专家与高校教师执笔,基于酒店日常工作场景,针对酒店督导工作中实际存在的痛点和难点,结合职业生涯规划相关知识,从角色正确认知、岗位能力提升和主要业务部门实操三方面阐述酒店督导应该掌握的基础理论和操作技能技巧。

本教材在编写时充分考虑了发展性和深入性。一方面根据酒店业的发展现状加入了酒店督导应具备的创新思想和数字化能力内容,另一方面又对传统酒店督导理论进行了结合实际的深入解读和探讨。

本教材适合旅游和酒店管理专业学生学习。通过系统梳理,帮助学生建立对自身和对酒店督导岗位的正确认知,了解酒店督导的真实场景和工作要求,并从解决实际工作问题角度出发,掌握应具备的管理基本理论,并将这些理论应用在酒店工作场景实践中。

图书在版编目(CIP)数据

酒店督导管理实务/黄昕,赵莉敏主编. —武汉:华中科技大学出版社,2022.9(2025.1重印)
ISBN 978-7-5680-8661-5

Ⅰ. ①酒… Ⅱ. ①黄… ②赵… Ⅲ. ①饭店-企业管理 Ⅳ. ①F719.2

中国版本图书馆 CIP 数据核字(2022)第 146877 号

酒店督导管理实务 黄 昕 赵莉敏 主编
Jiudian Dudao Guanli Shiwu

策划编辑:李家乐
责任编辑:张 琳
封面设计:原色设计
责任校对:李 琴
责任监印:周治超

出版发行:华中科技大学出版社(中国·武汉)　　电话:(027)81321913
　　　　　武汉市东湖新技术开发区华工科技园　　邮编:430223
录　　排:华中科技大学惠友文印中心
印　　刷:武汉市洪林印务有限公司
开　　本:787mm×1092mm　1/16
印　　张:14.5　插页:2
字　　数:342 千字
版　　次:2025 年 1 月第 1 版第 4 次印刷
定　　价:49.90 元

本书若有印装质量问题,请向出版社营销中心调换
全国免费服务热线:400-6679-118　竭诚为您服务
版权所有　侵权必究

总序

  2021年,习近平总书记对全国职业教育工作作出重要指示,强调要加快构建现代职业教育体系,培养更多高素质技术技能人才、能工巧匠、大国工匠。同年,教育部对职业教育专业目录进行全面修订,并启动《职业教育专业目录(2021年)》专业简介和专业教学标准的研制工作。

  新版专业目录中,高职"酒店管理"专业更名为"酒店管理与数字化运营"专业,更名意味着重大转型。我们必须围绕"数字化运营"的新要求,贯彻党中央、国务院关于加强和改进新形势下大中小学教材建设的意见,落实教育部《职业院校教材管理办法》,联合校社、校企、校校多方力量,依据行业需求和科技发展趋势,根据专业简介和教学标准,梳理酒店管理与数字化运营专业课程,更新课程内容和学习任务,加快立体化、新形态教材开发,服务于数字化、技能型社会建设。

  教材体现国家意志和社会主义核心价值观,是解决"为谁培养人、培养什么样的人、如何培养人"这一根本问题的重要载体,是教学的基本依据,是培养高质量优秀人才的基本保证。伴随我国高等旅游职业教育的蓬勃发展,教材建设取得了明显成果,教材种类大幅增加,教材质量不断提高,对促进高等旅游职业教育发展起到了积极作用。在2021年首届全国教材建设奖评审中,有400种职业教育与继续教育类教材获奖。其中,旅游大类获一等奖优秀教材3种、二等奖优秀教材11种,高职酒店类获奖教材有3种。当前,酒店职业教育教材同质化、散沙化和内容老化、低水平重复建设现象依然存在,难以适应现代技术、行业发展和教学改革的要求。

  在信息化、数字化、智能化迭加的新时代,新形态高职酒店类教材的编写既是一项研究课题,也是一项迫切的现实任务。应根据酒店管理与数字化运营专业人才培养目标准确进行教材定位,按照应用导向、能力导向要求,优化设计教材内容结构,将工学结合、产教融合、科教融合和课程思政等理念融入教材,带入课堂。应面向多元化生源,研究酒店数字化运营的职业特点及人才培养的业务规格,突破传统教材框架,探索高职学生易于接受的学习模式和内容体系,编写体现新时代高职特色的专业教材。

  我们清楚,行业中多数酒店数字化运营的应用范围仅限于前台和营销渠道,部分酒店应用了订单管理系统,但大量散落在各个部门的有关顾客和内部营运的信息数据没有得到有效分析,数字化应用呈现碎片化。高校中懂专业的数字化教师队伍和酒店里懂营运的高级技术人才是行业在数字化管理进程中的最大缺位,是推动酒店职业教育数字化转型面临的最大困难,这方面人才的培养是我们努力的方向。

高职酒店管理与数字化运营专业教材的编写是一项系统工程,涉及"三教"改革的多个层面,需要多领域高水平协同研发。华中科技大学出版社与南京旅游职业学院、广州问途信息技术有限公司合作,在全国范围内精心组织编审、编写团队,线下召开酒店管理与数字化运营专业新形态系列教材编写研讨会,线上反复商讨每部教材的框架体例和项目内容,充分听取主编、参编老师和业界专家的意见,在此特向这些参与研讨、提供资料、推荐主编和承担编写任务的各位同仁表示衷心的感谢。

该系列教材力求体现现代酒店职业教育特点和"三教"改革的成果,突出酒店职业特色与数字化运营特点,遵循技术技能人才成长规律,坚持知识传授与技术技能培养并重,强化学生职业素养养成和专业技术积累,将专业精神、职业精神和工匠精神融入教材内容。

期待这套凝聚全国高职旅游院校多位优秀教师和行业精英智慧的教材,能够在培养我国酒店高素质、复合型技术技能人才方面发挥应有的作用,能够为高职酒店管理与数字化运营专业新形态系列教材协同建设和推广应用探出新路子。

全国旅游职业教育教学指导委员会副主任委员
南京旅游职业学院党委书记、教授　周春林
2022 年 3 月 28 日

前言

酒店督导,作为旅游酒店行业的基层管理岗位,是旅游和酒店管理专业的学生从事专业对口工作的"必经之路"。在酒店实际工作中,由于对自身定位不清、沟通能力缺乏,以及缺乏培训意识等问题,优秀员工无法成为优秀督导的案例屡见不鲜。毫不夸张地说,对于未来的管理者而言,无论社会和行业环境如何变化,督导管理的理念永不过时。

同时,在数字化时代背景下,酒店数字化技术应用场景中包括的数字化管理与数字化服务,迫切需要督导层管理者精通掌握,为高质量的服务以及高效运营打下坚实的人才基础,相关专业的大专院校学生更需要提前掌握与时俱进的数字化理念和工具方法,才能从容应对时代发展和行业迭代带来的挑战,实现个人发展和企业发展的双赢。

正是基于对上述问题的思考,我们萌生了本教材的编写思路,具体来说,本教材具有如下特点。

一是侧重数字化思维和工具应用的发展性特点。

数字化转型驱动变革生产和生活方式,正在成为引领中国未来经济发展的重要方向。而旅游与酒店业作为现代休闲服务行业以及新时代满足人民美好生活需要的主要渠道,其数字化转型十分迫切。在《"十四五"文化和旅游发展规划》中,各级旅游主管部门和企业更加注重科技前沿技术的应用与创新能力提升,将先进的数字化技术运用到文化旅游发展中,让酒店业数字化转型为客人创造良好体验并为实现高效运营做出贡献。

2021年,教育部印发了《职业教育专业目录(2021年)》,对不同层次职业教育专业进行一体化设计,将"酒店管理"专业更名为"酒店管理与数字化运营"专业。新的旅游类职业教育国家专业教学标准要求适应产业优化升级需要,对接产业数字化、网络化、智能化发展新趋势,对接新产业、新业态、新模式下职业领域和岗位(群)的新要求,不断满足产业高质量发展对高素质技术技能人才的需求,推动职业教育专业内涵升级,提高人才培养质量。本教材正是在此背景下,将数字化能力、数字化技术应用和数字化场景融入督导管理课程,为酒店管理专业的数字化升级提供有力支撑。

二是关注行业实例和真实场景的实践性特点。

酒店行业的督导管理教材汗牛充栋,但针对大专院校学生的以实践操作为导向的相关教材却不多见。基于对"一语不能践,万卷徒空虚"的落地应用性考虑,本教材编写组邀请了多位行业专家作为主要编写人员,基于专家对行业督导能力培养的迫切需求的深刻洞悉,以深厚的行业经验为支撑编写本教材,从行业视角选取当下酒店热点问题和实际案例作为分析素材,为读者营造一个感同身受的真实场景,以期更好地解决教材与行业不贴合的问题,达到理论与实践有机结合,真正做到"所学即所用"。

三是基于个人视角和企业视角的双视角特点。

在对学生或督导进行管理能力养成的教育中,人们往往会从酒店对员工要求的视角来展开,学习的总基调是"你应该",容易让员工产生"为企业而学"的感觉,但其实,站在学生与员工个人发展和成长的角度,在所有对督导的要求和建议的背后,学习是个人能力提升的助力,想让学生理解这点并不难,只要换个角度就能说明白这个道理。本教材将生涯规划与督导管理的具体内容结合,从不同视角阐述督导管理的必要性,帮助学生知其然并知其所以然,以增强读者的学习动力和热情。

因此,本教材的核心目的是希望通过系统学习,帮助读者正确认知在数字化时代下,酒店对督导的要求和自身成长的生涯规划殊途同归,并从认知和实践两个角度帮助酒店和旅游专业学生掌握应具备的数字化管理基本理论,以及这些理论在酒店工作场景中的实践运用。

基于上述思考,本教材的基本框架设计如下图所示。

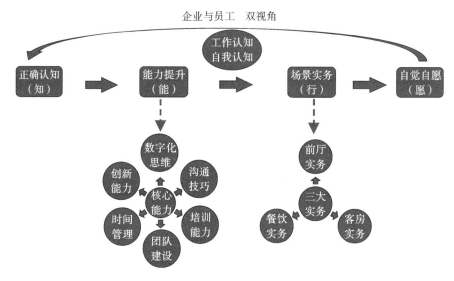

酒店督导管理实务教材基本框架

为综合体现本教材的专业性和实践性,本教材编写组由行业专家、高校教师和兼具理论学术与工作实践背景的多位专家组成,黄昕和赵莉敏两位香港理工大学的博士作为主编联袂对教材思路和理论框架进行了设计研究和定稿,并组织多位专家共同撰写:项目一由赵莉敏撰写,项目二和项目七由刘媛撰写,项目三由陈啸林撰写,项目四、项目六和项目八由王艳撰写,项目五和项目九由柳勤撰写,项目十由严秀玲撰写。翁栋对全书进行了统稿和文字梳理,马漩在内容校对方面提供了协助与支持。黄昕和赵莉敏对教材的整体内容和质量进行了最终的审定和完善。

本教材是编者长期的心血与成果,其间也因为内容的优化和表达方式的统一等问题几易其稿甚至推翻重来,目的就是让教材能够尽量圆满地承载最初的设计。但由于时间关系,教材依然存在诸多不尽如人意之处,期待读者提出宝贵意见,以便我们日后修订和再版。

感谢华中科技大学出版社给予的大力支持,感谢各位同行在本教材的编撰中给予的各种支持和帮助!

《酒店督导管理实务》编写组
2022 年 7 月

小研、小智、小泰、小和是同学也是好朋友,他们一起从某大专院校的酒店管理专业毕业,毕业时他们幸运地进入了想去的某五星级酒店工作。小研被分到了西餐厅,小智、小泰、小和分在了前厅、客房部等,他们兴致勃勃地投入了新的工作。

小研先在西餐厅做服务员,后来被前厅部经理看中调到了前厅做接待员,在接下来一年的工作中,小研服务意识好,学习能力强,为客人提供了很多优质服务,客人纷纷交口称赞,在年底的员工绩效评定中小研得到了上级和同事的一致认可,破格升职成为一名前厅领班。

小研非常珍惜这个难得的机会,希望能尽快上手并收获工作成果,她满怀热情地投入到新的工作中,可是两个月过去了,小研并没有得到她想要的结果,反而有些迷茫,原本很灵动的大眼睛也慢慢失去了原有的光彩,当初对她有知遇之恩的前厅部李经理注意到了她的变化,特意在这天下班后约小研一起吃饭聊天,想看看在这段时间里,这个本来优秀的姑娘到底碰到了什么困难,又有什么问题需要解决。

吃完晚饭,在李经理的关心下,小研把她这段时间以来所有的困惑都一股脑地说了出来。

小研的第一个困惑来自她和同事的关系。之前她做员工的时候,跟同事的关系特别好,有什么问题大家都互相帮助,可是自从她升职做了领班,这种亲密无间的关系发生了微妙的变化,尤其是那些年纪比她大、在酒店工作时间比她长的老员工,不再像以前那样主动工作,总是等着她安排工作,有时候还会有点阴阳怪气,就像前两天解决一个客人的问题时,小研和一位老员工的意见不一致,这个老员工就在旁边跟新来的员工说:"还是听领导的吧,谁让人家是领导呢!"听到这句话,小研的心里特别不是滋味。

即便是新员工,小研也觉得有点"搞不定"。比如前两天酒店的生意非常好,为了增加酒店收益,小研想起经理说过可以接一定比例的超额预订,于是就通知前台员工在房间已满的情况下可以接几间房的预订,结果前台员工竟然同时表达了反对:"这样行吗?万一所有客人都来了,我们能负得起这个责任吗?"小研从他们的话语里听出了明显的不信任。

除了跟员工的关系,小研觉得主管对她的态度也发生了很大的转变,以前主管每次看到她都会表扬她态度好、能力佳,对她的工作非常满意,可是自从她做了领班,主管每次见到她不是问客人的意见就是问员工的表现,如果她没有及时回答,主管虽然没有明确批评,但明显表露出了失望,小研心里也很委屈,她觉得自己每天都带头为客人提供服务,每天都加班,比以前做员工时工作时间长了很多,可为什么主管还那么不满意呢?

除此以外,小研对自己的选择也产生了怀疑,过去她一直觉得自己特别适合在酒店工作,因为她非常喜欢跟人打交道,所以在高考填报志愿的时候,她毫不犹豫地选择了酒店管理专业,而且在学生阶段她也一直在学生会工作。可是,她现在突然对自己的选择产生了怀疑:"自己那么努力,却得不到应有的回报,所以,我的选择对吗?这份工作,真是我未来应该从事的行业吗?"小研还告诉李经理,通过她与自己的好朋友小和、小泰、小智的沟通交流,发现自己的困惑并不是偶然的,她的几个好朋友也都遇到了相同的问题。所以,应该怎么办呢?

听了小研的话,李经理笑着告诉小研,这段时间她和她的朋友们遇到的所有问题一点儿都不奇怪,都是正常现象,而且都能解决,因为让他们困惑的其实无外乎有这么几点:

一名好员工能够自动成为一名优秀管理者吗?为什么?

成为一名管理者以后,与上下级的关系发生了什么变化?

想要成为一名优秀的管理者,需要具备什么能力?

什么职业是好职业?如何判断一个职业是否适合自己?

看着小研频频点头,李经理告诉她,想要解决这些问题,需要系统学习督导管理的相关知识,随后,她拿出了这本华中科技大学出版社出版的《酒店督导管理实务》,并告诉小研,这本教材是与她有过相同工作经历的行业专家专门为了解决像她一样的新督导的问题而撰写的,她刚刚提到的所有问题,这本教材里全有答案。

小研听了高兴极了,赶紧谢了李经理,回到办公室后,她便迫不及待地打开书,一边读,一边想:我得赶紧读,回头还得让小智他们也好好学习。

目录
MULU

项目一　树立酒店督导的正确认知　001

任务一　树立正确的工作认知　003
任务二　建立正确的自我认知　011

项目二　提升酒店督导的数字化能力　021

任务一　认识数字化思维　023
任务二　学会督导的日常数据分析　029

项目三　加强酒店督导的沟通技巧　038

任务一　学会与客人沟通　040
任务二　学会与上司沟通　045
任务三　学会与下属沟通　049

项目四　提升酒店督导的培训能力　054

任务一　实施部门级入职培训　056
任务二　实施班组的在岗培训　064
任务三　运用数字化工具　073

项目五　提升酒店督导的影响力　077

　　任务一　建设团队凝聚力　079
　　任务二　提升酒店督导的自我修养　084
　　任务三　掌握酒店督导团队建设的技巧　087

项目六　训练酒店督导的时间管理能力　093

　　任务一　学会制订周工作计划　095
　　任务二　学会安排每日工作　098
　　任务三　学会授权　103

项目七　训练酒店督导的服务创新能力　109

　　任务一　训练服务个性化创新　111
　　任务二　训练服务流程创新　119

项目八　酒店前厅督导实务　130

　　任务一　班组服务质量检查　132
　　任务二　科学排班　137
　　任务三　开展前台增销　143
　　任务四　提升线上客房产量　149
　　任务五　召开前厅班组例会　153

项目九　酒店客房督导实务　161

　　任务一　学会全面检查和督导　163
　　任务二　提高现场管理能力　173
　　任务三　掌握动态排班的技巧　182
　　任务四　学会物料管理　189

项目十　酒店餐饮督导实务　　　　　　　　　　　　195

　　任务一　掌握餐饮服务工作检查的要点　　　　　197
　　任务二　培养厅面销售能力　　　　　　　　　　204
　　任务三　应对突发事件　　　　　　　　　　　　210

参考文献　　　　　　　　　　　　　　　　　　　217

二维码资源目录

二维码对应动画/视频/案例	项目	页码
延展阅读：不同管理学家对管理的不同理解	一	011
延展阅读：霍兰德职业兴趣测试	一	013
延展阅读：盖洛普带来优势理论	一	019
延展阅读：德国工匠精神的起点：德国"双元制"职业教育模式	一	019
延展阅读：酒店数字化转型与督导	二	028
延展阅读：产生沟通障碍的原因	三	045
知识拓展：学会与上司沟通之向上管理	三	046
知识拓展：了解员工的不同风格类型	三	050
延展阅读：沟通的要素及原则	三	053
延展阅读：培训的基本概念	四	064
延展阅读：从"为什么"开始	五	080
延展阅读："喊暂停、找后援"	五	088
延展阅读：富足心态	五	088
延展阅读：沟通的技巧	五	088
延展阅读：追踪自己的时间	六	093
知识拓展：测测自己的时间管理能力	六	094
延展阅读：督导的精力管理	六	102
知识链接：测测自己的授权能力	六	103
延展阅读：服务流程创新与优化——前台示例	七	124
延展阅读：如何建立和管理客史档案	八	159
知识拓展：检查的项目和内容	九	164
延展阅读：检查的方法和技巧	九	169
延展阅读：迪士尼体验	九	177
知识拓展：用餐服务工作检查	十	201
知识拓展：会议服务工作检查	十	201
延展阅读：走动式管理	十	216
延展阅读：消费者喜爱的酒店业态和消费渠道	十	216
延展阅读：企业应急预案的建立	十	216

项目一
树立酒店督导的正确认知

项目描述

酒店督导承上启下,是酒店管理层中最基层却也是最重要的一个管理群体,无论是对上级、下级还是同级,督导都承担着相应的责任。同时,督导还是一线的指挥官,不仅需要指导一线员工的现场工作,同时也作为榜样承担一定的现场服务工作。面对角色的多样性,想要正确履行职责,达到应有工作效果,酒店督导首先需要对本职工作拥有清晰和准确的理解和判断。

本项目将从工作认知的角度出发,协助学生了解酒店督导的定义和定位,以及不同人群的责任和必须掌握的工作技能,同时也从自我认知的角度协助学生了解兴趣、性格对个人职业生涯的影响,自我成长应该具备的能力三核和未来职业发展的双通道,以及酒店督导必须具备的职业道德,为实现个人目标与企业目标的双赢做准备。

项目目标

知识目标
1. 了解酒店督导的职责与定义定位。
2. 熟悉酒店督导该掌握的工作技能。
3. 理解自我素养对酒店督导的作用。
4. 掌握工作与工作规划的匹配标准。

能力目标
1. 以正确的职业认知指导督导实际工作。
2. 理解三大技能在工作中的表现及应用。
3. 掌握评价自我性格和兴趣的基本方法。
4. 掌握判断职业与兴趣之间的匹配技术。

思政目标
1. 养成酒店督导的责任意识。

2. 打造酒店督导的匠人精神。
3. 强化酒店督导的职业道德。

知识框架

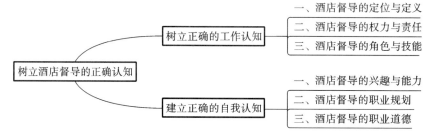

教学重点

1. 酒店督导的定位与定义。
2. 酒店督导应具备的责任。
3. 酒店督导的性格与能力。
4. 酒店督导的职业规划与道德。

教学难点

1. 对督导定义表述的理解。
2. 性格与能力的关系的清晰表达。

项目导入

某院校酒店管理专业毕业生小研,由于工作表现优异,很快被提升为一名基层管理者,即酒店督导,但是由于缺乏系统的学习,刚被提升就遇到了很大的难题,一方面她发现尽管自己曾经是一名优秀的员工,但是一名好员工并不意味着一定是一位好的管理者,同时她还发现自己与同事的关系也发生了巨大的变化,这些变化让她变得无所适从,甚至开始怀疑自己的职业选择是否正确。

庆幸的是,小研遇到了一个优秀的上级李经理,在李经理的帮助下,她很快就发现了自己的问题,并且真正理解了管理者与员工最大的不同就在于员工只是自己在工作,而管理者需要组织他人一起工作,员工只需要对自己的行为负责,而管理者则需要对所有下属的行为结果负责。

除此以外,小研还发现,其实那些感觉棘手的人际关系问题也并没有想象中的那么难,由于分工的不同,上级、下级对同一件事情的很多看法都不可能一致,遇到冲突的时候,只要能多站在对方的角度去考虑,很多问题都会迎刃而解。

让她欣喜的是,在督导技巧掌握得越来越熟练的同时,她也从工作中找到了更多的兴趣,擅长沟通的她在每一次帮助宾客以后,每一次解决员工困难以后,每一次与同事协调解决问题后,心头都会涌起一阵阵的喜悦,能够帮助别人的感觉真是太好了!

是金子总会发光的,一年以后,小研再一次得到了晋升的机会,在升职成为主管以前,她想,一定要把自己成长途中走过的路和遇到的困难记录下来,让更多的后来者少走弯路,快速成长。

任务一 树立正确的工作认知

任务引入

今天是个星期天,是刚刚升职成为督导的小研走上新工作岗位的第一天,为了有一个好的开始,她特意放弃了周末休息,早早就来到了酒店,精神抖擞地准备开始新的工作。

按照以往的经验,中午的航班多,是经营高峰期,再加上周末的原因,酒店大堂突然就变得熙熙攘攘,这不,大门外又走进了一批刚刚坐着大巴车抵达的宾客。小研立即下意识地挺直身体,像往常一样开始热情地向走向前台的每一位宾客打起了招呼:"先生,您好,欢迎光临""好的,女士,麻烦您拿一下证件,我来帮您登记""张先生,登记手续已完成,电梯在您的左手边,祝您入住愉快""小王,来帮李女士拿一下行李"……

正在她为面前的宾客提供服务时,隔壁传来了一阵吵闹:"你怎么这么慢?我都等了那么久了怎么还没轮到我,下午还要开会,急死了,这是什么效率!"小研循声望去,见到一位正排着队的身穿西装的年轻男客人满脸焦急地指责前台办理入住登记的员工,被他指责的员工小袁是个新人,独立上岗没多久,有点手忙脚乱,小研突然意识到自己已经是一名管理者了,赶紧主动向这位客人致歉,并告知考虑对方工作紧急原因,可以来自己这里办理入住登记手续,这下子排在这位客人前面的宾客着急了,纷纷表示:"我们也很忙,是不是只要投诉你们就会管啊,那我们也投诉好了!"小研发现自己没考虑全面,赶紧致歉,并请大堂副理过来帮忙,好不容易才平复了宾客的怒火。

等到把这批宾客全部送走已经是一个小时以后的事情了,小研揉着已经发僵发硬的胳膊回到后台办公室,却看到小袁正坐在办公桌前发愣,她好像刚刚哭过,眼睛还是红红的,是啊,那么辛苦且努力地工作却换来了宾客的不理解和投诉,如果是自己,可能也会觉得很委屈,那到底是哪儿出了问题?

成为管理者的第一天,这真不算一个好的开端,小研仔细回忆着今天发生的一切,这到底是谁的错?宾客的错?员工的错?还是我这位酒店督导的错?如果时间重来,我应该怎样做才能避免这种情况出现?

请同学们带着以下问题进入任务的学习:

1. 一开始小研做的是员工工作还是督导的工作?她做得对吗?
2. 对小研而言,是让她面前的宾客更满意还是让所有宾客都满意?为什么?
3. 当小研从员工晋升到督导以后,对她的能力要求有什么变化?

一、酒店督导的定位与定义

(一)酒店督导的定位

酒店督导,顾名思义,就是酒店基层管理者,也就是在整个酒店的组织架构中员工和中高层管理者的连接者(图1-1),酒店督导一方面承担了将中高层管理者的决策信息向员工传递的责任,同时又是基层员工的代言人,将员工的情况和心声向上级反馈,这就是酒店督导的核心定位。

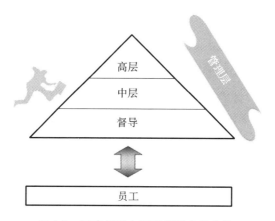

图1-1 酒店督导在酒店管理中的定位

(资料来源:Raphael R. Kavanaugh 等,《饭店业督导》)

看上去很容易理解的概念,但在实际操作中并不容易。比如督导的信息传递责任,表面上看是一项任务传达,但如果仅仅是告知,那只需发一个通知就行,但需要督导来传递是为了保证传递效果;又如为员工代言的责任,想要做好代言人,就需要真正理解员工的需求,并且确认是在酒店工作范畴内能够匹配的合理需求。

正因为有上述定位和要求,本教材所述督导并非简单的和确定的某个工作岗位,尽管在大多数情况下,督导是指酒店"领班"或者"主管"的基础管理岗位,但并非局限于此,想要更加准确地描述这个岗位,用"与员工直接打交道的基础管理岗位"更为恰当。举例来说,在一个拥有400间客房、管理层级明确、管理体系健全的酒店里,与员工直接接触的基层管理者就是领班,那么该酒店督导指的就是领班,而在一个客房数不足50间的经济型酒店,一名副店长虽然也要配合店长考虑整个门店的经营管理工作,但他同时又是所有员工的直接管理者,他和员工中间并没有其他管理层级,那么这位副店长也同样应该被赋予督导的定位和责任。

所以,对督导的定位不能一概而论,衡量一名管理者是否符合督导的标准是看他是否拥有对一线员工进行直接管理的责任。

(二)酒店督导的定义

既然酒店督导是基层管理者,也就意味着酒店督导与员工最大的区别就是督导已经进入了管理者的行列,那么,管理者与员工相比,责任和义务发生了哪些变化?工作内容又要进行怎样的调整?这与案例中小研的困惑一样,为什么当她是一名员工时,她的上级更加关心她个人的工作态度和能力,而当她成为一名基层管理者时,上级就开始关心她的下属的行为和工作结果了?如果你也有和小研一样的困惑,那不妨先来看看管理的定义。

尽管不同时期的管理学者对于管理的定义都有自己不同的理解,但有一条定义被普遍接受和认可,那就是"管理就是利用有限资源去达到既定目标的全过程"。

短短一句话,表达了非常深刻的含义,对这句话的理解可从以下几个方面来进行。

第一,管理的目的是实现工作目标。

管理不是一种毫无方向的行动,而需要有明确目标的指引。换句话说,管理更加强调的是工作结果。例如在小研的案例中,当她成为管理者进入工作岗位时,不是被动地接受工作,而是在上班前就要制定一个"做好当天所有服务工作,让所有客人都满意"的工作目标,那么为了实现这个目标,她就需要提前了解宾客的动态,合理安排时间,做好人员安排,而不是像过去一样只是在前台等待准备随时为宾客提供服务。如果她提前了解了宾客的抵达时间,就会根据当天酒店的高峰时段,提前分批安排好人员和工作,把工作技能最强和最有经验的员工安排在最繁忙的时段,案例中宾客不满的事件就不会发生。

第二,管理不是管理者自己的事情。

从员工到管理者最大的变化就是前者只需要对自己的行为和结果负责,而后者需要对所有人的行为和结果负责。从"只关注自己做了什么"到"要为所有人的结果负责"的确是一个很难跨越的鸿沟,但一旦成为一名管理者,这个鸿沟就必须跨越,而让这个跨越能够成为可能的则是督导会掌握比过去更多的资源。

一名酒店督导可以掌握什么资源?

首先是员工。人们都知道"一根筷子轻轻被折断,十双筷子牢牢抱成团"的道理。一名督导的服务能力再强也不可能得到所有宾客的认同,只有全部或者大部分员工都能成为服务标兵,才能让整个酒店的服务水平得到宾客的认同。所以,作为酒店督导,首先要认识到员工是自己拥有的资源,自己要做的是通过引导、培训的方式使这一资源充分发挥出应有的作用。

其次是财和物。成为管理者以后,一定范围内资金和物品的调配权可以让酒店督导的工作更加从容和高效。比如给常住宾客送一份节日礼物,给投诉宾客签免一个致歉果篮,对酒店空调温度进行合理调配,带头实行节能措施等,都是酒店督导对财物资源的合理利用。

除了上述人、财、物等资源,还有一些常被忽略但却真实存在且很重要的资源应该被督导看见并加以利用。比如酒店工作中常被提及并应用的SOP(标准操作程序),里面记载了员工工作的操作流程和最低工作质量标准,这些流程和标准能够使员工的工作更加科学和高效。

还有一种看不见摸不着但对酒店督导影响巨大的资源,那就是时间。尽管时间对所有人都是公平的(每人每天24小时),但在同样的时间里,不同的人却能做出不同数量和质量的工作成果,因此时间是酒店督导需要整合和利用的重要资源。本教材后续章节将对督导的时间管理进行阐述。

综上,无论是有形的人、财、物,还是无形的时间和工作方法,都是酒店督导应该认识且需要探索和利用的重要资源。

酒店督导应该认识和利用的资源如图1-2所示。

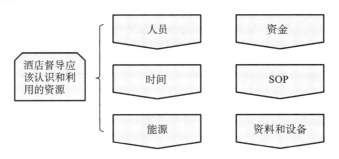

图1-2 酒店督导应该认识和利用的资源

(资料来源:Raphael R等,《饭店业督导》)

管理者能利用的资源是有限的。虽然管理者有很多资源可以使用,但不可否认的是,这些资源都有一个共同的特点——有限性。这就意味着,没有一种资源是取之不尽用之不竭的,也恰恰因为如此,才更需要管理者对资源进行合理利用和调配。

以人员资源举例来说,在真实的酒店管理工作中,几乎没有一家酒店会按照满足酒店满房的开房率来配置员工数量,尤其是近些年来受新冠肺炎疫情和各种外部环境的影响,大多数酒店的员工数量也由此更加精简,因此,经营情况较好的时候,员工就肯定不够用。

其他资源也是一样,考虑到酒店的成本控制和适配度等原因,酒店督导不可能想要什么就有什么,现实工作中要人的时候缺人、要钱的时候不够、要资料和设备的时候没有的情况屡见不鲜,面对这种情况,很多酒店督导会抱怨资源匮乏,抱怨酒店无法提供足够支持,这样的想法并不可取,因为换个角度来想,合理配置有限资源才能凸显管理者的价值。酒店督导应该常常扪心自问:如果什么资源都有,那还需要管理者做什么?酒店督导管理的真正意义就在于将有限的资源进行整合、调配和安排,从而实现既定目标。

二、酒店督导的权力与责任

(一)酒店督导的权力

上面提到酒店督导在成为管理者以后就比以前掌握了更多资源,而能够掌握更多资源的原因则在于督导拥有了更大的权力,这就是下面要阐明的内容。对于权力的概念,美国管理学家法约尔有过精辟的阐述。法约尔认为,管理者的权力分为两个部分。

1. 正式权力

正式权力也称为职位权力。具体来说,正式权力是随着职位的变化而发生变化。以酒店督导工作为例,营销部主管小张和客房部主管小王都属于酒店督导的行列,但他们的职位所带来的权力却有所不同。营销部主管由于工作性质,需要接待宾客的机会较多,因此小张具有签免软饮的权力,小王则没有,那么这样一来,"软饮签单权"就是一种因职务所获得的正式权力。但是假如有一天将这两位主管互相调换,他们所拥有的权力也会发生变化,原来属于小张的"软饮签单权"被转移到了小王的身上,小张不能再签单,而小王可以,这就是一个职位权力的典型表现。

职位权力包括:职务权力,即因为职务带来的升职加薪;奖赏权力,即一种可以带来积极效应或奖赏的权力;强制权力,即一定程度上即便员工不愿意也必须配合的权力。以上这些权力会随着职位的变化而变化。

2. 非正式权力

非正式权力也称为个人权力。与正式权力不同,非正式权力是不会随着职位的变化而发生变化。举例来说,一位在前厅工作的大堂副理小杨因工作需要被调至培训部工作,但是由于小杨积累了大量的对客服务和接待经验,即便他已经离开了前厅,但原来的同事一旦遇到解决不了的问题还是会下意识地向他寻求帮助,当然,他对原来同事的影响力依然存在,也就是尽管已经离开原岗位,但权力仍在。小杨对原同事的这种影响力就是非正式权力。非正式权力包括专业权力和感召权力:专业权力指的是由于管理者的专业技能出类拔萃而赢得员工的崇拜和信赖,从而获得的权力;感召权力则是指管理者由于个人的人格魅力而赢得了员工的尊重,从而获得的权力。

正式权力和非正式权力并不矛盾,拥有正式权力的管理者需要同时加强自身的个人权力,这样即便未来发生职位变化,自己的个人权力依然存在。在日常工作中我们不难发现,个人权力高的管理者,往往也更加容易获得更高的职位。

(二)酒店督导的责任

既然酒店督导获得了一定的权力,那就必然也需要承担责任,具体来说,酒店督导的责任如下。

1. 对上级的责任

作为上级决策传递者,酒店督导对上级的主要责任有以下几方面。

(1)高效完成上级安排的工作任务。

(2)达成双方一致认可的工作目标。

(3)培养拥有共同目标的工作团队。

(4)基于共同目标提出合理的建议。

2. 对下级的责任

作为员工信息代言人,酒店督导对员工的主要责任有以下几方面。

(1)为员工提供安全的工作环境。

(2)为员工解决工作的实际困难。

(3) 以身作则成为员工工作表率。
(4) 公平公正地解决员工的问题。
(5) 为优秀的员工提供成长机会。

3. 对同级的责任

作为利益相关者,酒店督导对同级的主要责任有以下几方面。

(1) 团结同级同事,从对方角度思考问题。
(2) 以酒店目标为责,随时为同事提供补位。
(3) 努力提升自我,为同级同事做出表率。

4. 对自己的责任

作为职业规划主体,酒店督导对自己的主要责任有以下几方面。

(1) 认清自己:了解自己的优劣势,扬长避短。
(2) 职业规划:匹配工作要求,达成目标。

三、酒店督导的角色与技能

(一) 酒店督导的角色

一旦某一员工成为督导,他的角色较之从前就发生了巨大变化,总体来说,督导需要转变和承担的角色如下。

1. 决策制定者

这是督导与员工最本质的区别。如果说员工是动手的执行者,那么督导就是动脑的决策者。与员工大多被动接受领导指令的特征相比,督导则更多需要在面对问题时依据现场情况经过缜密思考后做出决策。

 同步案例

面对宾客丢弃的牙膏袋,督导应该做点啥

晓冉是一位有经验的客房督导,一天她在查房时路过新员工小卓正在打扫的客房,她想了解一下小卓的工作情况,就走进了房间,恰好看到小卓正在收拾整理卫生间台面。就在小卓要把台面的垃圾扔进垃圾桶时,眼尖的晓冉叫住了他,并从他的手上拿走了正要丢弃的一个宾客用过的牙具袋。

看到晓冉拿着牙具袋若有所思的神情,小卓很是不解,他疑惑地问:"晓冉姐,您在看什么呢?"晓冉回过神来问小卓:"小卓,你看这牙具袋上明显有牙齿咬过的痕迹,你说这是为什么呢?"

对呀,这是为什么呢? 小卓摇了摇头,表示不知道,晓冉笑着对他说:"明明应该用手可以轻轻撕开的牙具袋,却被宾客咬成这样,大概率是因为我们的牙具袋难以撕开,给宾客带来不好的体验,接下来你去拿给我一个新的牙具袋,我来看看是否确实不好撕,如果是这样,我就要汇报给经理,跟采购部沟通这个批次的牙具袋的问题,总不能让每个宾客用牙刷前还得练好牙口吧……"

听完晓冉的话,小卓忍不住感慨:"难怪您能当领导呢,原来同样的东西在我的眼里和在您的眼里完全不是一个概念呀!"

这个案例清晰地说明了督导和员工的区别,同样一个用过的牙具袋,在员工眼里是垃圾,在督导眼里是改进服务的机会,由此做出的"向上级汇报,改进产品质量"的瞬时想法则充分体现了督导的决策角色。

2. 关系协调者

成为管理者以后,督导便开始面对各种各样的利益相关者。在这些利益相关者中,既有直接面对和服务的酒店宾客,也有一起工作的上级和下级,同时也有尽管接触不多但对酒店而言非常重要的政府机构或检查部门(图1-3)。

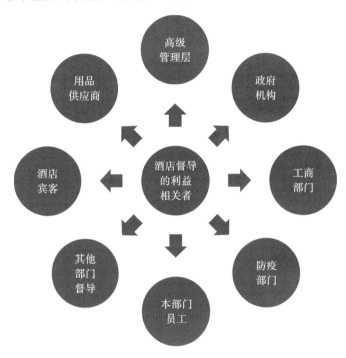

图1-3 酒店督导的利益相关者

这些关系看起来错综复杂,但因为都对酒店的经营结果产生影响,因此每一个都至关重要,也正因为如此,将各种关系进行整合和协调使其对工作产生积极影响,成为酒店督导的重要工作。

3. 信息传递者

从督导的定义可以看出,酒店督导承上启下,既是上级决策信息的传达者,也是员工的代言人。具体来说,将酒店管理层会议上的酒店战略经营举措向员工进行传递和解读,充分理解员工诉求后向上级反映真实情况,都是酒店督导作为信息传递者的角色诠释。

(二)酒店督导的技能

因为需要承担以上三种不同的角色,酒店督导需要掌握面对不同角色时的不同技能。具体来说，督导应该具备的技能有如下三种。

1. 行政技能

行政技能主要指的是与督导工作密切相关的基本技能。具体来说，首先是一线操作技能，比如前厅领导首先应该是开房登记的熟练手，大堂副理一定要在处理宾客投诉方面具备丰富的经验，餐厅主管首先要是点菜和服务能手。除了具备与专业相关的业务操作技能，还要有一定的文字和口头表达能力。前者可以帮助酒店督导不惮于撰写日常工作标准和流程，后者可以应用在酒店督导的日常沟通和会议当中。

2. 人际技能

顾名思义，人际技能指的是与人打交道的技能。前面提到酒店督导协调关系的角色正是对人际技能的要求体现。督导个人的素质和态度很大程度上影响了员工的信任度；敏锐的感觉能够帮助督导体察员工需求，将合适的人放在合适的位置上。除此以外，掌握沟通技巧，用最合适的方法获得最想达成的沟通效果；善用激励，让员工心甘情愿地投入工作并达成效果；强于引导，用培训和辅导的方式提升员工基本技能，这些都是酒店督导工作中人际技能的体现。

3. 宏观技能

督导的宏观技能与决策要求密切相关。正如前文所述，员工与督导的最大区别就是前者用手，后者用脑。想要用脑，则需要使用缜密的逻辑和结构化的思维，这是对管理者提出更高要求的宏观技能。宏观技能有助于管理者敏锐地发现日常工作中的问题并提出改进方案，除此以外，宏观技能还能帮助管理者在面对突发事件时提出最有效的应对措施和解决之道。

以上三种技能均对酒店督导的实际工作产生裨益，但不同层级的管理者需要掌握的技能占比大有不同。图 1-4 清晰地表达了酒店管理者应该具备的基本技能。

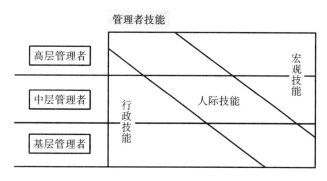

图 1-4　酒店管理者的基本技能（罗伯特·卡茨）

对于身处基层管理岗位的酒店督导而言，最应该具备的技能应该是行政技能，其次是人际技能，相对来说，在督导需要的技能中，宏观技能的占比最低，但却非常重要。尤其值得酒店督导思考的是，图 1-4 除了帮助督导认清自己应该具备的技能要求以及占比，更可以借机认清自己的劣势并给予补足。同时督导还应认识到，只有用更高的标准要求自己，提升的机会才会更大。

任务思考

正值暑假,酒店经营情况非常好,周末入住率竟然达到了95%。酒店生意好当然是好事,可问题是,经历过上半年的经营淡季,酒店员工的流失非常严重,导致人手一直不够,上报给人力资源部的招人计划也迟迟没有落实。

客房督导小智在忙碌了一整天以后,不由得在工作间里发起了牢骚:"这活儿,真不是人干的!我刚来酒店的时候,客房清洁员工每天只需要打扫10间房,现在已经增加到每人每天要打扫12间了,可还是缺人,向人力资源部要人也要不到,这么点儿人,干这么多活儿,还成天要求服务质量,没有人怎么干好服务?人少活多,谁都不乐意多做,我一个人又要查房,还要腾出时间做那些没人愿意做的房间卫生,动不动还冒出一个宾客投诉,不仅要处理,还有可能被领导骂,这管理者当得太憋屈了,还不如做个员工呢,只管做好自己的分内工作就好,其他啥都不用操心!"

请分析:

1. 小智对管理者的理解存在问题吗,为什么?
2. 请结合本任务指出小智对于酒店督导定位与定义方面的错误认知。
3. 请结合本任务指出小智对于酒店督导权力与责任方面的错误认知。
4. 请结合本任务指出小智对于酒店督导角色技能方面的错误认知。

延展阅读

不同管理学家对管理的不同理解

任务二　建立正确的自我认知

任务引入

小研能成为一名酒店督导,其实绝非偶然。

从小她就乐于助人,帮助别人是她最开心的事情。小学一年级的时候,班主任陈老师来家访时跟她爸妈说:"小研这个孩子,性格好,大家都喜欢她,将来发展一定不错。"其实什么是"性格好"她并不知道,但知道老师是在表扬她,所以这句话就一直记在了心里。

小研的小姨是一位资深的酒店工作者,她对小研的影响也很大,小姨从一名普通的酒店服务员成长为优秀总经理,她的经历很传奇,也很励志,那些从小就听到的故事早就在小研心里种下了一颗种子,立志毕业后成为一名酒店管理者。

大学毕业如愿进入酒店工作,小研很是兴奋了一阵子,那些曾经在脑海中出现的人和事变成了真实的场景,让小研在面对时觉得既熟悉又陌生,熟悉的是这些场景都在小姨的故事里出现过,陌生的是过去她只听说了故事的结尾,却不知道事件发生的过程。

从员工到督导是一个巨大的转变，所以升职之初，面对工作内容的变化，小研有点措手不及，在经理的帮助下，她学习了有关酒店督导的基础理论知识，最近这段时间，她一边调整自己的心态，一边尝试着将教材中的知识应用到工作中，确实有很大的收获，很多曾经的问题都有了答案。

只是静下来的时候，她也会对自己的未来产生迷茫：原本觉得自己助人为乐的性格特别适合酒店行业，谁知道做了督导以后发现自己还有那么多东西要学，那么多事情要做，未来肯定还会有更多的考验，那自己还能搞得定吗？另外，就算把督导做明白了，未来自己又会变成什么样？能成为主管吗？如果想成为经理，又需要具备什么能力？这些做员工时从来不曾考虑的问题突然全部涌入了小研的脑中……

请同学们带着小研的问题进入本任务学习。

1. 什么样的人适合做酒店督导？
2. 怎样才能成为优秀的酒店督导？
3. 酒店督导的未来是什么？

一、酒店督导的兴趣与能力

（一）职业兴趣与能力匹配

先请同学们做一个简单的测试：

如果你有一次机会在以下6个小岛当中选择一个作为后半生的栖息地，请问你会选择哪个岛？

R岛：自然原始的岛屿。岛上自然生态良好，有各种野生动植物。居民以手工见长，自己种植花果蔬菜，修缮房屋，打造器物，制作工具，喜欢户外运动。缺点是这个岛上人人普遍闷头干活，沟通和交流不多。

S岛：友善亲切的岛屿。居民温和友善、乐于助人，建立了密切互动的服务网络，人们重视互助合作、教育、关怀他人，充满人文气息。缺点是这里的人们过于温和，被认为缺乏竞争意识和无原则的一团和气。

A岛：魅力浪漫的岛屿。这里有美术馆、音乐厅、街头艺人，弥漫着艺术文化气息。居民喜欢舞蹈、音乐、绘画，浪漫热情。文艺界的朋友喜欢来这里找灵感。缺点是激情之余严重缺乏条理性和逻辑性。

C岛：现代、有序的岛屿。高科技且现代化，是进步都市形态，以完善的户政管理、金融管理见长。岛民冷静保守，处事有条不紊，细心高效，善于组织规划。缺点是这里生活太稳定，凡事都有规定，照搬就行。

E岛：显赫富庶的岛屿。居民善于企业经营与贸易，能言善道，经济高速发展，处处都是高级饭店、俱乐部、高尔夫球场。来往者多是企业家、政治家、律师。缺点是这里高竞争、快节奏，工作、生活无法平衡。

I岛：深思冥想的岛屿。有多处图书馆、科技馆及博物馆。居民喜好观察、学习、分析,崇尚真知。居民经常有机会和来自各地的学者交换心得。缺点是这群关注终极问题的思考者很少享受到一些"庸俗"的快乐。

同学们,你们会怎么选?

以上测试是心理学理论中一个关于职业兴趣的经典测量模型"霍兰德职业测量"的简易版,霍兰德认为,个人职业兴趣特性与职业之间应有一种内在的对应关系,其中,R岛代表了实用型职业兴趣,S岛代表了社会型职业兴趣,A岛代表了艺术型职业兴趣,C岛代表了常规型职业兴趣,E岛代表了企业型职业兴趣,I岛代表了研究型职业兴趣。更有意思的现象是:企业型职业兴趣、艺术型职业兴趣、社会型职业兴趣都是喜欢与人打交道的,而实用型职业兴趣、常规型职业兴趣、研究型职业兴趣则更喜欢跟物打交道,在日常工作和生活中我们常常不用通过测量就能大致判断出某个人的基本性格特征,即基于日常行为作出的判断,基本不会相差太多。

兴趣不同,选择就不同,选择不同,人生就不同。从事一项感兴趣的职业会激励人们投入更多的精力,在不知不觉中做出成绩,从而影响职业生涯的走向,因此,兴趣与人生的关系异常重要。酒店督导是酒店基层管理岗位,是员工成长为管理者的第一个路标,也是必经之路。从员工成长为管理者,首先要进行自我探索,知道自己是谁,自己的兴趣在哪里,自己适合什么样的工作,这样才能看清眼前的路,并且进行有目的的探索。

通过兴趣岛测试,我们了解了自己的兴趣,而通过霍兰德的深度解读,我们发现光有兴趣不行,还得有能力。

把能力和兴趣做成两个维度分别标记在 x 轴与 y 轴,就会分成4个结果,如图1-5所示。能力高、兴趣高的区域应该是职业发展方向,就应该朝这个方向努力。如果兴趣高、能力低,可以培养自己的爱好,但是不能把它当作是赚钱的本领。如果能力高、兴趣低的话就暂时把它作为一个糊口工作。如果兴趣和能力都很低,就应该放弃探索,因为这个方向确实没有必要花费时间精力。

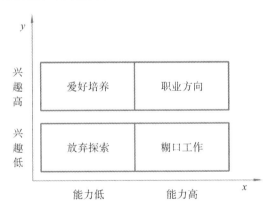

图1-5 职业生涯中兴趣与能力的关系

(资料来源:古典,《生涯规划师》)

作为一名酒店督导,如果你做完霍兰德职业测量发现自己的测试结果集中在企业型职业兴趣、艺术型职业兴趣、社会型职业兴趣,那么恭喜你,你非常适合从事与人打交道的工作,在未来的工作中你也可能会比一般人更擅长处理和面对工作中遇到的问题与挑战。如果你发现自己的测试结果集中在实用型职业兴趣、常规型职业兴趣、研究型职业兴趣,也不要气馁,因为每类性格的人都有自己适合的领域和岗位,即便是未来你想去从事更加适合自己职业兴趣的岗位,酒店督导也是你的必经之路,更何况,人的潜力无穷,很有可能在工作中你会发现一些自己以前并不知道的兴趣,变得更加多元和有竞争力。

(二)酒店督导的能力三核

前文说了对于一个人的职业规划来说,兴趣和能力缺一不可,下面就能力方面做进一步的探索。

1. 对能力三核的理解

能力三核是心理学家盖洛普优势理论中的概念,他认为,对一个人的能力评估要从知识、技能和才干三个维度进行(图1-6)。

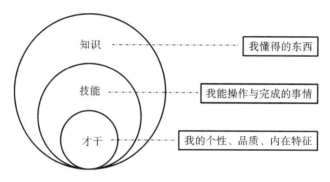

图1-6 能力三核

(资料来源:马库斯·白金汉,《现在,发现你的优势》)

如果将一个人的能力用一个圆来表示,知识、技能和才干分别位于这个圆的外围、中间和内核。

1)知识

知识指的是通过学习能够懂得的东西,也就是"什么是什么"。比如想要了解某一领域的知识,通过学习便能获得相应的结果。以酒店业为例,无论你是不是酒店业的从业者,只要你对酒店服务感兴趣,打开搜索引擎站或者与行业相关的教科书和专业资料,就能了解什么是"酒店服务",比如在搜索引擎上能够搜到"酒店,就是给宾客提供住宿和餐饮的场所"这样的表达,同理,还能搜到什么是"餐厅厅面服务",什么是"客房服务",什么是"五星级酒店",什么是"主题酒店"等。再往细了去钻研,还能知道"餐厅厅面服务"包含的"迎宾服务""上菜服务""斟酒服务""结账服务"等,"客房服务"包含"清扫房间""清扫卫生间""日常清洁"和"计划清洁"等不同的服务内容。在现代社会先进的传播条件下,人们可以通过各种便利的手段来获得知识,因此,人们能够涉猎的知识范围可以非常广泛。

2)技能

技能指的是掌握操作与完成某些事情的能力,通俗一点说就是"怎么做"。一个人可以学会非常多的知识,但是却不可能把所有的知识全都变成技能。比如你通过搜索了解了"餐厅厅面服务"中"上菜服务"的每一个步骤,但是每一个步骤没有经过实践和长时间的练习,都不能称为掌握了"上菜服务"能力。有个生活中典型的例子,就是就算你背会了100份菜谱,也未必能烧得一手好菜,说的就是这个道理。只有在工作中把每一个动作都尝试、纠偏并逐步完善,以至于熟练应用时,才能称为真正掌握了这项技能。由此可见,一定是先有知识,再有技能,知识的范围显然更大,而技能的要求则显然更高。

技能分为两种:一种是不可迁移技能,另一种是可迁移技能。前者指的是一些与某些行业和岗位密切相关、离开特定的环境和条件就不能发挥作用的技能,比如刚才提到的上菜技能,大抵只能在酒店、餐厅这样的与餐饮服务相关的场所使用,如果离开酒店业,这些技能的适用性就大打折扣。而可迁移技能指的是不受环境和条件的限制,在很多场景都能用得上的技能。比如烹饪技能,除了能作为职业来应用,还能为家人做色香味俱全的佳肴。

最典型的可迁移技能指的是一些软性技能,比如通常所说的与人沟通技能、时间管理技能等,善于与他人打交道的能力无论在哪个行业都能用得上,而时间管理技能也可成为在各行各业游刃有余的有力工具。相比于不可迁移技能,可迁移技能则显得更加高阶,要求也会变得更高。

3)才干

才干是指一种天生的能力或者悟性,在盖洛普的优势理论中被定义为特质和天赋,也就是自然而然具备、反复出现并且可以高效利用的思维感受和行为模式。简单而言,才干就是一个人最擅长的思维方式、情绪反应和做事风格。就像有人天生是左撇子一样,用左手打球是最顺手的方式,球技的提升也比用右手要快得多。

盖洛普把人的才干分为执行力、影响力、关系建立和战略思维四大维度,下面又细分为34个主题(图1-7)。一个拥有"成就"才干主题的人往往天生就对追求事物的成功有天然的兴趣;拥有"体谅"才干主题的人往往非常在意别人的感受,能够体谅别人。对酒店行业从业者而言,如果拥有"体谅""和谐""包容"等才干主题的话,对常常与人打交道的服务工作就更容易上手。世界饭店业标准化之父斯塔特勒先生就曾经说过:"我选服务员的标准就是温和,温和,还是温和。"

四大优势领域			
执行力	影响力	关系建立	战略思维
懂得如何完成某件事	知道如何取得主导、表达意见、令人信服,并确保自己的声音被团队听到	具备建构牢固关系的能力,从而将团队凝聚起来并发挥更大的力量	帮助团队思考可能发生的事,获取并分析信息,以做出更好的决策
成就 统筹 信仰 公平 审慎 纪律 专注 责任 排难	行动 统率 沟通 竞争 完美 自信 追求 取悦	适应 关联 伯乐 体谅 和谐 包容 个别 积极 交往	分析 回顾 前瞻 理念 收集 思维 学习 战略

图1-7 盖洛普优势理论四大领域34个才干主题

(资料来源:马库斯·白金汉,《现在,发现你的优势》)

综上可见，先天的才干天赋对一个人的职业生涯有非常重要的影响，才干是一个人天生具有的一些品性和素质，所以才干受遗传天赋和早期塑造（早期的养育环境）等较为先天的因素影响较大，但这并不意味着后天对才干毫无影响。

2.酒店督导的能力养成

1）酒店督导的"学知识"

对于酒店督导而言，成为一名管理者，必然有一些新的知识需要涉猎和学习。其中最典型的就是关于管理理论的学习。正如本项目任务中对管理的相关理论的认知学习就是一个很好的例子。如果不了解管理者的定位是为了实现目标，就会陷在"做的过程"中而不是关注"追求的结果"，如果不了解管理者掌握的资源有限，就会觉得手头的资源总是达不到自己的要求，从而把怨气和责任怪到和推到酒店身上，如果没有经过学习，就不会了解督导对各层面的同事都负有责任，因此需要通盘考虑问题。

2）酒店督导的"练技能"

对于酒店督导应该掌握的技能，在任务一中已经有了清晰的表述，即行政技能、人际技能和宏观技能，但光了解这三种技能还不够，想要真正掌握这些技能，还需要日复一日地勤加练习。举例来说，想要提升行政技能中的文字表达能力，就需要不断地通过写各种报告、总结等文件来练习，想要提升人际技能，就要提升口头表达能力，也就需要在日常工作中不断创造发言的机会，只有不断练习，才能有所斩获。

3）酒店督导的"攒才干"

才干主要是指天生的能力或者悟性，但后天也可以通过努力得到优化和补充。这就要求酒店督导一方面要了解自己的才干，在明确的才干指引下不断发挥优势，同时也需要了解自己才干中不具备但工作要求中必须应用的内容，进行有意识地改进和提升，比如一个性格内向的人不喜欢和人打交道，但是作为酒店督导又需要经常与员工交流，如果不具备沟通这一才干，那么每次的交流就会不顺畅，假如能够了解自己这方面才干的不足，并给予足够的重视并练习，关于沟通的才干才会得到提升，从而让自己变得更加全面。

二、酒店督导的职业规划

 同步案例

金钥匙的烦恼

小马是位热情友好、活力四射的帅小伙，大专毕业以后到C酒店应聘做了前厅服务员，由于表现出色，很快被提升为大堂副理。这是一份需要投入足够热忱和反应灵活的工作。这份工作对于小马来说如鱼得水，因为他天生是个细心善良、愿意为他人着想的人，所以，他发自内心的微笑和设身处地帮客人解决问题的能力很快得到了被他服务过的客人的认可，特别是成为国际金钥匙组织成员以后，他更是全身心地投入到工作当中，在工作中创造出了许多优秀的服务案例，他的服务多次得到客人的口头或书面表扬，数次获得酒店的嘉奖，甚至还多次被当地媒体专项报道。

时间过得很快,一转眼,小马在酒店已经工作了6年,这6年间,他由一名普通的前厅服务员升职成为前厅部副经理。得到任命,小马很开心,他下定决心要做好工作。但是很快,他也感受到了压力,由于管理的范围扩大,他需要了解更多的知识,但是最大的压力却来自下属。

对于他的下属来说,这个新领导管得实在是太细了——关注细节是新领导的强项,但是在部门管理方面,却显得有些不得要领。小马总是在下属面前指出员工的杯子放得不整齐,工号牌戴得有些歪斜,而这些应是主管们的工作。更让人郁闷的是,对于员工提出的需要与其他部门沟通的问题又迟迟不给回复。

对于分管小马的副总来说,最近的日子也不太好过,他默默观察小马的言行,发现作为管理者,小马的表现确实不尽如人意,他缺乏对部门运作整体规划的能力,也很少制定一些有利于部门发展的方针政策,他每天的工作就像是一位前厅主管,这样下去,这个部门一定会出问题。

小马自己也很苦恼,一方面,他认为自己一定可以做好工作,但是另一方面,他也觉得有点力不从心。随着时间的流逝,跟领导和下属关系的不协调让他感到痛苦,而部门工作不见起色也让他背上了沉重的包袱。一年后,他辞去了酒店的工作。而他的离去则让当初非常看好他的总经理惋惜不已。

很快,他又在另一个城市的五星级S酒店找到了一份前厅部经理的工作,但是同样的情况再次发生,部门管理工作起色不大,但是客人们却非常喜欢他,在这个酒店工作4年后,他依然还是没有升职。在接到另外一家酒店给他抛来的橄榄枝后,他再次提交了辞呈。这一次,客人们不干了,酒店的26位有发言资格的常住客人联名给总经理写了一封信要求给小马升职,理由是"这个小伙子是我们见过的最有酒店职业精神的服务者,如果不让他升职,我们就离开。"拿到这封信,S酒店的总经理陷入沉思。这把闪闪发光的"金钥匙",到底应该怎么使用?

(一)酒店督导的管理发展之路

酒店督导未来的发展路径很多,其中最可能的便是以管理岗晋升为核心的传统发展之路。具体而言有以下两种类型。

1. 单一领域的管理晋升

在传统的酒店管理岗晋升体系中,单一领域的管理晋升是普遍现象。如从餐饮部员工升职为餐饮部领班,再升为餐饮部主管,然后依次为餐饮部经理、餐饮部总监等,但无论怎么升,都是在餐饮领域精益求精,从一名本专业的初学者成长为精英。

2. 复合领域的管理晋升

与单一领域的酒店晋升之路不同的是,有些督导由于具备不同的多元技能,再加上一些机会,则会从某一专业的管理岗通过交叉学习培训等到另一个专业做管理人员,比如一位餐饮部督导,由于其性格热情开朗、善于沟通,被酒店高层看到,调到营销部工作,结果成为一名优秀的营销部总监,本书的小研也是这种情况,一开始是一名餐饮部员工,后来被调到前台当督导,未来也可能还会去客房部、营销部或者其他部门,这样一来,她的成长之路便变得更加复合。但无论是单一领域还是复合领域,这类督导的职业发展路径都是基于一个共同的原因,那就是"管理线",也就是说,之所以能够升职,评价和衡量的标准是具备管理者特征与能力。也就是人际技能和宏观技能。

(二)酒店督导的专才发展路径

酒店督导的专才发展路径是从专业技能出发而不是从管理能力角度出发。也就是说,在管理者的行政技能中,影响酒店督导专才发展之路的是其行政技能,而不是人际技能。

在日常酒店工作中经常会见到这样的酒店督导,由于多年的实际操作经验,其专业能力非常强,但是由于性格特点过于关注细节,更喜欢"做"而不喜欢"说",更不喜欢"管",因此即便是给了管理岗位也很难发挥能力,而且给自己造成很大的思想负担,其实这样的督导更适合走专才发展之路,即在自己感兴趣且擅长的领域精耕细作、精益求精,最终成为该领域的无冕之王。

三、酒店督导的职业道德

小王是一家商务酒店的前厅服务员,有一天晚上他值夜班的时候碰到一位醉酒客人来开房,醉酒客人没有仔细了解就开了一间价格昂贵的套房,小王觉得这是客人的要求又不是自己强制推销出去的,于是他为突如其来的"业绩"高兴不已,谁知道第二天他美滋滋地向经理说完这件事后竟然挨了一顿批。

小李是已经工作 5 年的酒店客房员工,多年的工作经验告诉他,很多客人把酒店客房当作是家,所以东西会随便摆放且不会刻意检查,包括一些贵重物品和钱财。有一天他趁着某间客房的客人下楼吃早餐时,偷偷从客人零散放在行李箱里的一大沓百元大钞中偷偷拿了几张,他以为客人不会发现,但却被有事返回房间取东西的客人逮了个正着。

小唐是一家酒店的大堂副理,他原本是一名很优秀的大学毕业生,平时工作表现也不错,部门已经决定近期给他升职,小伙子前途无量。但有一天夜班时,酒店大堂的摄像头拍下了这位大堂副理夜间没有抵制诱惑,从红十字捐款箱中取出当天客人捐赠 200 美金的镜头,一位前途无量的职业人被一次贪念改变了人生轨迹。

以上三件事都是酒店实际工作中发生的真实事件,它们反映的都是酒店从业者职业道德的问题。

职业道德是指从业人员在职业活动中应该遵循的行为准则,体现的是一种文化和价值观,是我们作为企业人和酒店人必须遵守的行动指南。

"善良"与"诚信"是酒店业员工需要大力提倡的职业道德。不能因为已经退房的客人床单看起来不脏就不换,不能因为宾客看不到就用一条抹布抹完脸盆又擦浴缸,擦完浴缸又擦地面,因为"一客一换"是对宾客卫生安全的保证,抹布分开也是也是酒店从业者对每一个宾客的承诺,一个个小小的"懒惰之举"违反的却是必须遵守的道德底线。

"贪念"是酒店人必须摒弃的。由于酒店业的特殊行业特点,服务人员可能会直接和宾客的财物打交道,所以被诱惑的可能性非常大,但必须了解的是,职场对道德问题的态度也非常明确,即坚决抵制不道德的行为。对于涉世未深的年轻人来说,人生就是一个不断犯错和成长的过程,虽然有些错误会倒逼自己成长,但有些错误不要犯,因为付出的代价可能超出自己的想象。

很多酒店都有违反职业道德的处罚条例,其目的不是限制员工行为,而是要以一道清晰而明确的界线让人明白企业能够承受的底线,这是对员工的正确价值观指引,更是对他们的保护。

 任务思考

1. 霍兰德职业兴趣六维度分别是哪六种?
2. 以能力和兴趣作为横、纵坐标分成的四个象限是什么?
3. 能力三核分别指的是什么?代表什么意思?

 项目小结

本项目通过对酒店督导的定义定位、权力责任、应该具备的基本技能等知识的阐述,帮助学生加强对酒店督导角色的认知,并通过霍兰德职业测量,帮助学生了解职业兴趣与能力的相互匹配,加强对自我的正确认知,建立初步的职业规划,树立正确的职业道德观。

项目训练

1. 如何理解酒店督导在酒店管理层中的定位?
2. 酒店督导在工作中具备什么角色?
3. 酒店督导需要掌握的技能有哪些?
4. 酒店督导的规划包含哪两类成长通道?分别指的是什么?

 案例分析

老张其实并不老,今年也就32岁,可为什么被叫作老张,是因为他是一位酒店礼宾员,自22岁从旅游职专毕业到酒店工作至今已经在这个岗位上工作了整整十年,经理都换了好几个,他却还一直在这个岗位上,是整个前厅部工龄最长的老员工了。

老张来自农村,性格质朴善良,还特别喜欢帮助别人。自从当了礼宾员,他每天都在琢磨怎么能把工作做好,让客人更舒心,所以除了本职工作以外还做了很多额外的工作,比如他会利用工作之余把客人的行李箱擦干净,将自己手工绘制的地图送给客人,准备酒店附近的餐饮信息提供给客人参考等,他的这些暖心之举赢得了很多客人的赞誉,第一年就因为客人表扬而荣获"酒店年度最佳员工",从此以后,

延展阅读

盖洛普带来优势理论

延展阅读

德国工匠精神的起点:德国"双元制"职业教育模式

这个称号就一直伴随着他。

时间久了，他的内心也有一点小小的遗憾，虽然工作给他带来乐趣，但是总是当个礼宾员好像确实没什么出息，而他看到自己的上级做的那些工作，说心里话，一方面觉得自己真的不具备这些能力，另一方面，他真的不喜欢，他也问过自己很多次要不要努力成为一名管理者，可内心的声音却在告诉他：与其每天跟各种各样不同的人协调关系，还真不如踏踏实实地做好本职工作，好像只有这样才是自己想要的生活。

让他能够坚持自己想法的还有工作三年后酒店的一项政策，即酒店出台了一个"星级服务大使"的政策，只要在服务工作中做出突出成绩的都可以进入这个序列，开始是一星级服务大使，达到某种标准后可升级为二星级服务大使，最高为五星级服务大使，当然不同星级的服务大使对应的薪资标准有差异，最高的五星级服务大使可以享受部门副经理的薪资待遇，而老张，现在就是酒店唯一的五星级服务大使——也就是说，尽管老张从职位上来看还是一名员工，但他的薪资待遇和前厅部副经理是一样的。

请分析：

1. 结合文中描述，你觉得老张的职业兴趣可能会是什么样？
2. 请简要分析老张的职业规划。
3. 你赞同酒店的"星级服务大使"政策吗？为什么？

项目二
提升酒店督导的数字化能力

项目描述

数字化作为新动能正在重塑酒店行业,现代化的酒店正尝试通过数字化的管理、服务和营销数字化提高管理效率、提升入住体验、增强营销效果,探索面向未来的数字化转型之道。

酒店督导是酒店数字化转型的重要执行人。用数字化思维指导日常工作,是酒店督导将酒店业务目标得以落实的保证,也是新时代赋予督导的新使命。

利用数据做好分析和决策是酒店督导数字化工作的核心内容。其中,服务质量检查中的数据分析、部门培训需求分析、客户档案数据分析以及部门管理数据分析等都是酒店督导日常工作中较常见的数字化工作应用。

通过本项目的学习,学生将从认知层面了解数字化思维的内涵及其在酒店督导工作中的重要性;在应用层面,本项目则通过督导日常工作中各种数据分析场景的应用内容描述提升酒店督导的数字化思维能力和应用能力。

项目目标

知识目标
1. 理解数字化思维的定义。
2. 了解数字化思维的过程。
3. 了解数字化思维在酒店督导工作中的重要性。

能力目标
1. 掌握用数字化思维解决问题的能力。
2. 学会分析部门管理数据。
3. 学会分析服务质量检查数据。
4. 学会分析部门培训需求数据。
5. 学会分析客户档案数据。

思政目标

1. 培养数字强国意识。
2. 培养严谨细致的工作作风。

知识框架

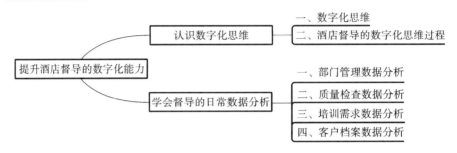

教学重点

酒店督导的日常数据分析能力。

教学难点

1. 如何生动展现数字化思维过程。
2. 如何深入理解酒店督导日常数据分析。

项目导入

在大学时就喜欢并深谙数据分析的小智最近因为工作表现突出而升任酒店客房部督导,由于具备了数据化思维,他在工作伊始就把这种思维应用在了工作中。

与其他酒店督导不同,小智非常喜欢并善于通过数据分析发现问题,并养成了随时查看和调用数据的习惯。比如,在她上任的第一个月就开始分析本部门员工的做房一次性通过率,通过对相关数据的观察,小智发现,客房员工做房一次性通过率仅为65%。"明明这些员工都是熟手,做房一次性通过率原本可以达到80%~85%,可为什么这么低呢?"小智有点困惑。

带着这个困惑,小智对具体的返工原因进行分析。很快她就找出了员工做房方面的薄弱点:员工对于铺床的熟练程度不够;抹尘的操作不够规范。于是,针对这两个薄弱环节,小智对员工进行了针对性的培训。通过不间断的训练,三个月后,客房员工的做房一次性通过率果然得到了提高,达到了80%。

除此之外,小智关注到员工赶房超时率也普遍较高。通过分析客房和前厅相关岗位的工作流程,小智发现是前厅和客房员工的操作不规范造成的:前台为了避免客人到达之后等待时间太久,会在客人到达前几小时就在系统内下达"赶房单"。这种操作不仅影响了客房部的正常做房顺序，而且还会导致赶房单普遍较多。久而久之，客房的赶房单超时率就提高了。在了解了原因之后，小智协调客房和前厅达成一致，严格按照赶房流程，当客人到达前台没有房的时候再下达赶房单。经过几周的磨合，赶房超时率明显下降。

优秀酒店督导小智在数字化系统给出的数据基础上，结合日常运营过程中的经验，发现运营过程中可能存在的问题，从而寻找原因并有针对性地解决这些问题，真正做到了对数据的充分利用，并优化了运营效果。这样一位优秀的基层管理者恰恰是酒店数字化转型中亟需的人才。

任务一　认识数字化思维

 任务引入

如果您经常入住高星级酒店就会知道，酒店会在客房里放置两瓶免费饮用水，如果客人需要更多，则需致电服务中心，接到客人要求后，由客房部员工再将赠饮水送到房间。这是行业内约定俗成的操作方法。

酒店客房督导小智最近却对这个做法不太赞同。原因是当下正是旅游旺季，酒店入住率连续数日超过90%，所有员工和管理者都停休了还是忙不过来，大家尽其所能地把房间尽快打扫出来，能够满足络绎不绝的客人入住就已经是应接不暇了，但每天总有很多客人致电服务中心要求增加赠饮水，小智和其他同事也就只能在接到任务后不得不放下手中的活儿，赶紧把水送去房间——但让人崩溃的是，由于天气炎热，客人们对赠饮水的需求量增大，常常是刚刚送完这个房间还没来得及继续做房，送水的任务就又来了。

小智从电脑的管理系统里调出了一组数据，她发现仅仅是员工小王一个人，在8小时的工作时间里就送了39次物品，每次送物耗时2分钟的话也要78分钟，一个多小时就在来回奔波的路上流失了——有没有更好的办法可以解决这个问题？

办法当然是有的。看到这些数据，聪明的小智立即想出了一个主意，她想，与其等客人索要才送，不如提前多放两瓶水在房间，这样做好像看起来是增加了成本，但是却大大减少了员工的工作量，最重要的是，说不定还能提升客人的满意度呢！

听小智说完她的想法，经理立即给予了支持，在他们改变工作流程一个月后，员工的送物频率果然大幅下降，而最让小智开心的是，她已经在各大点评网站上看到了很多客人对这个小小举动的赞许，诸如"酒店真大方，知道天气热，特地准备了4瓶水，真贴心"的赞美常常出现。

看到这样的结果,小智高兴极了。

请同学们带着对以下问题的思考进入本任务的学习:

1. 小智把员工送物品的时间计算出来有什么价值?
2. 经理为什么很快同意了小智的建议?

一、数字化思维

某知名自媒体人在跨年演讲中曾经讲过这样一个故事:一家公司的领导给每个员工发一袋装有红、黄、蓝三种颜色的玻璃球,员工每天下班时,可以根据自己的情绪,向本部门的瓶子里投一颗——高兴就投红色,一般就投黄色,沮丧就投蓝色。投球全凭自愿,无人监督,第二天早上,高管查看每个部门的投球结果。如果发现某部门的蓝色球比平时多,就会跟这个部门的主管谈一谈,了解大家心情不好的原因。如果一个部门的蓝色球总是特别多,公司就对该部门领导进行更细致的考察。

据说因为这个小小的设计,公司员工的士气提高很多。因为这个举动让员工发现公司真的是在关心人。过去有很多职场教育都是让员工不要有情绪,或学会管理自己的情绪,仿佛有情绪是一种非职业化行为。但是这个举动,将管理升级为管理者要对员工的情绪负责。

这个故事看上去仿佛没有数字化技术,但是它的背后却是如假包换的数字化思维,也就是把那些模糊的、不能测量的信息,变得可见、可衡量,并挖掘出这些信息背后的东西。

小智的案例也对此作出了几乎同样的诠释。小智通过工作经验感受到了原有工作流程有不合理之处,但是只有当她把员工每天工作量算出以后,她的直觉才变成了事实,她的建议也变得有理有据。相信这也是经理能够那么快地接纳小智的建议的重要原因。

数字化思维就是指人们通过收集数据、分析数据更好地认清事实并做决策的思维过程。酒店督导的数字化思维是指酒店督导利用各种数字化工具(平台)收集数据信息,进行分析得出结论,辅助宾客服务、员工管理以及市场营销的过程。对酒店督导来说,培养数字化思维比单纯学习数字化系统更加重要。

理解数字化思维,可以与经验思维进行对比。一般来说,人们根据已有经验进行决策判断的过程称为经验思维。而经验思维转化为数字化思维的核心内涵就是通过数字化决策评判来代替经验决策判断。通过收集数据,进而通过模型或者算法来自动得出结果,或者说是在一定程度上避免个人主观经验的干预,就是数字化思维。

下面是两位酒店营销部的销售主管对销售额下降的思考,同学们可以判断一下哪一种思维更符合数字化思维的要求。

酒店销售主管1:我们12月的销售额下降了。我觉得是年终生意不好做的原因。我也问了几个销售员,他们都说我们的大客户都收紧了财务预算。现在,已经谈下来的几家年终会议的费用也有大幅度削减。我对手头的客户进行了多次电话拜访,他们都说经济不景气,希望我们在价格上再做一些让步。

酒店销售主管2:我们12月的销售额下降了,低于今年前11个月的平均值。与去年同期相比,也有大幅下降。我根据地域分布对不同地区的降幅数据进行了对比后发现,K区的降幅最大,拉低了整体销售额。我向K区客户做了电话拜访又做了实地调查发现,因为竞争品牌涌入,瓜分了年终会议市场的"蛋糕"。同时,J区的经济发展低于预期,企业缩减年会投入,也致使我们酒店年终销售额度下降。

第一个分析思维是依赖经验和直觉的经验思维,第二个分析思维则注重逻辑推导,属于基于数据的数字化思维。第二种有数据说明,有条理、有逻辑。在日常工作中,基于数字化思维的叙述更加有说服力,决策更为科学。

在基层管理岗位上,酒店督导并不需要多么高大上的数字系统,而是具备用数据解决运营管理中的问题的意识后,将各种数据运用在实际工作中。

二、酒店督导的数字化思维过程

数字化思维过程遵循DIKIW过程,如图2-1所示。即数据(data)为原始素材,经过加工与处理后成为有逻辑的素材即信息(information),经过组织化的信息变为知识(knowledge),基于知识所作的决策能力称为智力(intelligence),而面向未来需求演绎出最合适的解决方案的能力叫作智慧(wisdom)。

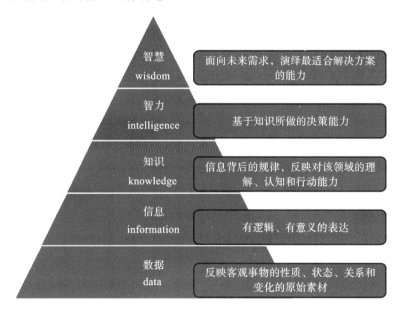

图2-1 数字化思维过程

具体到酒店管理的真实场景中,哪些是数据?哪些是信息?怎样转化成为知识、智力甚至智慧?

请同学们通过下面这个酒店客房部降本增效的数字化改革案例,来理解数字化思维在酒店督导工作中的应用。

同步案例

酒店正在进行降本增效的数字化改革,酒店客房督导小智拿到本年内房务中心的统计数据表:赠饮水、儿童物品、客人换房、送牙具、送拖鞋以及送浴巾是客房服务单量最高的六项(表2-1)。拿到这些基础数据,小智首先将数据汇成高频服务统计图(图2-2)。

表 2-1　房务中心服务用时数据统计表

编号	项目	月均服务单量	平均耗时
1	赠饮水	2250	10 分钟
2	儿童物品	1356	32 分钟
3	客人换房	400	25 分钟
4	送牙具	250	7 分钟
5	送拖鞋	105	5 分钟
6	送浴巾	30	11 分钟

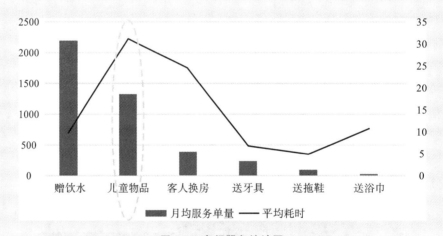

图 2-2　高频服务统计图

通过观察图2-2,小智发现了很多有意义的信息,比如儿童物品的输送属于高频需求,耗费的时长是其他物品输送的三倍以上。

为什么会出现这种情况?通过思考,小智发现了原因。

由于儿童物品(如儿童浴袍、拖鞋等)成本高于普通物品,因此集中储存于仓库,造成输送路程增加,住客等待时间较长,体验不佳。经过计算,为此浪费的人力成本大于物品成本。小智再根据家庭宾客的历史数据进行了预测,发现家庭住客呈上升趋势,所以楼层配备一定量的儿童物品是有必要的。同时,只要规范配送儿童物品的标准,下放配送权限给一线客房服务员,不仅不会增加成本还能节约人力并且提高宾客满意度。

经过一个晚上的思考,基于数字化分析,小智做出了以下运营流程分析并向客房总监汇报。

一、运营流程分析

(1) 同是物品输送,儿童物品是其他物品输送的3倍以上。

(2) 通过分析发现,原因在于儿童物品成本高于普通物品,因此集中储存于仓库,造成输送路程增加,住客等待时间较长,体验不佳。

(3) 经测算,为此形成的人力成本大于物品成本。

二、解决方案

根据历史数据进行需求预测,楼层配备一定量儿童物品,规范配送儿童物品标准,下放权限。小智最后整合的运营流程分析汇报如图2-3所示。

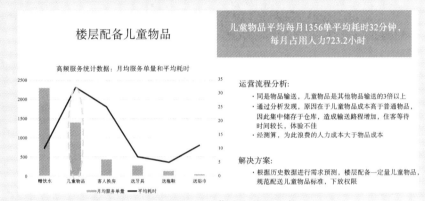

图 2-3　运营流程分析汇报

以上便是小智的数字化思维在日常工作中得以应用的具体过程。根据"数据—信息—知识—智力—智慧"的思维过程,可以将以上过程整理如下(表2-2)。

表 2-2　数据流程分析图

项目	内容			
数据(data) 反映客观事物的性质、状态、关系和变化的原始素材	编号	项目	月均服务单量	平均耗时
	1	赠饮水	2250	10分钟
	2	儿童物品	1356	32分钟
	3	客人换房	400	25分钟
	4	送牙具	250	7分钟
	5	送拖鞋	105	5分钟
	6	送浴巾	30	11分钟

续表

项　目	内　容
信息（information） 有逻辑、有意义的表达，可以用数据可视化工具来表达	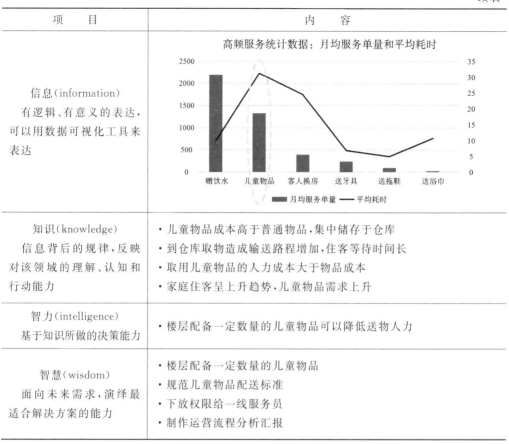
知识（knowledge） 信息背后的规律，反映对该领域的理解、认知和行动能力	• 儿童物品成本高于普通物品，集中储存于仓库 • 到仓库取物造成输送路程增加，住客等待时间长 • 取用儿童物品的人力成本大于物品成本 • 家庭住客呈上升趋势，儿童物品需求上升
智力（intelligence） 基于知识所做的决策能力	• 楼层配备一定数量的儿童物品可以降低送物人力
智慧（wisdom） 面向未来需求，演绎最适合解决方案的能力	• 楼层配备一定数量的儿童物品 • 规范儿童物品配送标准 • 下放权限给一线服务员 • 制作运营流程分析汇报

通过以上分析不难发现，数字化思维对于酒店督导的日常工作有重要的意义。它能帮助酒店督导在纷繁复杂的信息中抓住重点，发现问题并最终解决问题。

目前中国酒店业已经告别稀缺，从以产品和服务为中心进入以客户为中心的时代，通过数字化转型进行精细化管理，随之而来的是对管理者数字化素养的要求。督导级管理者虽然在酒店数字化转型中不担当决策者的角色，但督导是保证酒店数字化转型落地的重要执行者。数据是否被正确分析和应用，基于数据的决策能否被一线员工理解并快速执行，怎样保证系统的业务目标得到落地，都取决于酒店督导的数字化能力。

延展阅读

酒店数字化转型与督导

 任务思考

活动目的：学生分组讨论数字化思维在生活、工作、学习中的应用。

活动要求：内容切题，能正确理解数字化和数字化思维的定义；每个同学都参与进来，进行团队合作，集思广益；利用有效、美观、易于理解的展示方式，以及流畅、富有逻辑的语言表达；在汇报中有创新点。

活动步骤：

1. 分组：将学生按学号分组或自动分组。

2. 主题设计：数字化思维已经渗透到社会的方方面面，在生活、工作（实习或在入住酒店过程中）和学习中你遇到了哪些应用数字化思维的场景？在这些场景中DIKIW数字化思维是怎样逐步渗透的？请分组讨论。

3. 展示：各组可以选择用PPT、绘画、视频等方式展示数字化思维在生活、工作、学习中的应用。

活动评价

组别＿＿＿＿＿＿＿　　　　　姓名＿＿＿＿＿＿＿

项　　目	分　　值	扣　　分	得　　分
内容切题	40		
团队合作	20		
展示方式	10		
语言表达	10		
创新	20		
总分	100		

学生自查：

小组考核：

教师考核：

任务二　学会督导的日常数据分析

 任务引入

某度假型酒店正处于销售旺季，但是客人对客房的投诉越来越多，主要集中在两个方面：一是在客人到达前台后不能在短时间内入住；二是入住后发现客房清扫不到位。

众所周知，度假型酒店在销售旺季房间"大进大出"的情况很多，赶房的情况很常见。但无论什么情况，引发客人投诉是酒店管理者最不能容忍的，这更是酒店高管最关注的内容，在多次因为客人投诉被批评以后，小智作为酒店客房督导觉得非常委屈："我们已经在拼命查房了，员工也在拼命做房了，但是由于客观情况存在的宾客投诉，我们也无能为力啊。"

请同学们带着对以下问题的思考进入本任务的学习：

1. 面对现实,小智真的已经无能为力了吗?
2. 数字化思维能在哪些方面解决小智的问题?

在酒店督导日常工作中,数据分析可以分为以下三个阶段(图2-4)。

图 2-4　数据分析阶段

第一个阶段:业务数据化。

业务数据化是指酒店督导收集业务数据的过程。一方面,酒店督导可以通过人工计数的方式在日常工作中进行数据收集和积累;另一方面,酒店督导可以通过调取酒店管理系统中的业务数据进行整合并将业务数据化。

比如客房清扫、客房送物的工作量,一般手动记录在工作统计表中,通过计算和审核后用于展示员工的绩效。在酒店安装了数字化管理系统之后,客房清扫、客房送物以任务单方式下达给员工,员工接单后自动计入其工作量。每月末,督导直接调取每位员工的工作记录就可以自动生成工作量化统计表。

第二个阶段:数据可视化。

这里是将数据从数字形式变为图形、曲线等更加直观的表达方式。一方面,使用Office等办公软件可以实现数据可视化;另一方面,酒店数字化管理系统中自带的数据图形化工具也可以实现数据可视化。

第三个阶段:数据分析与决策。

这个阶段是数字化思维的运行过程,是将数据信息变为智慧与决策的过程。这需要管理者依据数据事实并综合考虑工作实际做出理性分析与决策。比如在任务一中,酒店督导根据输送儿童物品的人力成本与儿童物品成本对比,得出了在楼层配备儿童物品的决策。而同时根据工作实际又做出了规范儿童物品配送标准、下放权限给一线服务员等配套管理制度,从而避免了物品滥用。

下面以部门管理数据分析、质量检查数据分析、培训需求数据分析和客户档案数据分析为例,详细阐述酒店督导的日常数据分析工作。

一、部门管理数据分析

在部门管理中,酒店督导是部门主要业务的监督者、保证者。以客房的清洁卫生为例,客房是酒店产品的核心,而清洁卫生则是核心中的核心。酒店督导肩负着查房的主要任务,目的是保证卫生质量。尽管部分酒店的资深员工有免查房权限,但一般情况下主管查房程序是一道保障,是客房卫生很重要的一个把关点。不少酒店在旺季的时候由于客房服务员赶时间,主管又来不及查房,暴露出问题而导致客人投诉。

下面以处于销售旺季的度假型酒店为例来具体分析。度假型酒店处于销售旺季时,容易因为出租率太高、客房清洁与查房人手不足导致客人投诉。投诉主要集中在客人到达前台后不能在短时间内入住,以及入住客房清洁不到位等。让我们试试用上述三个阶段来解决这个问题。

（一）业务数据化

经过统计，酒店督导查房后房间需要重新整理的达到30%，也就是一次性检查通过率只有70%。一次性检查通过率指的是主管查房后，卫生一次达标的比例，通过率越高，证明员工清洁质量越高。如果没能一次通过，就意味着客房服务员要重新处理，花费包括来回路程耗时和重新清洁的额外时间，所以一次性检查通过率指标会反映客房部的清洁效率和卫生质量水平。

同时，经过整理查房记录发现：地毯未吸尘、家私底有杂物、镜面有水渍、淋浴间地面有头发、小五金有水渍等是高频清洁问题（表2-3）。

表2-3 高频清洁问题

序 号	问 题
1	地毯未吸尘
2	家私底有杂物
3	镜面有水渍
4	淋浴间地面有头发
5	小五金有水渍
6	床头柜有灰
7	应急电筒槽有灰
8	浴缸有水渍
9	抽屉有头发
10	衣柜底有灰

（二）数据可视化

了解了上述数据后，将其转化为可视的图表展示（图2-5、图2-6），可以更直观和清晰地发现问题。

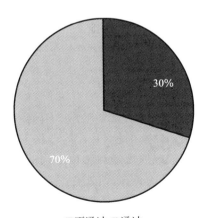

图2-5 客房一次性检查通过率

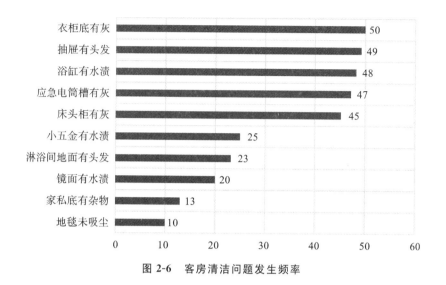

图 2-6 客房清洁问题发生频率

（三）数据分析与决策

由图 2-5 可见，目前客房的一次性检查通过率为 70%，而做得较好的酒店一次性检查通过率可以控制在 85% 以上。可见此部分需要有针对性地进行提升。

同时，经过对高频清洁问题的整理，发现地毯未吸尘、家私底有杂物、镜面有水渍、淋浴间地面有头发、小五金有水渍等发生频率很高。这些高频次的问题，既是技能培训的要点，也是下一步查房的重点关注点。

经过调研发现，客房部有 3 部吸尘器已经达到使用年限，而这也是造成地毯不够清洁的主要原因，因此根据实际情况申请更换新的吸尘器也会在一定程度上改善问题。

回到任务引入中的案例，小智除了在酒店督导层面上加快查房速度、在员工层面上夯实清洁技能，增加客房一次性检查通过率外，还可以采取下列策略。

（1）人员配备：如在旺季时增加外包清洁人员数量。

（2）跨部门协作：如二线部门员工支援一线部门。

（3）员工激励：如客房清洁人员采用多劳多得的薪酬方式。

（4）服务创新：如前台赠送儿童玩具、安排家庭游客储存行李后先游玩或先用餐等方法来解决旺季的客人服务问题。

二、质量检查数据分析

服务质量检查是酒店各部门督导的重要工作。酒店一般会建立起一套全方位、立体式的三级质检督导体系，通过日检、周检、月检的严格贯彻来保证服务质量管理工作的切实落地。日检是由大堂副理或值班经理每日进行例检；周检是由运营部门各班组每周进行周检；每月部门组织月度检查，每月底由总经理牵头带领各中层管理人员、质检小组成员对酒店特种设备、消防安全、服务质量、礼节礼貌等实施全方位的督导检查。酒店督导的检查任务主要集中在日检和周检。

以某酒店集团的服务质量检查为例，该酒店集团服务检查标准评分内容分为前厅服务、客房服务、餐饮服务、电话服务、康乐服务、智能设备、员工素养及公共区域 8 个大项。每个大项又分为若干中项和小项,最终质量检查小项可达到700~800个项目。由于检查标准条目繁多,需要酒店督导将检查标准熟记于心,并及时记录。

(一)业务数据化

以某次前厅服务检查评分为例,检查评分数据如表2-4所示。

表2-4 某次前厅服务检查评分表

序 号	检 查 内 容	分 值	检 查 得 分	得 分 率
1	迎宾服务	9	8	88.89%
2	行李服务(到达)	18	15	83.33%
3	行李服务(寄存和提取)	13	13	100.00%
4	行李服务(出发)	11	11	100.00%
5	入住登记	21	14	66.67%
6	结账离店	17	7	41.18%
7	班车和叫车服务	18	16	88.89%
8	前厅维护保养与清洁卫生	19	18	94.74%
	总计	126	102	80.95%

(二)数据可视化

将上述数据进行可视化处理后,发现了明显的"波谷":入住登记与结账离店成为影响前厅整体服务质量的主要问题(图2-7)。

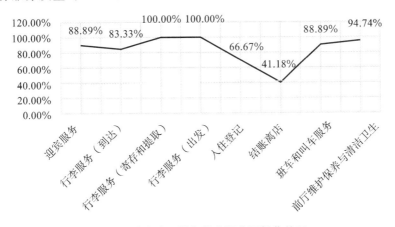

图2-7 某次前厅服务检查评分可视化处理

(三)数据分析与决策

调取质量检查现场记录进行分析如下。

1.入住登记

(1)宾客抵达后,没有主动招呼宾客,宾客到前台询问时才予以回应。
(2)没有主动询问宾客是否为会员,没有介绍会员政策以及提供会员礼遇服务。

（3）打印住宿登记单，没有任何语言确认离店及房价信息。
（4）没有提示贵重物品寄存服务。
（5）没有主动增销的意识，如房型升级、客源转化、促销活动等。

2. 结账离店

（1）抵达前台没有问候，前台只有 1 名服务人员。服务人员较少，宾客体会不到星级服务。
（2）退房等待 5 分钟以上，一楼餐厅因装修噪声很大。
（3）未提供总账单，未双手呈给宾客，未签字。
（4）当宾客询问是否可以安排车辆时回答"外面街上不是有车吗？"宾客再三要求才叫礼宾同事叫车。
（5）未主动征询宾客意见，未致谢。

经过汇总发现服务质量问题主要有以下三类。

第一类：缺乏主动问候与礼貌服务。包括宾客抵达后的主动问候，宾客离店时的真诚道别。

第二类：会员礼遇与增销做得不足。主要涉及一线员工对于会员政策的理解问题以及前厅增销政策不到位。

第三类：服务标准流程。根据质量检查记录，前厅员工在打印住宿登记单、离店总账单及叫车服务中没有达到酒店服务质量标准流程的要求，需要进一步培训。

根据上述问题，部门经理可以通过培训和辅导的方式去逐一解决。

三、培训需求数据分析

部门班组培训是酒店各部门督导的另一项重要任务，作为一名酒店督导，应怎么样分析班组的培训需求？

简单来说，培训需求就是工作岗位要求必须掌握但班组还未掌握的工作。例如经过服务质量检查后发现班组缺乏的"主动问候与礼貌服务""会员礼遇与增销""服务标准流程"三项都是前台接待的工作职责。这就发现了前台班组的培训需求。

（一）业务数据化

某次前厅服务检查问题汇总表如表 2-5 所示。

表 2-5　某次前厅服务检查问题汇总表

任　务	张某	孙某	王某	钱某	刘某	林某	累计
主动问候与礼貌服务	1		1		1	1	4
会员礼遇与增销	1	1	1	1	1	1	6
入住登记流程			1		1		2
结账离店流程		1		1		1	3

本班组由 6 位员工组成，经过调查有 4 位员工对于"主动问候与礼貌服务"的认识不到位，有 6 位员工对"会员礼遇与增销"的细节掌握不到位，有 2 位员工对于"入住登记流程"不熟练，有 3 位员工对于"结账离店流程"不熟练。

(二)数据可视化

数据可视化呈现如下(图2-8)。

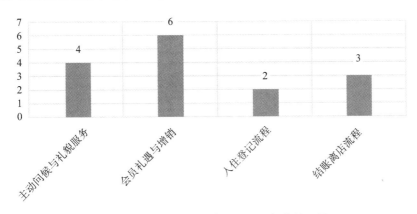

图 2-8　某次前厅服务检查问题可视化处理图

(三)数据分析与决策

根据培训需求数据,目前最迫切的需求是培训全员的"会员礼遇与增销"专题和"主动问候与礼貌服务"专题。对于还没有熟练掌握"入住登记流程"和"结账离店流程"的某几位员工需要酒店督导在实际工作中手把手进行培训。

在实际管理工作中,有些酒店督导并不知道真正应该为员工培训什么。有时候是酒店督导会什么就教什么,有时候是领导要求什么酒店督导就教什么,有时候是为了满足培训时长想教什么就教什么。而培训员工真正的目的是让员工成为符合酒店要求的合格员工,而合格员工的标准就是认真履行工作职责,每个与工作职责不匹配的点都是员工的培训需求。所以应将数字化思维体现在培训需求分析中,使酒店督导的培训工作更加有针对性,培训效果更加明显,班组工作能力提升更加迅速。

四、客户档案数据分析

客户档案是针对不同宾客的特点及住店情况,在酒店接待过程中形成的具有参考利用价值并按一定制度归档存查的一种专业档案。客户档案既是促进酒店销售的重要工具,也是酒店改善经营管理和接待服务工作的一项必要措施。

客户档案的资料主要来自前厅部和各有关部门收集的记录资料和观察报告,前厅部和各有关部门收集这些资料主要是依靠各种表格、单据及对宾客投诉资料的整理和记录。前厅工作人员把各种表格和记录资料加以统计整理,就形成了客户档案的内容。

根据客户档案的数据为宾客提供满意的个性化服务是酒店督导日常工作之一。

下面以酒店预订部主管接到酒店VIP客人周女士预订为例,分析怎样进行客户档案的数据分析。预订部主管接到VIP客户周女士预订,她迅速将周女士近几年光顾酒店的历史数据调出,并查找投诉与感谢记录,形成了周女士的客户档案。

(一)业务数据化

周女士是一家跨国医药集团的业务代表。根据各部门汇总数据表明,她是酒店的常客,最近两年她每年总有几个月的时间住在酒店。有时是几个月来一次,有时是一个月来多次,一连住几个星期。但是周女士每次到酒店几乎都有投诉:投诉客房牙刷太硬把她的牙齿刷出血;投诉房间卫生不到位,到处都是浮尘,让她呼吸不畅;投诉餐厅服务员每次都要询问她喝茶还是喝咖啡很烦人,因为她每次只喝依云矿泉水和白开水各兑一半的温水……这两年周女士的客户档案积累了一厚叠,都是前厅客房、餐饮部各部门员工整理出来的"教训"。

(二)数据可视化

根据相关资料整理出的周女士客户档案如图2-9所示。

常住宾客客户档案	
姓名	周××
职务	某跨国医药集团业务代表
宾客喜好	
1. 极其注重客房卫生,房间不能有一根毛发,也不能有一点灰尘。 2. 对牙刷的柔软程度有很高要求,牙龈容易出血,牙刷换成超软毛。 3. 餐饮部早餐不要询问宾客要茶还是咖啡。宾客只喝白水,而且是依云矿泉水和白开水各一半的温水。 ……	

图2-9 周女士的客户档案

(三)数据分析与决策

预订部主管看到周女士的订单,就调出了周女士的客户档案,在这张订单后面写下了各种备注。光有备注还不足以服务好周女士这样要求严格的常客。预订部主管决定亲自跟客房以及餐厅经理通电话,仔细安排了周女士的接待事宜。预订部主管的决策如下:

(1)根据客史进行订单备注。
(2)将VIP客人的喜好向一线服务部门传递。
(3)根据客史,仔细安排VIP客人接待事宜。

任务思考

酒店餐饮督导小和在做月度培训计划前,先针对目前厅面员工的常用技能掌握不足的情况做了汇总统计(表2-6):

表 2-6　厅面员工技能掌握情况汇总表

任　　务	小赵	小钱	小孙	小李	小周	小吴	累计
摆台		1	1			1	3
斟酒	1		1		1	1	4
托盘			1		1		2
折餐巾花	1	1	1	1		1	5

如果你是小和，面对这张表格，你会如何制订培训计划，最该培训的是哪个项目？原因是什么？

项目小结

本任务主要讲述了数字化思维的概念、意义，通过酒店督导的实际工作案例阐述了 DIKIW 数字化思维过程，并从酒店督导在部门管理数据分析、质量检查数据分析、培训需求数据分析、客户档案数据分析四个方面帮助学生将数字化思维运用在酒店督导日常工作中。

项目训练

1. 什么是数字化思维？
2. 数字化思维包含哪几个过程？
3. 什么是部门管理数据分析？
4. 什么是质量检查数据分析？
5. 什么是培训需求数据分析？
6. 什么是客户档案数据分析？

项目三
加强酒店督导的沟通技巧

 项目描述

良好的沟通能力是酒店督导所需具备的重要职业素养,督导作为酒店的基层管理人员,需要在不同的工作场景中通过沟通帮助酒店宾客解决问题,提升酒店宾客满意度;可以在酒店日常工作中与上司、下属进行有效沟通,能够将信息自上而下以及自下而上顺利地进行传递,同时创建良好的工作氛围,提升员工工作效率与工作满意度。

通过本项目的学习,有助于酒店督导更有效地在实际工作场景中与客人进行沟通,提升与上司、下属之间的上行沟通、下行沟通能力。

 项目目标

知识目标
1. 理解酒店督导沟通的重要性。
2. 了解不同沟通情境对应的沟通方法。
3. 掌握对客/上行/下行沟通的方式和方法。

能力目标
1. 能够将沟通要点应用于工作场景。
2. 掌握针对不同对象的沟通要点。
3. 学会使用对方听得懂、能接受的语言进行有效沟通。
4. 能够运用沟通技巧解决酒店督导在工作中可能出现的问题。

思政目标
1. 增强积极沟通的意识。
2. 培养以目标结果为导向的沟通思维。

项目三 加强酒店督导的沟通技巧

知识框架

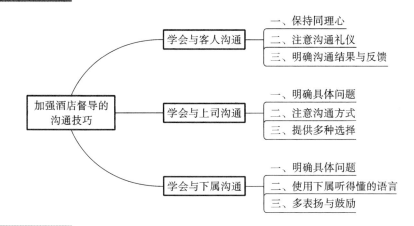

教学重点

1. 熟悉不同场景下的沟通方式。
2. 掌握与不同对象沟通的方法。

教学难点

根据不同对象灵活调整沟通方式。

项目导入

　　一位旅行博主,平均每个月有三分之一的时间需要面对各个被评测酒店的工作人员,他发现大多数员工只集中精力在他们手上的工作上,例如操作系统、打扫房间、制作房卡、引路等,而忽略了和客人的接触以及服务行业的宗旨——殷勤好客。有一次这位旅行博主来到某一酒店,他发现这里的员工让他备感暖心,无论他去餐厅酒吧还是健身中心,员工都会主动询问他的姓名,并称呼他为×先生,而不是像之前那些酒店称他为"×××房间的客人"。有一次,他在酒店中庭抽烟时,有酒店员工前来沟通:"我知道有一处地方,有树荫遮挡,有喷泉欣赏,是个抽烟休息的好地方。"而在以前去过的酒店,最常听到的就是"这儿不允许抽烟。"回到房间打电话给餐厅订餐时,餐厅经理和这位旅行博主解释说晚上承接了生日宴包场,很遗憾不能接受预订,但是介绍酒店附近有两家色香味俱全的西餐厅,有许多外国友人都喜欢去那里就餐小酌,以往类似的情况得到的答复是"订满了,不接预订。"晚上就餐回到酒店,询问礼宾部第二天去机场的送机服务,礼宾员在详细讲解之后说道:"如果我有什么说得不清楚的地方,我能再为您解释一遍。"这位旅行博主一愣,以往其他人说的是"如果你没听清楚,我再复述一遍。"以往听到的话是否定客人,而这位礼宾员却先否定自己,几个字的差异,但让这位旅行博主感觉备受尊重。这位旅行博主回到房间之后,为这家酒店写下了溢满赞美之词的评测文章,并心满意足地发布在社交平台上。

任务一　学会与客人沟通

任务引入

某日凌晨过后,酒店一位常客略带醉意地前往酒店前台进行挂账。出于安全考量,这个时间收银的柜台账目往往已上交财务部门,一般在白天由财会人员进行结账。

小研在讲述了结账的流程后,醉酒客人抱怨道:"酒店怎么规矩这么多?给现金还不行,我要是明天直接走了,是不是就不用结账了?"由于小研与这位常客非常熟络,就用开玩笑的语气说道:"没关系,咱们会送你派出所一日游,还有你的家人,怎么也赖不了账的。"

醉酒客人听后勃然大怒,拿起柜台上的东西砸了过去,打在服务员的头上,并扬言一定会投诉小研。

在酒店对客服务过程中,由于沟通不当而导致的客人投诉比比皆是。

请同学们带着以下问题进入本任务的学习:

酒店督导在沟通中应该注意哪些要点?

一、保持同理心

酒店督导在沟通中应保持同理心,让客人觉得酒店督导能做到感同身受,能够满足和解决自己当下的诉求和问题,以提升酒店宾客满意度。酒店督导在沟通过程中应该做到以下六点。

(一)积极倾听客人的需求、诉求

对客人的需求和诉求积极地、认真地倾听是做好沟通的基础,具体要点和说明如表3-1所示。

表3-1　倾听的要点和说明

要　点	说　明
1.调整情绪	1.酒店督导无论面对何种问题,都要调整好情绪,深呼吸
2.聆听	2.面对客人,需要找一个让自己一定要注意听的理由
3.思维转换	3.在脑中把客人的话转换成自己能了解的话
4.目光接触	4.眼睛聚焦所在,耳朵自然相随
5.集中注意力	5.酒店督导要设法排除外来干扰和其他分神的事,如事情紧急但不重要,可以安排其他同事及时进行处理

(二)以反应知会客人

在日常沟通中,酒店督导需要有适当的反应让客人知道你正在专注地倾听他的需求和诉求,具体要点和说明如表3-2所示。

表3-2 反应知会的要点和说明

要 点	说 明
1.目光接触	1.酒店督导在沟通中需要与客人目光接触,表现出对沟通话题的兴趣
2.适当微笑	2.在沟通中应适当地微笑
3.言语响应	3.用言语响应,用声音参与,如"哦!""真的?""是啊!""确实如此!"
4.肢体语言响应	4.用肢体语言进行响应,如点头、身体前倾、面朝客人、更换身体姿态表示自己正注意对方发言等
5.记录重要内容	5.记下对客沟通中重要的内容。用说明的语句重述客人刚说过的话,如"您的意思是不是说……""换句话说,就是……"
6.进行回应	6.回顾客人刚说过的话,并整理其中的重点,如"您刚刚说的都很在理,我们确实应该注意……"

(三)询问互动

询问互动是酒店督导提升同理心的重要环节。通过提问的方式,酒店督导与客人双方有问有答,才能更加让客人感受到酒店督导在共情,以促进双方交流互动。

根据客人的讲述,适时向客人提出一个相关问题,让客人感受到你在跟随他的思维进行考量,站在他的角度进行思考。

(四)情绪控制

酒店督导在对客沟通中需要控制好自身的情绪,不要反应过度,如打岔、反驳客人等,要先耐心听完客人说的全部内容。

情绪控制的方法有以下三点。

(1)数数或深呼吸。从一数到十或深呼吸三次。

(2)找出和客人意见一致之处。

(3)回想一件工作生活中让自己快乐的事。

(4)平日多培养心平气和、冷静客观的涵养。

酒店督导在沟通中的情绪反应,可以通过适度的面部表情得以体现,自然得体的面部表情能够使沟通更加深入。值得注意的是,面部表情一定要与所传递的信息内容相一致。

(五)察觉非语言信息

酒店督导在对客沟通中要察言观色,接收语言信息的同时要注意客人的身体语言、姿势、表情。例如:客人双手张开且掌心向上、敞开自己的衣服,表明了客人目前是开放的态度;如客人双臂抱拢、身体向后靠,表示客人目前是拒绝和防范的态度;如客人双臂交叉、双拳紧握,表示客人处在紧张或焦虑状态,此时客人可能在压抑情绪且情绪极容易爆发;如客人有挥拳等大幅度肢体动作,则是情绪已经爆发的状态,表明客人此时感觉自身受到威胁。

在识别客人肢体语言所传递信息后,酒店督导也可利用肢体语言对当下沟通进行辅助,让客人接收更多的信息。酒店督导通过头部、手部、肩部等部位的动作,如直立(对于沟通的肯定及个人的自信)、前倾(表示关注、感兴趣)、用手轻拍肩头(安慰、鼓励)等附加更多的信息,使得信息在传递过程中更容易被理解且更加生动,拉近沟通双方的距离。

(六)组织听到的信息

酒店督导需要对信息进行整理,处理的具体方法如下。

(1)归类:整理出与客人对话的大纲或要点。

(2)排序:分辨客人需求和诉求的轻重缓急。

(3)比较:能够区分客人所说的事实/假设、好处/坏处、优点/缺点。

酒店督导在做到上述六点之后才能够真正地设身处地地了解客人真实的需求,并以此作为日常工作中对客服务的依据。酒店督导需要通过仔细倾听、情绪控制、换位思考以及强大的分析能力来对客人的情绪和诉求进行判断。能够真正做到听客人所说,想客人所想,真正做到"共感、共情",以提升客人的满意度。

二、注意沟通礼仪

酒店督导在日常工作中,要克服日常生活中的闲聊对话习惯,养成良好的沟通礼仪。除言语外,视觉上的礼仪不容忽视。在对客沟通中首先需要注意以下三点。

(一)目光交流

在沟通过程中让客人有被尊重、受重视的感觉,同时让客人感受到酒店督导对沟通话题有兴趣。酒店督导在沟通过程中注重眼神的交流,即注视客人的眼睛,这不仅表明了督导对于沟通的自信,同时也表达了对客人的充分尊重。

(二)仪容仪表

在沟通过程中让客人感受到酒店督导的个人职业素养,需要注意服装应得体,站姿、坐姿应规范,以在沟通中体现从容自信的风范。例如,坐在椅子边缘,上身前倾,双臂分开,双腿不要交叉,不要抖腿等。

(三)言语礼仪

在沟通礼仪中,言语的礼仪是不容忽视的一环,表3-3所示的是对客沟通中关于言语礼仪的要点和说明。

表 3-3　言语礼仪的要点和说明

要　点	说　明
1.集中注意力	1.酒店督导应当停下手中正在做的一切事情,专注于客人;即使客人的诉求长篇大论也要耐心听完;尊重客人希望沟通的需求;注意力不要因其他事情而偏移;与对方保持目光交流;积极回应,但不表明立场,可以用"哦""嗯""原来是这样"
2.听对方把话说完	2.切记不要以任何形式打断客人;鼓励客人说下去,让客人感受到酒店督导是希望客人说下去的,例如"您继续说""好的,我先记录,您除了刚才所说的还有其他诉求吗?"然后重复客人的话,说出对方的感受
3.避免感情用事	3.酒店督导需要保持平静与冷静;能够克制情绪,将注意力集中在发生的事情上;避免因思考如何回应而分心;尤其要注意保持中立的态度,不要急于回应所有诉求
4.探寻真正的信息	4.客人表述的可能并非真正的问题所在,注意客人的言外之意;观察客人的非语言行为,找出信息背后的真正含义
5.进行正确的角色定位	5.需要注意酒店督导并不需要去判断是非对错,可以进行聆听但不要急于解决问题;带着同理心或同情心来听客人讲述,例如"您刚才说的是这些,对吧?""您的诉求主要有以下几点,就是……"注意不要做出超出酒店督导职权范围的承诺

三、明确沟通结果与反馈

在酒店对客服务中有非常多的问题是没有准确把握沟通目标而导致的,为了减少这类情况,沟通双方应该加强互动及反馈,形成明确的沟通结果即协议,才能够算是成功的沟通,沟通双方可以借助发问、聆听的方式,也可以通过观察加互动来完善沟通。沟通结果与反馈的要点和说明如表 3-4 所示。

表 3-4　沟通结果与反馈的要点和说明

要　点	说　明
1.沟通需要有一个明确的目标。在有目标的情况下进行信息传递为沟通,如果没有明确目标则是闲聊 2.达成共同的协议:沟通结束后需要形成双方或者多方都共同承认的一个协议,只有形成协议才能称作沟通完成。如未达成协议,则不能称为沟通。达成协议是完成沟通的标志	1.在工作场景中时常会听见有人说:"我们就××事情随便沟通下吧。"应注意随便和沟通本身是矛盾的。沟通需要有一个明确的目标,这是沟通最重要的前提。所以在沟通时,见面的第一句话应该说:"这次沟通的目的是……"沟通时说的第一句话要说出目的 2.在酒店实际的工作中,常见情况是沟通过但是最后没有形成明确协议。由于对沟通的内容理解不同,又未达成协议,最终造成了问题而且并未实际解决,甚至引来客人投诉。在明确沟通的第二要点后需注意,对客沟通结束时,一定要用类似这样的话来总结:"非常感谢您的反馈,通过刚才的交流我们现在达成了……协议,您看这样是否可行?"这是有效沟通的重要体现——在沟通结束时必须要有人来做总结。沟通结束后有这样的结束语是衡量有效沟通的方法之一

续表

要 点	说 明
3.沟通信息、思想和情感。沟通的内容不仅仅是信息还包括更加重要的思想和情感。在信息、思想和情感沟通中,信息沟通最容易	3.信息的沟通,如"您今天几点用餐?""事情具体发生在什么时候?""您几点需要接机服务?"这样的信息是非常容易沟通的。而思想和情感却不太容易沟通。在实际工作场景中,很多沟通障碍会让思想和情感无法得到正确的表达。因此酒店督导需要进行更多的观察与分析,具体的做法需参照上述保持同理心的内容

酒店督导可通过上述内容提高对客沟通能力,加强"共感、共情",促进有效沟通的达成,在现实工作中展现自己身为督导的杰出沟通能力。

任务思考

某日,几位客人在×酒店客房里吃西瓜,桌面上、地毯上瓜籽吐得到处都是。一位客房服务员在打扫房间时看到这一幕,就连忙拿了两个盘子,走过去对客人说:"真对不起,不知道您几位在吃西瓜,我早应该送两个盘子过来。"说着就去收拾桌面上和地毯上的瓜籽。客人见这位服务员不仅没有指责他们,还这样热情周到地为他们提供服务,都觉得很不好意思,连忙进行自我批评:"真是对不起,给你添麻烦!我们自己来收拾吧。"

活动目的:加深学生对酒店督导对客沟通要点的理解。

活动要求:学生分组后进行角色扮演,如果客人拒不使用服务员提供的盘子,将如何处理?

活动步骤:

1.分组:分组并选出组内角色扮演的同学。

2.要求:小组在规定时间内准备沟通的内容。

3.总结:各组角色扮演完成后由其他小组进行投票,判断是否契合主题并打分。

活动评价:

组别_____ 姓名_____

项 目	分 值	扣 分	得 分
紧扣知识要点	40		
沟通中语言/非语言礼仪	30		

续表

项　目	分　值	扣　分	得　分
语言表达	20		
团队合作	10		
总分	100		

小组自评得分：

其他小组考核得分：

教师考核得分：

延展阅读

产生沟通障碍的原因

任务二　学会与上司沟通

 任务引入

某酒店前厅部为了激励员工，制订了一项奖励旅行的计划——前往杭州的姐妹酒店进行团队建设。礼宾部督导小泰了解到，这一次给到礼宾部的只有两个名额，因此他尝试与前厅部经理进行沟通。经理表示，礼宾部的表现不尽如人意，能够给出两个名额已经很不容易。而小泰却认为，礼宾部的事务非常繁杂，不能仅仅以数字进行评判，而且只去两人对团队氛围也有不好的影响，于是他尝试继续与经理沟通。但经理表示，已经完成了预算申请，现在已不能更改决议。

请同学们带着以下问题进入本任务的学习：

酒店督导在与上司沟通中需要注意哪些要点？

酒店督导除了与客人进行有效沟通，还要与上司建立良好的沟通，完成自下而上的信息传达。酒店督导谨慎且有计划的上行沟通能够正确了解上级有关酒店政策、策略、计划等信息，并且能够将来自一线的重要信息对上级进行反馈，为酒店进行下一阶段的决策提供信息，酒店督导在其中能够更好地体现承上启下的纽带作用。

一、明确具体问题

上行沟通的首要目标是明确具体问题，酒店督导在与上司的沟通当中需要为能够准确地进行信息接收与传递进行准备工作，理解上司的主要意图，在确认对方的意愿后需要复述以证实自己的理解与对方所传递的信息没有偏差。明确具体问题的要点和说明如表 3-5 所示。

表 3-5　明确具体问题的要点和说明

要　　点	说　　明
1.注意力在所沟通的信息本身	1.不以上司的年龄、性别、职位等为转移
2.创建恰当聆听的氛围	2.选择合适的、不受他人打扰的环境进行沟通。如手机静音,会议室锁上门等
3.关注讲话人	3.仔细聆听、思考过后再给出反馈。如谈话中认真记录,谈话后进行复述等
4.表示自己的关注	4.利用非语言沟通,如眼神交流、体态变化(如略微前倾身体、点头表示理解等)表示自己对于沟通内容的高度关注
5.避开评判	5.不能以先入为主的心态去理解上司要传达的意思,消除不必要的偏见
6.确定上司的意图	6.对对方传递的信息予以判断。无论是正式沟通还是非正式沟通,总结出对方有意或无意传递的信息,即便是弦外之音也不要遗漏
7.证实理解	7.用持续的提问或者用自己的语言重复对方所要表达的信息,了解沟通目标是否一致。如"您的意思是……对吗?"
8.达成共识	8.与上司就沟通目的达成一致。这也是沟通的最终目标

二、注意沟通方式

在与上司沟通之前需要明确此次沟通的问题、需要解决的问题。在明确目标的同时拟订沟通计划,对沟通的内容进行详尽的准备,其要点和具体步骤如表 3-6 所示。

表 3-6　注意沟通方式的要点和具体步骤

要　　点	具 体 步 骤
1.了解上司的期待	1.酒店督导需要向上司表明自己已经对指令完全了解,如"我已经明白您的意思""原来是这样"。可以用提问的方式进行,如"您可以再说得详细点吗?"
2.考虑自己的时间和精力	2.一旦上司讲话结束,酒店督导需要结合自身时间、精力等因素作出回答。如"您的指示我已经清楚,不过咖啡厅今天下午被一个观光团临时预订,因此我可能不能去宴会那边进行支持。""我非常理解您的决议,但要做到这点确实不容易,原因是……"清楚表达自己的意见及关注点,如有必要可提供数据作为依据
3.做出决策	3.得到上司准确的反馈,并与她/他就此议题继续讨论。综合考量对方期待、自身实际情况后再进行回答。如"我的理解是您想……""您是说……是这样吧?"需要注意的是,一定要以积极的心态进行审度,切忌消极。当上司还是继续坚持原主张时,酒店督导需要把自己的下一步计划进行阐明,如"我理解您的意思,不过这件事情的实际情况是……"

知识拓展

学会与上司沟通之向上管理

通常情况下员工较少与上司主动沟通。即使沟通也未必会讲述实际情况。大部分情况下员工遇事谨慎，不会强出头，担心承担额外的责任，回避矛盾与冲突。员工潜在的自我保护意识，以及传统文化和环境的影响，导致上下级之间的沟通会因为信息的缺失而导致误会、隔阂，不利于工作的开展。

因此与上司沟通时，首先要克服惧怕与上司沟通的心理，应主动大胆地寻求与上司的认真交流，征求上司的意见。常见的与上司沟通的沟通情境与沟通方法如表3-7所示。

表3-7 常见的与上司沟通的沟通情境和沟通方法

沟通情境	沟通方法
1.受到上司批评	1.当受到批评时更要积极地向上司寻求帮助，寻求解决方法，能得到上司的帮助和指点，无疑对克服自己在工作上的缺点和不足有重要意义。这样的沟通能及时消除上司的误解，了解上司的真实意图，能更好地执行下一步的工作
2.上司提醒或是追问已安排下来的工作	2.如果获得上司的认可，那么酒店督导得到的授权也会加大，经过几次实践，上司会放心地将任务交给酒店督导。但如果总是不能在规定时间内向上司汇报工作情况，对于酒店督导的职业生涯发展将会不利。因此，酒店督导需要积极与上司进行以下方面的沟通："准备如何进行？""目前进展到什么程度？""收到了什么实效？""是否需要来自上司的支持？"……这些问题永远都不要等到上司询问时才回答，应该主动进行沟通，让上司实时掌握工作进程

三、提供多种选择

酒店督导在与上司进行沟通时应善于思考，对正在处理的事项负责，不要贸然地、事无巨细地对上司进行请示，在沟通中需要让上司有更多的选择（表3-8）。

表3-8 与上司沟通要提供多种选择的要点和说明

要点	说明
1.酒店督导应该提前考虑好答案、准备好对策	1.当酒店督导与上司沟通时，应当尽可能多出选择题而非问答题，并且是尽可能出多选题而非单选题。如"针对本次餐厅客诉事件，我有两种方案，您认为哪一种更为恰当？"
2.提醒上司在决策时应该考虑的因素	2.假如酒店督导在沟通中只带了一个答案，就表示除了这个方案以外没有更好的办法。应尽可能提出多种方案并罗列每种方案的优缺点以及可能的后果。如"针对客人的诉求目前两种方案：A方案的优势有……B方案需要我们做……针对目前情况您看哪种方案更为可行？"

在与上司进行沟通时,除上述要点外,还需要注意信息的准确性,能够帮助上司做出决策与判断:尽量列举出具体的实例,而非提供模棱两可的信息;对于具体的事件能够提出有力证据;用数字数据来进行说明,如"酒店饼房高筋面粉库存还有××千克,鉴于中秋节临近,是否需要增加采购量?"

任务思考

某酒店在旺季时酒店商务发展部接到了来自集团推荐的大型商务团队,不仅有住宿需求还有宴会需求。这天,经理要求酒店督导小和晚上去支援宴会团队。但小和认为当日全日制餐厅非常繁忙,且另一个新入职的酒店督导对餐厅并不熟悉,因此想留在全日制餐厅主持大局。餐饮部经理则认为这个大型团队的接待工作对酒店之后的生意非常重要,执意要求小和前往支援。

活动目的:加深学生对酒店督导上行沟通要点的理解。

活动要求:学生分组后进行角色扮演,如果小和仍旧坚持己见,应该如何与经理进行沟通?

活动步骤:

1. 分组:分组并选出组内角色扮演的同学。
2. 要求:小组在规定时间内准备沟通的内容。
3. 总结:各组角色扮演完成后由其他小组进行投票,判断是否契合主题并打分。

活动评价:

组别_____ 姓名_____

项目	分值	扣分	得分
紧扣知识要点	40		
是否综合考量上司要求与自身情况	30		
语言表达	20		
团队合作	10		
总分	100		

小组自评得分:

其他小组考核得分:

教师考核得分:

任务三　学会与下属沟通

任务引入

新员工小李进入酒店一个月以来,一直不能单独上岗,他自己也很着急,经常加班加点练习到很晚,酒店餐饮部督导小和见状,便找其谈话,小李在沟通中脸涨得通红,支支吾吾,半天答不上一句话,谈话继续不下去了。小和找来与小李同班组成员全面了解小李的情况之后,心中有了底。第二天,小和直接到班组找小李与其再进行交谈,谈话内容包括家庭情况、学习情况,以及对酒店岗位的认识和了解,慢慢地,小李打开了心扉,话也多了起来。自此,小李在工作上进步很快,不久就能单独上岗了。

请同学们带着以下问题进入本任务的学习:

酒店督导在与下属沟通中需要注意哪些要点?

酒店督导与下属进行自上而向下的信息传达称为下行沟通。如果下行沟通不当,会使上下级之间关系出现裂痕,不利于良好工作氛围的构建,甚至会影响部门的营运效率。

一、明确具体问题

与下属之间的沟通需要准确;沟通中需要强调事件的重要性及必要性,避免使用强制命令的口吻;确保沟通中下属能够正确领会自己的意图;下达命令需要聚焦,避免一次性布置太多的任务,如任务较多可以分批次进行布置。以下是与下属沟通明确具体问题的要点及说明(表3-9)。

表3-9　与下属沟通明确具体问题的要点和说明

要　点	说　明
1.下达明确的指令	1.下达明确的指令。明确指令的内容包括5个W和1个H: WHO——下达指令的对象是谁 WHEN——什么时间下达指令 WHERE——在哪里下达指令 WHAT——下达指令的具体内容是什么 WHY——解释下达指令的目的/目标是什么 HOW——具体如何执行
2.确定下达指定的地点并创造氛围	2.寻找一个不会被打扰的环境,利用激励或其他手段吸引员工注意力,引发员工对下达指令的兴趣

续表

要　　点	说　　明
3. 下达指令时需要从声音、视觉和语言三个要点出发,可采用命令、建议或请求的方式下达指令	3. 声音:吐字清晰、语速均匀、铿锵有力 视觉:注意体态、眼神的交流、肢体语言的表达 语言:简洁、具体、强调指令的要点和注意事项
4. 核实下属是否理解	4. 通过观察,或是以问询的方式进行检查,如员工的理解与下达的指令有偏差,则需要及时纠正
5. 跟进及反馈	5. 指令下达后还需要进行跟进,发现错误及时进行纠正和辅导

知识拓展

了解员工的不同风格类型

二、使用下属听得懂的语言

酒店督导在与下属进行沟通时需要使用下属听得懂或者是能够接受的语言。那么如何能够使下属"听得懂"？督导将自己的观点表述给下属,不但需要全面、清楚,而且需要运用语言的艺术。其检验的标准是下属能听得懂且能接受。

(一)听得懂

听得懂涉及表达观点中的一个很重要的原则——FAB原则(F代表feature,特点;A代表advantage,优势;B代表benefit,利益)。在阐述观点时,按照FAB原则(图3-1)要求的顺序来表述,对方就容易听懂,也更容易接受。

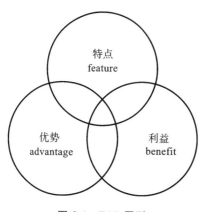

图3-1　FAB原则

如何让下属听得懂酒店督导的指令？

(1)特点:可以从以下两方面来理解。一是表述的时候带有酒店督导个人的风格,或者是严肃,或者是幽默风趣,给对方留下深刻的印象。二是讲解酒店督导下达的某一指令的特点。例如,"这是一个急需解决的任务。""这次接待的是来自冰岛的王室成员,你需要……"

(2)优势:可以理解为酒店督导认为指定的员工具备某一优势或技能故予以委任,例如,"本次接待的是政要,因为你擅长摄影,所以下午辅助市场传讯部门从不同机位进行拍摄记录。"

(3)利益:了解下属想要得到的利益,或阐明下属从本次指令中能得到什么。例如,"参与并完成这次重要活动,这次的部门之星的评选我会举荐你。"

(二)能接受

酒店督导与下属沟通时,可以从以下方面加以关注,以便于下属"能接受"(表3-10)。

表 3-10 下属"能接受"的要点及正确说法和错误说法举例

要　　点	正确说法	错误说法
1. 少用讥笑的语言，多用赞美的语言 2. 少用批评的语言，多用鼓励的语言 3. 少用带情绪性的语言，多用就事论事的语言 4. 少用模棱两可的语言，多用语义明确的语言 5. 少用破坏性的语言，多用建议性的语言	1. "这次工作完成得很不错，希望下次再接再厉！" 2. "我相信下次你可以做得更好！" 3. "这次业绩未达标的原因有以下几点……下次针对这几点进行改进即可。" 4. "我这么说你是否明白，是否需要进一步解释？" 5. "这次的投诉已经发生，我们需要形成专门的工作小组对接客人以及与其他业务部门协调。"	1. "这次业绩排名倒数的××竟后来者居上！" 2. "你这次完成得太糟糕！" 3. "我就说过他难堪大任！" 4. "你明白我的意思吧？" 5. "就因为你的疏忽导致了这次的部门投诉！"

三、多表扬与鼓励

表扬和鼓励下属时能够增进酒店督导自身对沟通信息的理解，强化权威，增强团队凝聚力。表扬和鼓励下属的要点和说明如表 3-11 所示。

表 3-11 表扬和鼓励下属的要点和说明

要　　点	说　　明
1. 表示认可。表示对目前的沟通感兴趣，并希望对方继续下去 2. 表示感同身受。表示站在对方的立场思考并能够体会对方的处境 3. 澄清或确认问题 4. 总结重述。表示强调对方的观点是否与自己理解的一致	1. 可以用"了解/明白了""原来如此""再说具体一些""让我记录一下"等语句进行沟通 2. 可以用"我理解你的难处""换作是我……""确实很不容易"等语句进行沟通 3. 可以用"比方说……""你指的是……""说具体一些……" 4. 可以用"你是说……""你认为是……""你想表达的是这些，对吧""根据你所说的，有以下几点，你看看是否正确"进行确认

 任务思考

　　前厅部大堂副理小陈是一名新入职 2 个月的员工，工作表现非常出色，受到大家的肯定。但酒店督导小研通过观察发现她无论是早班还是晚班经常加班处理微信，经了解得知，小陈布置班组工作时多采用微信群通知的方式进行，与下属的沟通也较多使用微信,与其他同事的沟通也是如此,平时很少见到小陈直接面对面与同事进行沟通。最近部门同事对于小陈这样的沟通方式开始有抵触情绪,排班经常会有不同的声音,也不愿意在忙时配合加班工作,即使开会时,气氛也比较压抑。小研准备找小陈沟通这个问题。

活动目的:加深学生对酒店督导沟通要点的理解。

活动要求:学生分组后进行角色扮演,如果你是小研,对于此问题应如何与大堂副理小陈进行沟通?

活动步骤:

1.分组:分组并选出组内角色扮演的同学。

2.要求:小组在规定时间内准备沟通的内容。

3.总结:各组角色扮演完成后由其他小组进行投票,判断是否契合主题。

活动评价:

组别_____   姓名_____

项　　目	分　　值	扣　　分	得　　分
紧扣知识要点	40		
是否应用FAB原则	30		
语言表达	20		
团队合作	10		
总分	100		

小组自评得分:

其他小组考核得分:

教师考核得分:

项目小结　本项目主要阐述了酒店督导在对客沟通、上行沟通、下行沟通中应具备的基本礼仪、方法和技巧。使学生对酒店督导沟通要点有更深层次的认知,并能够通过学习掌握一定的沟通知识,更好地提升沟通的能力。

项目训练

1.与酒店客人保持同理心需要具备的六大要点是什么?

2.沟通中的礼仪包含哪三点?

3.酒店督导在给予上司多种选择时应注意什么?

4. 酒店督导在与下属明确沟通目的时共有几个步骤？分别是什么？
5. FAB 的含义是什么？

案例分析

某位旅客在访谈中说道，平均每个月有 8 次机会面对酒店前台接待员，但仍有很多前台接待员只集中注意力在他们面前的电脑操作工作——记录客人资料及制作房卡等，忽略了与客人的接触及服务行业的核心宗旨——以殷勤好客的服务态度接待客人。但同时也有大部分酒店管理者明白酒店服务其实就是一门与客人沟通的学问，管理者培训及指导所有接触客人的员工如何成为"主人"。从"主人"的角度来看，服务人员应主动与客人沟通，服务人员应先开口与客人打招呼。我所遇见过的"主人"他们都会主动与我打招呼，然后再说"请问先生贵姓？"而不会直接说"住宿登记吗？"很多时候，当客人在前台登记完毕后，会发觉自己的指代变成房间号码。譬如"305 号房需要多几包咖啡"或者"701 号房需要多几条浴巾"。作为"主人"而言，他们会很有礼貌地回答客人的问题及确保完成所有要求。譬如"×××先生，我们会马上把毛巾送到您的房间，感谢您致电客房部。"而某次不好的经历是，一次房间内设备故障，维修工人到来后毫无表情地看着客人说："排水沟塞了吗？"客人点一下头说："是的，排水沟塞了。"然后对话就此结束。

请分析：
1. 上述案例在哪些地方违背了沟通的原则性？
2. 应该如何改善案例中所出现的沟通问题？

延展阅读

沟通的要素及原则

项目四
提升酒店督导的培训能力

 项目描述

　　培训是提高管理效能的重要方式,也是身为酒店督导的必备技能。它不但能够助力酒店督导有效提高员工的专业知识和专业技能,提升服务品质和客人满意度,还有助于沉淀组织经验,形成核心竞争力。

　　本项目阐述了酒店督导掌握技能培训实施的流程,从技能培训需求分析,到部门入职培训和在岗培训的实施,以及如何运用四步培训法,再到如何进行培训评估。同时,本项目还介绍了常用的数字化培训方法和工具的使用,以帮助酒店督导适应数字化时代背景下对培训能力的更高要求。

 项目目标

知识目标
1. 了解培训需求。
2. 了解部门入职培训流程。
3. 了解数字化培训工具。

能力目标
1. 应用技能培训需求分析工具。
2. 制订部门入职培训和在岗培训计划。
3. 实施四步培训法。
4. 运用数字化培训方法和工具。

思政目标
1. 培养钻研业务的良好习惯。
2. 培养精益求精的工作精神。

项目四 提升酒店督导的培训能力

知识框架

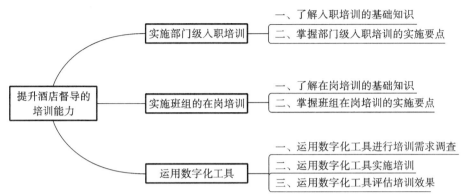

教学重点

1. 班组技能培训需求分析工具的应用。
2. 班组日常培训的实施。
3. 四步培训法的应用。
4. 数字化工具的应用。

教学难点

1. 教会学生做培训需求分析。
2. 教会学生运用四步培训法。
3. 教会学生进行培训评估。

项目导入

小泰从旅游大专院校毕业之后在一家五星级酒店前厅部做行李员,他平时工作很认真,对待客人也非常热情主动,多次受到客人的点名表扬。一年之后,由于他的工作表现突出,被升为礼宾领班,同时他也作为部门内部培训师候选人参加了酒店人力资源部组织的内部培训师培训。

在三天的培训中,小泰对酒店培训工作、培训师的角色有了深刻的认知。同时,他还学会了培训工作开展的流程:培训需求调查分析,培训计划的制订,培训的实施以及培训的评估。在学习结束时,他还运用四步培训法做了一场20分钟的培训实操展示,现场的老师和同学给了他很多有价值的意见和建议。

培训结束之后,小泰对于部门培训工作的开展有了全新的认识,他也准备将在课堂上学到的知识、技能和技巧运用到工作中,充分发挥培训在班组管理中的作用。

任务一　实施部门级入职培训

任务引入

小泰作为一家五星级酒店的礼宾主管,由于专业知识和技能比较突出,被前厅部推荐为部门内部培训师。前厅部经理向他一一介绍作为部门内部培训师每个月要做的相关培训工作。小泰觉得自己口才不错、专业知识和技能也熟练掌握,他相信自己一定能胜任部门内部培训师的新角色。

两个月后,班组入职了一位新的行李员,这位新员工刚从学校毕业,没有任何从业经验。考虑到自己刚开始给班组的同事做培训,为了保证培训效果,小泰最终决定自己亲自给这位新员工做培训,并且把自己最熟悉、最擅长的"送客进房"作为第一场培训的主题。他提前做了大量准备工作,例如:挑选培训日期、寻找培训场地、精心准备课程的相关资料、发布培训通知等。培训当天,他非常顺利地把课程讲完了,并对自己当天的表现很满意。

第二天上班的时候,他让参加培训的行李员把他当作客人,现场模拟"送客进房"。在模拟过程中,他在培训中强调多遍的"敲门程序"和"离开房间时需要说的祝福语"均被遗漏。事后,小泰心里不禁冒出诸多疑惑:为什么自己精心准备的培训效果不理想?为什么培训中强调多次的要点,工作中仍然会疏忽?

请同学们带着以下问题进入本任务的学习:

1. 小泰作为一名优秀的主管,那他也必然是一名称职的部门内部培训师,对吗?
2. 作为一名部门内部培训师,小泰应该如何培训班组的新员工呢?

一、了解入职培训的基础知识

(一)了解入职培训的定义和培训方法

入职培训是向新员工介绍酒店概况及其工作职责和内容的过程,是酒店培训工作的重要内容之一。入职培训可以加深新员工对酒店的了解,提升归属感和责任感,帮助新员工缓解紧张情绪,提高新员工士气,降低员工流动率等。

入职培训常用的培训方法如图 4-1 所示,酒店可以根据实际情况灵活选用一种或几种方法。

1. 小组培训

对于运营中的酒店,通常 1~3 个月进行一次小组培训,将新员工集中起来培训。

项目四 提升酒店督导的培训能力

图 4-1 入职培训常用方法

(资料来源:姜玲,《酒店业督导技能》)

2. 一对一培训

由专人负责对新员工进行培训。

3. 自我培训

将相关培训资料发给新员工自学。

4. 在线培训

新员工通过酒店线上学习平台推送的学习地图或培训直播来学习入职培训的内容。

5. 职业指导

为新员工指派一名职业导师,由其负责该新员工的入职培训。

6. 入职再培训

入职再培训包括两种情况:第一,新员工入职培训之后的 3~6 个月对这些员工进行复训;第二,对在职老员工每年进行入职培训复训。

(二)了解酒店级入职培训的基础知识

新员工入职培训可以分为酒店级入职培训和部门级入职培训。一般而言,酒店级入职培训由人力资源部或培训部组织,时间通常为 2~3 天。酒店级入职培训的培训主题、培训内容和培训师如表 4-1 所示。

表 4-1 酒店级入职培训的培训主题、培训内容及培训师

培训主题	培训内容	培训师
品牌文化	·品牌发展史 ·品牌的愿景、使命、价值观 ·品牌服务标准	培训部讲师
酒店应知应会	·酒店基本信息 ·酒店发展史 ·酒店管理层及各部门职能 ·酒店主要产品	

续表

培训主题	培训内容	培训师
服务意识	• 服务、服务意识的概念 • 服务意识的养成 • 服务意识的践行	培训部讲师
仪容仪表规范	• 个人卫生 • 发型、面部妆容、手部、鞋袜规范 • 制服、员工名牌规范 • 饰品饰物等规范	培训部讲师
行为举止规范	• 站姿、坐姿、走姿、蹲姿、手势、指示方向、引领、电梯服务等规范 • 问候、介绍、握手、鼓掌、递交名片等规范	培训部讲师
电话礼仪	• 电话接听标准 • 电话拨打标准 • 电话礼仪的标准话术	培训部讲师
员工手册	• 规章制度 • 福利政策 • 奖惩条例	人力资源部内部培训师
消防、安全、急救知识	• 消防安全知识 • 信息安全知识 • 工作安全知识 • 急救常识	安保部内部培训师
参观酒店	• 酒店大堂、商场、前台、礼宾台、商务中心 • 酒店各餐厅、多功能厅、会议室 • 游泳池、健身房 • 行政楼层、标准客房、豪华客房、总统套房 • 其他服务设施 • 酒店各部门办公地点 • 员工餐厅、更衣室、倒班宿舍	培训部讲师

(三)了解部门级入职培训的基础知识

通常情况下,在酒店级入职培训之后,新员工会到所属部门,参加各部门组织的部门级入职培训。部门级入职培训通常在实际工作中进行,帮助新员工了解本部门的基础知识以及自己的工作职责和工作环境。部门级入职培训的培训主题、内容及培训师详见表 4-2。

表 4-2　部门级入职培训的培训主题、内容及培训师

培训主题	培训内容	培训师
部门迎新仪式	• 部门负责人及同事欢迎新员工 • 部门负责人或督导向新员工做自我介绍 • 向新员工介绍同事 • 参观工作场所 • 部门负责人或督导邀请新员工共进午餐 • 利用班前会把新员工介绍给其他同事	部门负责人/ 督导
部门基础知识	• 部门简介、组织机构图 • 部门产品知识 • 本部门考勤制度、奖惩制度、培训政策、绩效评估	督导
岗位知识和技能	• 岗位说明书 • 工作任务清单与标准操作程序（SOP） • 岗位培训计划 • 将新员工交接给负责跟学的师父	督导
岗位知识和技能	• 岗位专业知识 • 岗位专业技能 • 日常待客技巧	督导/师父

二、掌握部门级入职培训的实施要点

（一）组织迎新仪式

迎新仪式能够有效地消除新员工的陌生感和紧张感，使新员工能够快速融入部门和班组，降低员工流动率，提升员工体验感。因此督导工作再繁忙也要利用班前会的时间组织一次简单而隆重的迎新仪式。

（二）准备培训资料包

督导最好提前为新员工准备一个培训资料包（表 4-3），其中包括但不限于：一封签名版欢迎信；部门及各班组介绍；部门相关管理制度；该员工的岗位说明书；相关岗位的工作任务清单和标准操作程序；个人培训计划等。出于环保和便利，建议使用电子文档，所有资料上传微盘或网盘，并设置浏览和下载权限。

表 4-3　部门入职培训资料包

序　号	资 料 名 称
1	一封签名版欢迎信
2	部门及各班组介绍
3	部门相关管理制度

续表

序　号	资　料　名　称
4	该员工的岗位说明书
5	相关岗位的工作任务清单和标准工作程序
6	个人培训计划
7	相关岗位的其他培训资料

(三)了解岗位说明书,工作任务清单和标准操作程序

1. 岗位说明书

以行李员为例,其岗位说明书如表 4-4 所示。岗位说明书也称为工作说明书,是通过职位描述把直接的实践经验归纳总结为理论形式,使之成为指导性的管理文件。岗位说明书主要包括该岗位的基本信息、岗位概述、主要工作内容和职责、任职资格等内容。一般新员工入职时需要签字确认。

表 4-4　行李员岗位说明书

部门:前厅部	班组:礼宾	岗位:行李员
直属上司:礼宾领班		下属:无

主要工作内容和职责:
- 了解并遵守酒店的政策和制度以及相关标准和程序
- 与班组的同事及部门其他同事保持良好的工作关系
- 准时到岗,保持良好的仪容仪表
- 保持工作场所的卫生、行李的整齐以及行李车和其他设备的整洁
- 为宾客提供周到友好的服务,宾客抵店时热情迎接,离店时礼貌道别
- 及时为住店宾客或离店宾客提取或搬运行李
- 陪同办完入住手续的宾客到房间,向宾客介绍酒店的餐饮、健身等场所信息,并介绍房间内设施设备的使用方法
- 执行总台要求的相关任务,如换房等
- 帮助住店宾客寄存行李,并做好记录,如发现公共场所有无人照看的行李,应及时向礼宾领班报告
- 递送邮件、留言和其他指定物品至宾客房间
- 借助寻人牌,帮助宾客在公共场所找人
- 根据接听电话标准,及时、礼貌地接听电话
- 对每个宾客的要求都给予极大的关注
- 发送酒店内部物品至各个部门,并执行宾客所委托的任务
- 执行上级交办的其他任务

任职资格:
- 文化程度:高中以上
- 语言能力:会一门外语,掌握该门外语的基本会话
- 电脑技能:会使用酒店管理系统(PMS)中的相关功能
- 岗位技能:熟悉行李运送的操作规程及部分委托代办事件

(资料来源:《金陵饭店工作手册》)

岗位说明书在督导的日常管理中起着重要作用，具体如下。

(1)在招聘中，酒店包括督导和申请人都可以根据岗位要求双向选择。

(2)在员工培训中，督导可以根据岗位说明书中员工应完成的工作任务及要求，确定员工培训项目，以及应该包括的技能和知识，准备培训课程，确定员工在培训期满后应能完成这些任务。

(3)帮助督导对员工的工作状态和工作绩效进行科学合理的评价。

(4)帮助督导为员工的岗位提升和职业成长制订相应的培训计划。

2.工作任务清单

以前台接待员为例，其工作任务清单(部分)如表 4-5 所示。工作任务清单由该岗位员工需要完成的各项工作任务按照逻辑顺序加以排列而成，是新员工岗位培训的重要来源，原则上新员工需要培训掌握清单上的所有工作任务。当然不一定是逐条培训，可以选择一些重要的、高频的工作任务优先培训、重点培训。

表 4-5 前台接待员岗位的工作任务清单(部分)

工 作 岗 位	工 作 任 务
前台接待员	• 整理总台，工作前准备 • 使用前厅部工作日志 • 使用总台电脑系统 • 使用开发票系统 • 使用人脸识别系统 • 使用总台打印机 • 使用总台电话系统 • 使用复印机 • 使用传真机 • 使用抵店名单 • 预留和撤销预留客房 • 办理宾客入住登记 • 运用有效的销售技巧 • 为抵店团队做预登记以及入住登记工作 ……

3.标准工作程序

每一项工作任务都有其完成的先后顺序，称为工作流程；每一个流程都有具体操作步骤和操作标准，每一项工作任务中的工作流程、操作步骤和操作标准就构成了标准工作程序(表 4-6)。这是员工岗前和在岗培训的标准和工具。

表 4-6 标准工作程序示例

操 作 程 序	操 作 步 骤	标准及说明
升级销售客房	1.营造与客人建立良好关系的氛围	
	2.合理洞察客人的增销需求	升级销售是一种销售比客人原订房间更贵的客房的方法

续表

操作程序	操作步骤	标准及说明
升级销售客房	3.寻求合适的增销方案	向客人提供更好的房间是希望客人住得愉快
	4.出示客房简图,帮助说明房间特点,必要时带客人参观客房	不要等待客人告诉你他要订的是某一种房型。预测他们的需要,并且询问是否能为他们订那种房型的房间
	5.如果客人带了孩子,建议选用亲子房,以提升体验感	
	6.建议商务客人选用行政楼层的房间,或者更宽敞的房间,有会客空间	
	7.如果一对夫妻正在度假,建议选用能留下难忘记忆的特色房间	
	8.询问客人是否愿意入住所推荐的房间,与客人达成共识	客人通常都欢迎积极的建议
推荐餐厅	1.合理预测客人的用餐需求	
	2.如果客人说没有时间离开房间,则推荐房内用膳,并提供订餐内线电话或二维码	
	3.如果客人还没有决定用餐的餐厅,首推酒店的餐厅	当推荐酒店餐厅的时候,需团队协作
	4.向客人介绍餐厅特色菜和评价,以帮助他们做出决定	
	5.倾听客人意见,如果他们坚持选择酒店外的餐厅,则推荐有地方特色的餐厅	
	6.如客人想找地方放松一下,建议去大堂吧或酒吧	
	7.如客人需要,主动提供预订服务	
	8.掌握菜单、营业时间和娱乐节目的变动信息	参照酒店相关餐厅的菜单
推荐酒店的促销项目	1.督导及时更新店内的促销项目	客人喜欢获得免费的东西或受到特别优待
	2.透彻了解各促销项目的特点	
	3.有针对性地推荐可以满足客人需要的项目	
	4.给客人宣传册和其他促销材料	

需要的资料:促销项目宣传资料、促销资料、客房简图、餐厅和房内用餐菜单
(资料改编:杰克•E.米勒,玛丽•波特,凯伦•埃克•多蒙德,《酒店督导》)

当然,作为酒店督导,还需要定期对本班组相关的岗位说明书、工作任务清单和标准工作程序进行回顾,做必要的删减、增添或更新,使它们在管理和培训中能发挥作用。

(四)学会甄选"师父"

1. 甄选"师父"的条件

酒店督导需要在自己的团队中甄选1~2名"师父",辅助自己完成班组的员工培训工作。适岗的"师父"对班组工作氛围和团队士气有着重要影响,因此酒店督导需重视"师父"的甄选与培养。一般而言,"师父"候选人需要满足以下条件。

(1)积极乐观,对培训工作有意愿,有激情,愿意为部门培训管理提升、员工发展做贡献。

(2)在本岗位任职一年以上者,专业知识全面,专业技能娴熟,熟悉本岗位的工作职责、工作程序与标准。

(3)有较好的语言表达能力及组织、协调能力,具有较强的学习力和进一步发展的潜力。

(4)善用四步培训法,对班组员工提供技能培训和指导。

(5)接受过专业的培训技能培训。

(6)具有幽默感,善于鼓励员工。

2. 了解"师父"的培训工作任务

(1)负责对指定员工进行专业知识和技能的培训,使员工都能按标准工作。

(2)负责随时关注员工的工作状态,即时指导和提供相应的帮助。

(3)定期评估指定员工的技能达标情况,并提供相应的纠偏培训。

任务思考

> 小研是一家五星级酒店的前厅部督导,也是一位资深的部门内部培训师,平时不但给前台班组的员工做培训,也会受邀给其他班组甚至其他部门提供诸如对客服务技巧、服务案例分享等培训。大家都觉得小研的培训生动有趣。
>
> 这两天酒店来了一批实习生,酒店级入职培训结束之后,其中的四位将在前台班组完成十个月的实习。小研在一周之前就收到了这个信息,她为每一位员工准备了一份用他们名字命名的电子文件包,包括一封欢迎信,前台接待员的岗位说明书、工作任务清单和标准工作程序,还有个人培训计划等。为了制订他们的岗前培训计划,小研和班组的四位"师父"做了沟通,共同拟定了实习生的岗前培训计划。
>
> 在实习生到部门的当天,她为四位实习生安排了简单的欢迎仪式,并邀请部门经理参加。随后她带实习生到前厅部各班组以及客房、销售、餐饮部等办公区域参观,便于今后工作的沟通和交流。次日,她亲自给这四位实习生做了部门介绍,讲解了组织机构图、部门产品知识、考勤制度、奖惩制度、培训政策和绩效评估制度。最后,小研把四位实习生交给四位"师父"。
>
> 接下来每周小研都会和四位"师父"了解实习生的培训情况,每个月还会统一组

织一次知识考试或技能操作考核,并和四位"师父"沟通考试的结果,调整接下来的培训计划。三个月过去了,四位实习生顺利出师,可以独立上岗。

请分析:

1. 小研在部门级入职培训当中所做的哪些方面值得借鉴?
2. 关于部门级入职培训,你还有哪些更好的建议?

任务二　实施班组的在岗培训

任务引入

小泰是一家五星级酒店的礼宾主管,他刚被推荐为部门内部培训师。部门经理跟他一一介绍了部门内部培训师的工作内容和培训职责,并给了他一套培训表单。他认真做了笔记,并打算逐一完成每一项培训工作。

月底他准备制订班组下个月的培训计划,该培训哪些内容呢?他考虑到标准操作程序是技能培训的主要内容,于是就随便选了四个标准操作程序,每周培训一个。培训日期则根据酒店的预估出租率和宴会会议客情单来确定,一般选择客情比较淡的日期,培训时段就安排在交接班之后,每次15分钟。所有的培训都是他自己做。这样,一份班组的月度培训计划就做好了。

由于小泰非常熟悉这些标准操作程序,所以他并没有备课。培训当天,小泰主持完交接班之后,就开始培训了。他按照标准操作程序手册上的相关内容逐条读完,然后问了大家一句:"你们都知道了吧?"大家都说知道了。小泰想,培训也没什么难的,照着资料读一读就可以了。

一个月过去了,小泰的培训计划如期完成。但是在培训的过程中,他发现有些员工根本没听,并表示培训的内容都会了;他还发现,培训过后,员工的行为没有发生改变,例如,他做了行李服务的培训,但是员工在主动提供该服务方面仍然存在不达标的现象。这到底是怎么回事呢?小泰不禁陷入了沉思。

请同学们带着以下问题进入本任务的学习:

1. 小泰选择培训主题的做法对吗?如果你是小泰班组的员工,你希望听什么主题的培训?
2. 小泰在培训时仅照着资料读一读,这样做对吗?如果你是小泰班组的员工,你喜欢什么方式的培训?
3. 小泰想了解培训的效果应如何跟踪、评估?

一、了解在岗培训的基础知识

在职培训是指在特定的工作现场或完成工作任务的过程中,将工作知识和技能教授给员工的过程。在职培训有岗前培训和在岗培训两种形式。岗前培训在部门入职培训中已经介绍。在岗培训是在工作现场进行的培训,其主要内容如下(图 4-2)。

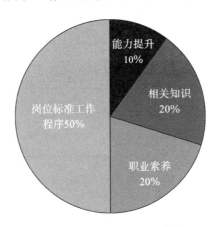

图 4-2　在岗培训的主要内容

1. 岗位标准工作程序培训

该培训内容是需要反复培训和即时培训相结合的,这部分培训内容应该占在岗培训内容的一半及以上。

2. 职业素养培训

职业素养培训包括职业意识培训、服务礼仪培训和职业能力培训,建议占在岗培训内容的 20% 及以内。

3. 相关知识培训

相关知识培训包括专业知识培训、行业知识培训等,建议占在岗培训内容的 20% 及以内。

4. 能力提升培训

能力提升培训包括沟通技巧培训、领导艺术培训、时间管理培训等,建议占在岗培训内容的 10% 及以内。

二、掌握班组在岗培训的实施要点

(一)学会培训需求分析

1. 了解培训需求分析的概念

培训需求是酒店和员工对培训的期望,培训需求分析是在规划和设计每一项培训活动之前,由培训部门主管人员、工作人员等采用各种方法与技术,对各种组织及其成员的知识、技能、能力等方面进行系统的鉴别与分析,以确定是否需要培训以及培训内容的活动或过程。培训需求分析是确定培训目标、设计培训规划的前提,也是进行培训评估的基础,是搞好培训工作的关键。

2.掌握培训需求分析表的使用

进行培训需求分析的方法有很多,诸如直接观察法、问卷调查法、关键人物咨询法、访谈法记录和报告法、工作样本法、集体讨论法、管理素质测评法等,每种方法各有优缺点。对于酒店督导的培训工作而言,直接观察法就很实用,结合表4-7就能便捷高效地分析出班组的培训需求。

表 4-7 班组培训需求分析表

工作项目	员工1	员工2	员工3	员工4	员工5	不达标人数
接听电话	×					1
收银	×	×			×	3
投诉处理	×				×	2
办理会员卡	×	×	×		×	4
……						

(资料来源:雅高集团内部培训资料)

以表4-7中的数据为例,某班组有五位员工,酒店督导通过直接观察法结合客人意见和绩效考评,针对"接听电话""收银""投诉处理"和"办理会员卡"四项工作任务的达标情况在表格中做了记录,打"×"的意味着相应的工作项目该员工不达标。根据表格中的数据,我们可以对该班组的培训需求做以下分析。

(1)不达标人数最多的工作项目"办理会员卡"应列为该班组培训的第一需求,并且应该采用小组培训的培训方法,培训过程中,为调动员工的积极性,可以请该项工作表现优异的员工当助教或分享成功案例和经验。

(2)不达标人数只有一人的工作项目"接听电话"应该采用一对一培训的方法,可以指定该项技能优秀的员工对其进行指导,当然对于做指导的员工也需要事先接受过专业的培训技能培训。

(3)根据工作项目不达标人数的多少来决定培训的紧急性,以此类推可以制订班组的阶段性培训计划,不达标人数为两个或两个以上的工作项目用小组培训法。

(4)在以上数据的基础之上,作为督导,还需要结合员工的现状,了解员工在该工作项目不达标的原因,从而判断到底是哪里出了问题,是不是仅通过培训就可以解决这个问题,还是说需要与其他的管理方式相结合。

(二)学会制订班组月度培训计划

1.培训计划的概念

培训计划是按照一定的逻辑顺序排列的记录,它是从酒店的战略出发,在全面、客观的培训需求分析基础上做出的对培训内容、培训时间、培训地点、培训师、培训对象、培训方式和培训费用等的预先系统设定。

2.培训计划的分类

如表4-8所示,根据时间长短可以将培训计划分为长期培训计划、中期培训计划和短期培训计划。

表 4-8　培训计划的分类

类　　别	时间跨度	说　　明
长期培训计划	三年以上	时间过长，则难以做出比较准确的预测；时间过短，就失去了长期培训计划的意义
中期培训计划	一至三年	是长期培训计划的进一步细化，同时又为短期培训计划提供参考
短期培训计划	一年以内	需要着重考虑计划的可操作性和效果

（资料来源：匡仲潇，《星级酒店培训管理全案》）

对于酒店督导而言，主要会涉及短期培训计划的制订，如班组月度培训计划或班组新员工岗前培训计划。

3. 培训计划的要素

如图 4-3 所示，培训计划至少需要包括以下七个要素。

图 4-3　培训计划的要素

4. 培训计划的制订方法

如图 4-4 所示，新员工岗前培训计划和在职员工在岗培训计划制订的依据略有不同，但都是基于通过培训缩短或消除员工工作现状与标准工作程序之间的差距，这是制订培训计划的思路。

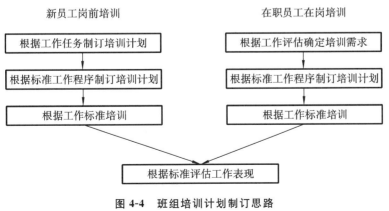

图 4-4　班组培训计划制订思路

（资料来源：汪群、王全蓉，《培训管理》）

班组新员工岗前培训计划的培训内容、培训时间和地点等要素在前面已经做了详细介绍,在此不再赘述。在职员工再培训的月度计划的制订,以表4-7中班组员工的四个工作项目的评估数据为例来确定培训计划的要素和内容,详见表4-9。

表4-9　在职员工培训计划的要素和内容

培训计划的要素	内　　容
培训内容	办理会员卡、收银、投诉处理和接听电话
培训目的	使班组员工的工作结果达到酒店标准
培训师和学员	办理会员卡的培训师是督导或者是员工4,培训参与者是员工1、员工2、员工3和员工5;收银、投诉处理、接听电话的培训师和培训参与者以此类推
培训时间	培训日期的决定取决于酒店的客情状况,督导应该选择客情预测比较淡的日期;具体培训时段需要根据班组的班次情况决定,尽量选择交接班的时段,避免过多占用员工的私人时间
培训地点	一对一的培训地点可以选择在工作现场;小组培训的培训地点可以选择在办公室、培训教室、员工餐厅、闲置客房或包间等区域
培训方法	接听电话的培训采用一对一培训方法,其他三项培训采用小组培训方式,具体培训的步骤将在实施培训的内容中介绍
培训预算	班组内的培训通常不会产生显性培训支出,但是任何培训都是有成本的,如当班员工的薪酬、培训场地的能源费用等

(三)学会实施培训

1. 准备培训

俗话说"没有做好准备就等于准备失败",一场成功的培训一定是准备出来的。督导应该根据培训计划的安排,提前做好以下准备工作。

(1)充分了解受训者(学员)的情况,包括培训主题、参训人数、资历、经验、教育程度、年龄、参加过哪些类似培训、观念、个性等,了解得越透彻,培训的针对性越强,效果就越好。

(2)准备培训资料,虽然班组的培训内容中标准工作程序占比较大,但是为了提高培训的趣味性,酒店督导仍有必要去收集一些生动的视频、音频和案例,提高受训者的兴趣和积极性。

(3)如有必要,需要提前预约和布置培训场地,虽然班组的人不多,但是酒店督导要保证培训场地是安静、舒适、明亮、温度适宜的空间。

(4)提前准备需要的教具,如白板和白板笔、讲义(如需要)、投影仪、电脑、激光笔等,并在培训前摆放和调试到位。

(5)做好课程时间的安排,根据成人学习的特点,设计回顾、练习、讨论、提问的互动环节;同时还需要规划好自己在培训时段的工作安排,避免被打扰。

2. 掌握培训方法

培训方法的选择对培训效果起着举足轻重的作用。酒店督导在确定了培训目的、培训主题、受训学员后,就要开始思考用什么培训方法才能让学员有效地接受。在培训中经常使用的培训方法有讲授法、演示法、练习法、小组讨论、角色扮演、案例分析、游戏等(表 4-10),每种方法各具优缺点,督导需要根据培训主题、培训目的等选用一种或几种培训方法(表 4-11)。

表 4-10　培训方法的类别及说明

类　　别	说　　明
讲授法	培训师通过语言表达系统地传授新知识,将抽象知识变得具体形象、浅显易懂,这是一种一次性向众多学员传播信息的有效培训方法,是培训师最常用的培训方法
演示法	培训师按照工作任务的步骤向学员示范正确的操作方法。演示法特别适用于操作类培训,这种方法要求培训师对所演示的工作任务能够熟练地、步骤清晰地完成操作过程,并引起学员对其演示的赞叹和钦佩
练习法	培训师根据课程进度,安排学员在课堂或课后对所学知识和技能进行实践练习的一种活动
小组讨论	培训师将学员分组,并设置问题引导各小组进行讨论。各小组可以讨论同一问题,也可以分别讨论同一问题的不同方面。分组讨论是一种互动培训方式,关键在于确保每位学员都进行思考并参与讨论,这样才能得到良好的培训效果
角色扮演	培训师根据需要安排 2~3 名学员表演一个工作或服务片段,其他学员则在旁观看,表演结束后进行点评和分析。角色扮演有助于学员在轻松的氛围中学习知识或技能,让培训变得更生动、更有趣,也可以帮助学员建立自信
案例分析	培训师根据课程的需要提前设计案例,课堂上培训师组织学员单独或分组根据案例进行讨论,学员结合所学知识和经验做出决策或归纳出解决问题的方法和建议
游戏	培训师根据培训的需要提前准备游戏的规则、程序、目标和评分标准,在课堂上安排全体学员或部分学员模仿一个动态的场景,彼此合作或竞争,以达到培训目标。例如,在培训开始之前,为了消除学员的陌生感和紧张感,培训师会采用破冰游戏

(资料来源:姜玲,《培训培训师:TTT 指南》)

表 4-11　培训方法的类别及优缺点

类　　别	优　　点	缺　　点
讲授法	·运用方便 ·经济高效 ·有利于学员系统地接受新知识 ·易掌控培训进度	·单项信息传递,缺乏交流和反馈 ·学习效果易受培训师水平影响 ·所学知识不易被巩固

续表

类　别	优　点	缺　点
演示法	• 直观,有助于学员理解和记忆 • 利于激发学员学习兴趣 • 利于为学员树立效仿的榜样	• 学员人数不宜多 • 培训师需要时间准备 • 培训师演示时,难以保证所有学员都看得清
练习法	• 学员亲自练习,利于有效记忆 • 学员有机会练习新知识和新技能 • 利于激发学员的学习兴趣和动力 • 课堂练习有助于培训师了解学员对培训内容的掌握情况	• 培训师需要提前准备 • 练习要引起所有学员的兴趣有难度 • 需要足够的课堂时间练习和反馈
小组讨论	• 利于提高学员参与性和学习兴趣 • 利于学员之间的相互启发和借鉴 • 利于提升学员的思考能力和理解能力 • 利于培养团队合作和求同存异的精神	• 对培训师的讨论主题选择、引导、控场能力要求较高 • 不利于学员系统掌握知识和技能 • 讨论时间较难控制
角色扮演	• 培训参与性、互动性强 • 利于学员体验真实或夸张的现实场景 • 利于学员体验所扮演角色的感受 • 利于学员养成站在他人角度看问题的习惯	• 需要较长课堂时间 • 培训效果受培训师控场能力和学员扮演情况的影响 • 有些学员可能会因为害羞而拒绝参与表演
案例分析	• 培训参与性、互动性强 • 利于提升学员分析和解决问题的能力 • 利于学员养成向他人学习的习惯	• 案例准备耗时 • 需要较长课堂时间 • 培训对培训师和学员要求较高
游戏	• 培训形式生动、活泼,利于提高学员的兴趣和参与度 • 利于集中学员注意力 • 利于让学员融入培训,寓教于乐 • 利于通过活动引起学员对培训目的的思考	• 需培训师提前准备符合培训目的的游戏 • 对培训师组织能力有挑战,特别是大型游戏 • 对培训师的归纳总结能力要求高

(资料来源:姜玲,《培训培训师:TTT指南》)

3. 掌握四步培训法

在班组培训的实际开展过程中,有一个非常有效的培训方法称为四步培训法(图4-5),适合一切有关知识、技能和态度的培训。四步培训法主要有以下四个步骤。

第一步,让学员了解培训内容。

在这一步骤,培训师要介绍需培训的工作任务,强调这个工作任务的重要性,并根据需要展示一个符合标准的样品或工具,引发兴趣,调动学员的积极性。

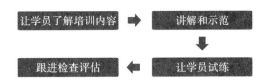

图 4-5　四步培训法

第二步,讲解和示范(如需)。

培训师在考虑学员的理解和接受程度的基础上,用简明扼要、重点突出的语言进行解释;如需示范,培训师需放慢示范速度,每操作一步就解释正在做什么、怎么做以及为什么这么做,同时强调相关重点,必要时重复操作较难的步骤,确保学员能看清每一步操作。

第三步,让学员试练。

这一步是培训的核心,培训师需要提前为学员准备练习需要的工具和材料,让学员根据示范的步骤逐步操作,同时说明要点和为什么这么做。让学员重复练习,直到达到标准。在这个过程中,培训师要及时鼓励做得好的学员;对于出错的学员,及时纠错,鼓励提问,必要时再示范一遍。

第四步,跟进检查评估。

在接下来的工作中,培训师需要对学员的该工作任务持续进行检查、纠偏,甚至再培训,以确保其符合标准和要求。

表 4-12 以干粉灭火器的使用为例来说明四步培训法的运用。

表 4-12　用四步培训法培训"干粉灭火器的使用"案例

步　　骤	讲　解　内　容
让学员了解培训内容	我们今天教大家如何使用干粉灭火器。灭火器有很多种类,但今天我们学习的是干粉灭火器的使用方法。你们以前见过这种灭火器吗?(培训师拿起干粉灭火器向学员展示)接下来你们将学习如何使用它,因为酒店是消防安全的重点单位,而这也是你们的工作职责之一
讲解和示范	(培训师一边讲解,一边示范) 第一步拔保险销。首先将瓶体颠倒几次,这样做是为了使筒内干粉松动;然后去除铅封;最后拔出保险销
	第二步扑灭初起火情。一只手紧握灭火器把手,另一只手握住喷管;然后将喷嘴对准火焰根部,按下把手扫射。 如果在室外使用,应选择上风方向,距离火焰五至六米开始喷射,并逐步靠近
让学员试练	让学员逐一拿着干粉灭火器,讲解使用步骤和注意事项。 培训师随时加以指导,表扬做得好的学员,指出学员做的不足之处
跟进检查评估	课程结束时,培训师可以进行小测试,对学员进行评估;也请学员填写培训评估问卷,对培训师进行评估。 课后鼓励学员在消防安全演习中学以致用

(四)学会评估培训效果

督导对培训效果的评估可以分以下几个阶段实施。

(1)在培训实施过程中,督导可以通过提问、课堂练习等方式检验学员对当前内容的掌握程度。

(2)在培训结束之前,督导可以通过课程回顾环节,检验学员对本节课程的掌握程度。

(3)在培训结束时或之后一段时间内,督导可以通过笔试、口试或技能考核等方式,检验学员对培训课程的掌握程度。

(4)在培训结束时,督导也可以通过培训评估问卷、学员访谈等形式了解学员对培训师的反馈,这也是培训评估的一部分。

(5)在培训结束后的三到六个月,督导可以通过日常检查、工作现场观察、宾客意见反馈等方式,评估学员的行为是否发生正向的改变。

(6)督导需要通过培训评估的结果指导下一步的工作开展。

培训效果评估模型如表 4-13 所示。

表 4-13 培训效果评估模型

层 次	评估内容	评估方法	评估时间	评估单位
反应评估	衡量学员对具体课程、培训师与培训组织的满意度	问卷、访谈、观察、座谈等	课程结束时	培训单位
学习评估	衡量学员对于培训内容、技巧、概念的吸收与掌握程度	提问、笔试、口试、模拟练习、心得、报告等	课程进行时 课程结束时	培训单位
行为评估	衡量学员在培训后的行为改变是否因培训所致	问卷、访谈、行为观察、绩效评估等	三个月或半年以后	学员的直接主管上级
结果评估	衡量培训给公司的业绩带来的影响	生产率、离职率、出勤率、个人与组织绩效指标、客户与市场调查等	半年、一年后员工及公司绩效评估	学员的单位主管

(资料来源:《企业人力资源管理师》(二级))

任务思考

活动目的:让学生学会运用四步培训法培训。

活动要求:

1.每位学生均需参与培训的准备工作,提供分工表。

2.各组根据展示的主题提前准备需要的物品。

3.教师提前准备评估表。

活动步骤：
1. 分组：按学号进行分组，并选出组长。
2. 要求：每个小组选定一个10分钟的培训主题；一周准备时间，指派一人用四步培训法做培训。
3. 评估：培训师自评；其他学生填写评估表并发言点评；教师点评并总结。

活动评价：
1. 每组输出一个10分钟的培训课程。
2. 其他学生的评估平均成绩作为该小组的成绩，计入平时分。
3. 点评的内容有利于提升学生的培训技能。

被评估人姓名：

序号	项目	内容	分值	得分	备注
1	仪态仪表（10分）	精神饱满，举止大方	4		
		仪表端庄，服装得体	3		
		肢体语言运用恰当、自然	3		
2	内容（24分）	内容具有知识性、专业性	8		
		内容充实、完整、逻辑性强	8		
		内容紧扣主题，且有趣味性	8		
3	教学组织及方法（26分）	备课认真，课件/讲义完整并有逻辑性	10		
		恰当地运用教法、教具	10		
		能与学员互动，气氛活跃	6		
4	讲解表达（20分）	普通话标准，口齿清楚，语音、语速恰当	5		
		对内容熟悉，语言生动流畅，能脱稿讲授	6		
		思路清晰，层次分明	5		
		时间安排恰当	4		
5	总计		80		

总体评价：

任务三　运用数字化工具

任务引入

小研是一家五星级酒店的前厅部督导，也是前厅部的部门内部培训师。她平时工作非常认真,对班组的培训也很上心。每次培训之前,她都认真梳理培训思路,准备培训内容,准备好示范和练习需要用到的物料。但是她发现,班组的员工都是年轻人,对于传统的培训方式不感兴趣,并且在酒店淡季开展培训时,由于员工在家休假而不能参加培训的情况也时有发生。培训结束后,她自己很累,员工也觉得培训时间长、负担重。

请同学们带着以下问题进入本任务的学习:

1. 小研可以通过使用哪些数字化的培训工具增加培训的趣味性?
2. 小研可以通过什么方式解决休假员工的培训问题?

一、运用数字化工具进行培训需求调查

如前文介绍,培训需求分析的方法有很多种,利用数字化工具可以帮助我们提高培训需求调查的准确性和高效性。例如,问卷星、企业微信、钉钉等目前使用较多的应用软件,均有问卷或投票等功能,可以实现培训需求的调查和分析功能。督导需要提前设置好需要调查的问卷题目,甚至应用这些软件中的预设模板,只需要根据需求修改即可。然后导出问卷的二维码或链接发到相应的工作群组中或一对一推送给相关员工。最方便的是,督导可以直接在后台看到各项数据,也可以根据统计分析的需要自定义需要导出的数据或图表,大大提高了数据分析和统计的效率。培训需求调查工具的使用步骤如图 4-6 所示。

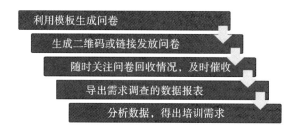

图 4-6　培训需求调查工具的使用步骤

二、运用数字化工具实施培训

督导可以运用数字化工具实现签到、授课、准备培训素材等功能。在此,我们重点介绍如何在线上实施培训。线上培训是在通信技术、计算机技术、人工智能、网络技术和多媒体技术等构成的电子环境中进行的培训,是基于技术的培训,具有低成本、广覆盖、高效率等优势;但是也存在着对学员缺少纪律约束、缺少互动、效果难保证等劣势。督导可以将线上培训与线下培训相结合,扬长避短。

考虑到适用性、经济性和便利性,在此主要介绍两种线上培训的实施方式。

1. 直播培训

直播培训是以互联网为媒介,利用多媒体及其他数字化手段进行的培训师与学员之间模拟的面对面实时的培训活动。目前有很多的直播工具可以选择,如微信、腾讯会议、企业微信、小鹅通、飞书等,在此我们以两种使用较为普遍的工具为例,做简要说明。

(1)微信。

目前绝大多数人都用微信,只要有工作微信群,就可以使用这种工具开展培训,内部培训师和学员都很容易接受。在微信群中通过PPT截图和语音讲解结合的方式完成培训,每个群最多可容纳500人听课。

优势:便捷、成本低;培训师和学员可以有简单互动;适用于主动学习的学员。

劣势:不利于培训师表达呈现,培训内容不利于长期保存,群内的互动答疑容易混乱,对被动学习的学员没有强制性。

(2)腾讯会议。

腾讯会议是一个视频会议系统,也可以通过分享屏幕的方式做直播培训。

优势:采用专业远程培训形式;可以录屏,视频长期保存和反复使用;云录制功能可直接生成文稿;课堂可控性比较强,可以通过聊天功能或申请发言功能进行互动和交流。

劣势:培训师需要提前下载腾讯会议软件;免费版本每次培训最多容纳300人;需提前告知学员使用、接入方式,使用初期反馈接入有问题的学员可能会比较多。

2.录播培训

除了直播,督导还可以事先录制培训视频,让学员观看学习。这种方式就需要使用录制工具。首先,2010版本以上的PPT软件自带录制功能。打开PPT文件,点击"录制"选项卡,即可把PPT内容和培训师的声音录制下来。PPT的这个功能用起来很方便,如果在整个录制过程中,出现口误或中断之类的情况,可以就出现问题的这一页PPT进行单独录制。

还有一些免费的录制软件如腾讯会议、腾讯乐享等,操作都比较便利,在此不一一介绍了。另外,督导还可以把一些相对固定的系列培训内容切割成很小的知识点,制作成一些有趣的短视频培训素材,用年轻人喜欢的方式进行推送,实现碎片化学习,作为线下培训的有效补充或培训素材。

三、运用数字化工具评估培训效果

数字化评估工具可以帮助督导有效开展反应评估和学习评估,问卷星和腾讯乐享等都是有效的评估工具。

首先,反应评估主要涉及的是培训满意度评估,包括对培训内容、内部培训师以及培训组织工作等方面的评估,督导可以在问卷星的调查功能或腾讯乐享的投票功能中导入培训满意度评估表,当培训结束时,让受训学员扫码或点击评估链接进行匿名评估。事后,督导可以导出后台的评估数据,为培训内容和培训师提升等方面的改善提供数据支持。

其次,学习评估最常用的方式是考试,督导也可以在问卷星和腾讯乐享的考试功能中导入试卷。需要考试时,让学员扫码或点击链接参加考试,考完后学员立即可以看到分数和错题解析。而且督导可以通过后台答题数据的分析,找出学员掌握薄弱的知识点,为下一次培训的重点内容提供依据,也可以为此次内部培训师在培训方面需要加强的地方提供依据。在线考试实施步骤如图4-7所示。

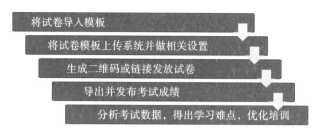

图 4-7　在线考试实施步骤

 任务思考

1. 简述运用数字化工具实施直播培训的步骤。
2. 简述运用数字化工具实施录播培训的步骤。

项目小结

本项目从部门级入职培训、班组的在岗培训两个方面重点阐述了酒店督导实施培训的步骤和要点，并通过对数字化培训工具的介绍，帮助学生初步建立数字化思维管理模式，掌握培训的基本方法和技巧，提高培训的效率和质量。

项目训练

一、知识问答

1. 简述入职培训常用的培训方法。
2. 简述部门级入职培训的实施要点。
3. 简述培训计划的要素。

二、教学活动

活动目的：让学生学会运用数字化工具制作培训评估问卷。

活动要求：小组全员参与，提交一份小组作业。

活动步骤：

1. 分组：按学号进行分组，并选出组长。
2. 要求：组长组织组员选择一种数字化工具并设计一份班组技能培训的评估问卷；确保小组中的每一位组员都参与其中。
3. 作业提交：一周后每个小组将问卷链接发给老师并发布到班级群。

活动评价：

1. 教师点评各小组的作业。
2. 教师给小组作业打分，记入平时分。

项目五
提升酒店督导的影响力

项目描述

为了形成高效率、有学习能力、有战斗能力的团队,为酒店创造最大化收益,酒店督导需要通过提升影响力进行团队的构建,将有共同目标、有信念、有能力的员工聚集起来,跨越工作障碍,促进团队协作,更好地完成酒店的营业目标。

本项目结合酒店运营中团队建设的真实情境,分三部分讲解酒店督导的影响力。第一,建设团队凝聚力,了解驱动团队行动的原因,明确本质上团队最核心的任务是建立共同的信念;第二,酒店督导通过提高自身修养增强对团队的影响力,包括不断提高业务能力;第三,酒店督导在团队建设中学会恰当处理团队内部冲突,解决在运作过程中遇到的困境,营造公平、公正、公开的管理氛围和激励团队的多种形式。

项目目标

知识目标
1. 了解建设团队凝聚力的意义。
2. 了解酒店督导提升自我修养的内涵。
3. 了解酒店督导建设团队的方法。

能力目标
1. 能够掌握形成团队凝聚力的方法。
2. 掌握酒店督导提升自我修养的方法。
3. 学会作为团队领导应该掌握的团队建设的技巧。

思政目标
1. 建立团队目标和信念。
2. 培养团队协作精神。

知识框架

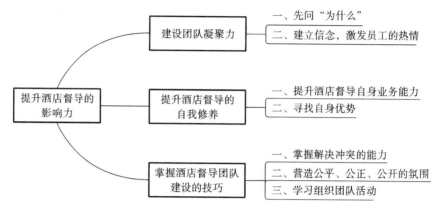

教学重点

1. 团队的凝聚力最重要的核心是建设团队的信念。
2. 建设团队的方法和技巧。

教学难点

理解团队的凝聚力必须从"为什么"开始,学习建设团队的信念。

项目导入

　　小研是一位备受员工喜爱的酒店前厅部督导。在她的带领下,前台班组形成了一个团结友爱的集体,员工之间互相学习、互相帮助、互相理解,在这样的团队氛围中员工热情开朗,他们给自己的班组微信工作群起名为"快乐前台一家人"。

　　前台班组在培训新员工时,除了理论培训外还有一个传统,就是以老带新。时间一久,即使新员工独立工作后他们还会以师徒相称,即便徒弟离开酒店多远、多久,也会来酒店看望他们的师父,彼此间建立了深厚的情谊。在这样的传承延续下,前台班组形成了牢固的培训架构,每一个新员工都得到系统扎实的专业训练。小研在做酒店督导之前是前台接待班组业务最过硬的员工,对接待、结账的业务流程和制度设计都有深刻的认知,因此在对新员工的培训中更注重经验的传授,培养他们的业务能力。

　　前台班组是一个执行力强的团队,在酒店开展的各项经营活动中前台员工的促销成绩总是排列前茅,酒店前三名销售能手总是前台员工,而且经常有新员工冲刺排行榜,是一个勇于竞争的团队。

　　前台班组的员工年轻、活跃、积极、敢拼,但他们也害怕小研这个"当家人",因为小研不会容忍他们的任何违规行为和影响团队集体利益的行为,对出现差错的员工毫不留情,会进行认真教育和处罚。小研经常和员工谈心,了解员工的情绪、工作中存在的困难,关心员工的生活,真正设身处地为员工排忧解难。

在员工心目中,小研是一个严格的管理者,也是一位严厉的老师,更是一位敢于担当的班组领导者。在这样的团队中员工看重的是团队和谐的氛围,以及敢闯敢拼、有勇有谋的团队精神,不管是曾经还是现在,大家以作为这个团队的一分子为荣,最关注的是自我能力的提升,最害怕的是成为拖累团队的问题员工。

任务一　建设团队凝聚力

任务引入

客房督导小智最近遇到一个难题,客房部经理要求小智做好楼层一次性易耗品的使用统计分析,小智在统计客房部服务员填写的班组易耗品使用数量统计表时发现楼层员工填写报表不够准确,有些员工并不是根据实际使用量填写,而是统一填写,如牙刷每间房统统填写2支,梳子填1把,小智觉得这样统计出来的数字没有任何用处。

客房部经理教小智每天抽查服务员未打扫的走房并将客人使用易耗品的情况拍照发到工作群里,提醒员工如实填写报表。小智在楼层抽查时还主动询问服务员为什么乱填报表,服务员说不知道经理想要干什么,所以就随便填填吧,还认为填张表格也没啥用处,让小智别太认真,给他们也添麻烦。于是小智把员工对待物耗管理工作的态度反映给了经理。经理也郁闷,自己精心设计了物耗统计表,每周都要统计所有班组的员工报表,结果员工还不认真填写,控制物耗的工作感觉形同虚设。

让我们回到小研带领的前台班组,在年初的时候前台接到酒店下达的散客客房销售200万的任务,对于一个OTA占比为25%～30%的商务会议型酒店,酒店线上直销平台又非常成熟,员工在酒店自己的线上平台可以直接获得促销奖励,两个线上平台的客房收入占比已经超过40%,可想而知前台线下散客被挤压得所剩无几,前台班组在接到看似不可能完成的促销任务后,所有的员工都不能确定今年大家是否能完成,但是在小研的详细方案指导下,员工满怀着对小研的信任、对小研专业方案的认可和不服输敢拼搏的团队凝聚力,努力引导客人在前台线下消费。客人需要比线上消费多支付10%的房价,员工们如果完不成任务也要损失利益,可谓难上加难。但前台员工们异常团结,一起想办法,以优质服务弥补客人心理差价,毫无怨言地努力完成每天的销售份额。

请同学们带着以下问题进入本任务的学习:

1.为什么客房部员工表面没有对抗部门的工作任务,而却对经理布置的工作用敷衍了事的态度去应付?

2.究竟是什么原因导致了前台和客房两个团队的成员如此不同的行为和结果呢?

一、先问"为什么"

作为团队的管理者,我们都希望领导者具备鼓舞团队成员、带领团队出色地完成任务、提升团队实现更好业绩的能力,激发和提高团队成员的工作热情和学习能力,使团队成员得到更大的进步。那么,督导怎样才能让团队成员真正心心相通,凝聚在一起追求共同的目标,让我们通过学习比"怎样做"和"做什么"更重要的"为什么"的"黄金圈"法则来寻找答案。

(一)"黄金圈"法则的概念

"黄金圈"法则是美国作家Simon Sinek通过研究世界上著名的领导者发现他们激励和影响他人的法则。"黄金圈"法则是受到黄金分割的启发,"黄金圈"在人类的行为中找到了秩序和可预测性,也就是说在做任何事之前先问"为什么"。如图5-1所示,黄金圈最外一圈是"做什么","世界上每个公司和组织都知道自己是做什么的,无论公司大小、行业为何,都是这样。"中间一圈是"怎么做","通常说的是某样东西为什么跟别的不一样,或者为什么更好。比如组织所制定和奉行的价值主张及管理理念、管理和服务流程,这些都是造成差异的因素。"最内一圈是"为什么",很少人能够说清楚"我为什么要这样做?就是你行动的原因是什么?你的本质目的是什么?你的信念是什么?你的公司为什么存在。"

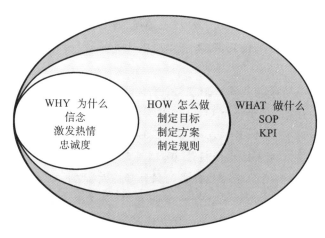

图5-1 "黄金圈"法则

(参考西蒙·斯涅克著的《从"为什么"开始》,由作者自画)

大多数团队的工作方式是从外向内的,而黄金圈法则是从核心开始,再往外扩散的。

(二)做任何事之前先问"为什么"

普通团队要完成一个任务,通常管理者会将任务分解为如图5-2所示的几个步骤。

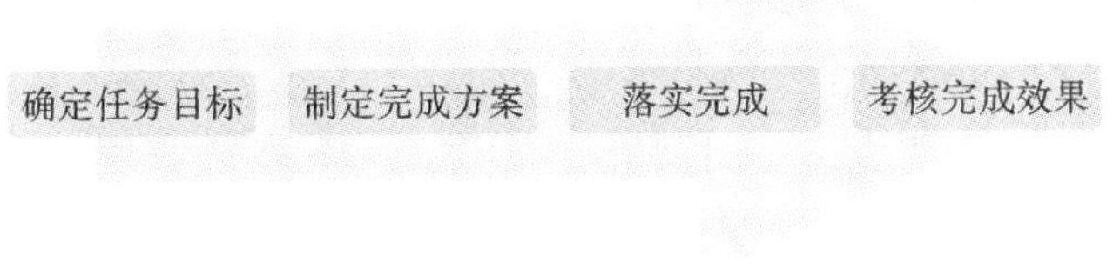

确定任务目标 → 制定完成方案 → 落实完成 → 考核完成效果

图5-2 普通团队执行任务步骤

首先来看客房部的小智制定的控制物耗的方案,如表5-1所示。

表5-1 客房物耗方案

项　目	方 案 内 容
物耗管理目标	单间耗用标准:每间客房一次性客用品平均费用标准11元
班组管理任务	安排员工如实填写客人使用一次性用品的数量
	统计每周物品使用数量
仓库管理任务	统计每月各班组物品使用数量
	统计部门月度物品使用数量
	计算每月平均物耗,做费用分析,各班组月度物耗排行榜

虽然小智做好了方案(HOW),经理在部门例会上进行了工作安排,小智将每周需要考核的物品制作表格发给每个班组的督导,由员工每日进行数据的记录(WHAT)。但是小智通过检查员工填写的每日物品使用数量统计可以看出,大家对该项工作普遍缺乏认真的态度。

通过"黄金圈"法则我们可以看出客房部物耗管理因为少了"黄金圈"中最核心的"为什么"(WHY),员工们普遍反应冷淡,他们不知道为什么要这样做,他们觉得这样做不仅和他们没有关系,还给他们带来更多麻烦,为了完成督导和部门要求的工作就随便应付一下。

前台的散客销售方案虽然完成起来很艰难,完成不了还会影响员工的实际利益,但前台班组的员工有自己的团队信念,任务下达后大家团结一致、敢于拼搏、敢于面对挑战,在小研的带领下大家有热情、有信心去完成任务,这样的团队是一个有凝聚力的团队,他们依靠团队的合作力才敢打敢拼。

当小智学习了"黄金圈"法则后,她马上制定了针对客房部物耗管理的"黄金圈"法则(图5-3),并安排了一场关于客房部物耗管理与保护环境的部门全员培训。在培训中,小智重点向员工讲解了酒店和部门物耗管理的原因以及与员工的关系,更结合客房部长期养成的节能环保意识讲解了物耗管理和环境保护的关系,鼓励员工像日常积极节能环保一样管理物耗。慢慢地,客房部员工形成了认真记录、科学使用物料的好习惯。

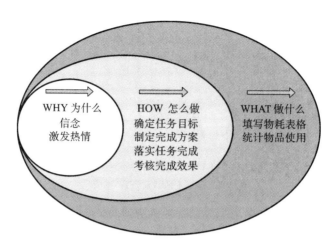

图 5-3　小智制定的"黄金圈"法则

二、建立信念，激发员工的热情

（一）发掘团队共性，建立团队信念

每个团队因为性质不同、成员各异，形成的核心信念（WHY）各有不同。督导是最了解自己团队使命、团队现状、团队个性的领头人，同时督导也是在酒店的企业文化的沃土中成长起来的管理人员，因此肩负着发掘自己团队核心信念的责任，并将这个信念深深植入团队成员的认知中。

小智所在的客房部以前是一个表现一般的普通部门。小智从专业院校毕业来到客房部时，她发现客房部员工士气低沉，每个人都日复一日做着辛苦的清洁工作。可是相处时间一长，小智发现客房部的几位大姐们心地非常善良，乐于帮助他人，工作虽然累但是有些人每天至少提前半小时到岗，一到楼层就整理工作间、小仓库，帮助服务中心查房，这个团队最突出的优点是每个人都拥有高尚的职业道德——诚信。小智向经理建议在部门中树立自信的团队信念：虽然大家做的是清洁工作，那只是工作的角色不同，大家在精神上和其他人是平等的，一样拥有高贵的品质，和前台美丽的接待员一样在为客人提供温暖的服务。经过部门管理人员的共同构建，客房部逐渐成为酒店的一个优秀团队。

发现客房部员工的优点，鼓励她们看到自己在工作中的闪光点，不断放大优点，不断进步。自信是客房部"黄金圈"法则的核心信念，通过日常对员工优点的表扬，组织各种员工活动，潜移默化地使员工形成共识，使大家对客房部团队有了忠诚度，员工在这样的团队中明白了为客人提供优质服务的意义所在，明白了自己平凡的工作一样能为酒店、为社会做出出色的贡献，因为这契合了人们积极向上的愿望。

(二)帮助新成员融入团队,形成共同信念

积极向上的团队信念会让整个团队充满凝聚力,然而新成员要怎样融入团队呢?

餐饮部实习生小王因为经常无故迟到甚至旷工被退回了人事部,前台督导小研主动接纳了他,一个月后小王再次出现迟到情况。酒店要求15:00到岗,小王有时17:00才来,有人迟到大家虽然都很生气,但是从大堂副理到部门经理,大家轮流顶班,小王到岗了看到经理也被他连累顶班有些不好意思,可是大家看到小王到岗也各自去忙碌了。事后小研和小王进行了一场耐心而严肃的谈话,并让小王写一个不少于100字的检讨。小王认真地上交了作业。其实,餐饮部因为工作量极大且繁忙的时间段非常集中,一个员工迟到就会造成整个厅面服务团队秩序的混乱。餐饮部督导在忙乱中当然没有时间和小王平心静气地谈话,整个受影响的团队都批评小王,使得小王产生逆反心理越来越无法融入餐饮团队。然而在前台,小研让小王自己分析问题激发了他的主动性,于是他慢慢喜欢上了这个能接纳他的新团队。

因为各种因素一些团队成员不能顺利地融入团队中。首先,督导就是帮助这些员工融入团队的融合剂,督导根据这些成员的具体特点采取不同的方式,如案例中的小王因为迟到在餐厅遭到每个同事的批评,本来心存内疚的小王在众多指责下反倒要给自己找出更多理由跟指责他的团队进行对抗,这时督导就应该在执行制度的同时更懂得员工的心理,才能因势利导通过恰当的方式方法引导这些员工,如小研了解实习生自尊心强的特点,让小王自己分析迟到的原因写出书面的检讨,小研还利用实习生需要他人认可、肯定的特点,对小王认真检讨的态度给予表扬,彻底激发了小王的主动性,使小王从内心认可这种管理方式从而向新的团队靠近。因为前台本身就是一个年轻人多的团队,他们热情、开朗、工作有冲劲,所以新来的小王很快就展现出积极的态度逐步融入团队中。

任务思考

活动目的:学生分组讨论怎样形成团队的共同信念。

活动要求:

1. 内容切题,能正确理解"黄金圈"法则的定义和重点内容。
2. 每个同学都参与进来,团队合作、集思广益。
3. 利用有效、易于理解的展示方式,以及流畅富有逻辑的语言表达。
4. 在汇报中有创新点。

活动步骤:

1. 分组:将学生按学号分组或自动分组。
2. 主题设计:团队共同信念是团队建设中的核心问题在你的实际生活和学习中是怎样建立的。

任务二　提升酒店督导的自我修养

任务引入

为了提升数字化管理水平，酒店决定升级电脑系统。这给小研所在的前台班组带来了不小的压力，但是小研并没有因为可能出现的不适应而抱怨，她更珍惜这次机会，把系统升级当作整合自己对电脑系统运作知识和深入理解数字化思维的机会。

小研根据实际情况把系统升级任务划分为三个部分。

第一步，小研带领部门员工认真向电脑工程师学习新系统的使用，由于涉及前台板块的内容和操作非常繁杂，为了全面掌握这些操作功能，在学习阶段小研每天都要花十多个小时和工程师一起，向他们学习新系统的每一个相关业务功能，小研除了和员工一起学习新系统，对于她来说更重要的是掌握新系统的内在原理，这样她才能将前台对系统功能的要求结合新系统的设置进行对接，寻找问题，发现新系统的优势，优化前台的工作流程。

第二步，小研将新系统需要为前台部量身定做的功能整理出来，要求工程师对新系统进行优化，同时督促前台员工练习操作新的系统。

第三步，迎接新旧系统的切换。

请同学们带着以下问题进入任务学习：

1. 作为督导怎样才能像小研一样具备超强的学习能力呢？
2. 学习能力在督导的管理工作中会起到怎样的重要作用呢？

一、提升酒店督导自身业务能力

督导是一个承上启下的管理者角色，是一线的业务能手，是员工的老师和教练，因此过硬的业务能力是成为合格督导的首要条件。

1. 提高自身业务能力的原因

一个团队是否有高质量完成任务的能力，以及高水平销售或者服务能力取决于督导的自身业务能力。

小黄是小研同集团下属 A 酒店的前台督导。小黄所在的前台班组一直因为接待组和结账组不能彻底合并而被酒店领导批评，于是小黄邀请小研来到 A 酒店帮助诊断。小研了解到员工因为工作量太大、流程太烦琐，所以对班组合并较为抵触。经过对员工操作程序的观察发现，影响接待员工作效率的主要因素是各类系统使用不到位。例如，员工没有正确使用电脑系统，很多快捷功能员工不了解只能手工操作，既没有效率又容易出差错。前台督导没有定期汇总操作问题,没有定期向软件公司提出问题,也没有学习开发电脑的功能应用以及升级。

1)督导的业务能力代表着整个团队的业务水平

通过以上案例我们可以看出督导作为班组的领头人,本身就应该是业务能手,核心业务更应是督导的强项:前台督导在接待、结账方面必须有熟练的技能和对房态准确清醒的掌握;客房督导必须懂查房、会查房;餐厅督导不仅应会点菜还应是服务技能高手。只有督导本身业务能力过硬并且不断精进才能带出同样技能强、头脑清醒、有战斗力的团队,才能带动团队高效率工作。才能带领团队不断提高和进步。

2)督导是班组业务培训的负责人

一般,部门经理在挑选班组督导的时候都会优先考虑业务能力最强的员工,即使是部门晋升,也是通过综合测评,业务考核部分占比也是最高的部分。只有当督导是全班组业务能力最强的,才能够培训班组的员工,及时发现员工在工作中存在的问题并加以纠正。只有督导业务能力强才能够以客观的态度管理员工,带动员工不断进步而不是害怕员工超越自己,这样团队才能充满战斗力。

2. 提高酒店督导业务能力

酒店业在不断变革,新技术、新应用也带给酒店许多新元素,如表5-2所示,酒店也需要在各方面不断创新才能满足客人不断变化的需求。

表 5-2 业务创新

业务分类	内容
行业的发展	行业的变化、发展趋势
	新技术及应用,如机器人的应用、新清洁设备的应用
	市场的变化、预期、预测,如节假日的市场预测及大型文体、展览活动
酒店的重大政策	酒店发展方向
	酒店发展的目标:长期目标、近期目标
	酒店经营的目标:全面经营指标、阶段性经营策划
部门业务	服务流程和工作制度的熟练掌握和优化
	与内部员工和部门之间的沟通协调技巧的提升
	人员安排技巧的提高
	服务经验的积累、服务技巧和能力的提高

3. 提高业务能力

1)在一线磨炼业务技能

业精于勤,酒店的业务技能只有不断操练才能精进,督导虽然走上了管理岗位,但始终还要坚持参与到具体工作中,这样才能掌握员工的工作质量和把握员工的工作状态。比如客房督导在平时查房中也可以顺便帮助员工铺床,在铺床的过程中可以检查床品的质量,如床单被套上浆是否适中,是否有污渍问题等。

2)对内输入和对外输出

(1)对内输入。

积极学习,参加酒店和部门举办的各类培训,有问题能及时向经理请教,经常和同事一起讨论问题,小研所在的前台班组由于平时大家工作在一起,督导和员工之间经常会交流一些工作技巧、客人信息和服务经验,如小杨的促销能力强,小研经常会让小杨跟大家一起分享经验,小杨不但能总结自己的心得还能将她平时发现大家存在的问题也一起汇总分析,使大家共同进步。小研一直注重自己能力的提升,经常参加行业专家的培训讲座,不断学习和提高自身能力。

(2)对外输出。

日常培训和每天班前会培训也是督导学习和提高的一个重要手段,督导每一次的培训不但是在教员工也是在提高自己的能力和水平。

3) 不断发现和总结

督导在日常工作中应该留心观察和总结(表5-3),如客房督导在日常查房时不仅检查房间的卫生质量,还重点总结反复出现的卫生问题存在的根源是什么,提醒员工在做房时改进。案例收集和分析是督导提高自己业务能力的一个重要渠道。

表5-3 督导在工作中观察和总结的要点

项 目		内 容
坚持技能训练	对客服务岗位	前台接待和结账技巧,处理客人意见和投诉技巧
		客房铺床技能,客房房间清扫和查房技能
		餐厅点菜、托盘、摆台、餐间服务技巧
	其他岗位	坚持训练核心业务能力
坚持教与学	积极学习	参加外部培训和自我学习
		参加酒店和部门组织的培训
		相互探讨,交流经验,取长补短
	积极培训	培训班组员工,在部门举办的培训活动中授课
		在检查中随时培训员工的不规范操作
		每天在班前会进行小培训
发现和总结		发现日常存在的问题进行分析整改或者将好的做法进行分享
		对案例进行整理分析和培训

二、寻找自身优势

1. 寻找优势

每个人都有自己的优势和劣势,也许有些人会觉得自己很平凡,没有什么明显的个人优势,那要怎么办呢?某客房部经理之前在客房督导的岗位上踏踏实实、默默无闻工作了多年,在一次酒店组织的督导轮岗培训中,她写了一篇小结,在小结中,她并没有总结自己所学到的业务知识,而是把她在各部门轮岗学习中发现的别人的优点运用到工作中所获得的成效做了全面的总结,总经理看到了她的总结,认为这位督导发现别人优势的观察能力是难能可贵的,很快她就在众多督导中脱颖而出成为客房部经理。

通过以上案例我们可以看到每个人都有自己的优势和劣势,关键是怎样认识自己的优势并将它发挥出来运用到团队管理中。有些督导业务能力强,这是优点;有些督导具备人格魅力,这也是优点;有些督导业务能力、人格魅力都不突出,但是工作态度认真,对任何工作都一丝不苟,这还是优点。督导只要把自己的优点长期持续坚持下去就是优势,将这些优势投入到工作中就能够带领一支成功的队伍。

2.利用优势应对挑战

督导应将自己的优势发挥在班组的管理和服务的工作中,管理好自己的团队。每个督导的优势各有不同,这个督导的优势恰好是那个督导的劣势,有时候劣势也不能马上得到扭转和改变,这就要求我们更加突出自身的优势,利用优势弥补短板,同时优势越得到锻炼就会更加扩大和明显。督导可以通过发挥自己的优势促进团队的进步。

前台部的小研将个人精力全部投入到工作中,她关注员工的工作细节同时也愿意了解员工的个人生活,因此员工遇到任何问题都愿意去找小研商量,小研会花心思给大家出谋划策,因此获得了员工的尊敬。而客房部的小智不太善于收集工作以外的信息,不善于了解员工个人或者家庭的问题,所以她不像小研和员工的关系那样亲密,但是小智最大的优势是善于总结、善于学习,对部门的流程制度掌握透彻,不但严格执行而且深深懂得执行流程制度在日常团队管理中的重要作用,日常工作中小智认真做到管理上的公平、公开,因此小智通过发挥自己的优势弥补自己的劣势,一样也受到员工的尊敬。小智和小研因为发挥各自的优势在团队中都能获得较高威望。

 任务思考

> 同学们,大家了解自己吗?了解自己的优势和劣势有哪些吗?请大家坐下来把自己认为的优势和劣势一条一条写出来,看看这些优势对督导带领团队带来哪些积极的作用?我们怎样能扩大自己的优势并运用到团队建设上?

任务三　掌握酒店督导团队建设的技巧

 任务引入

> 酒店为优化人员结构决定重新核定客房楼层服务员的标准工作量,从每天清洁住、走房标准13间提升到14间,客房部经理将酒店的这一部署传达到客房部,第二天督导小智就按照部门要求安排每位员工打扫14间房,早上8:30客房部经理来到办公室,发现所有楼层员工都在办公室等她,员工要求恢复原来的工作,否则就罢工。客房部经理知道酒店领导是下决心要调整、优化员工的工作,没有什么退路了,直接拒绝了员工的要求,让员工们回去工作。下午下班时全体员工找到总经理要求恢复原来的工作量否则明天就不做房了。

请同学们带着这些问题进入本任务的学习：

1. 客房部经理和督导要怎样面对突如其来的团队危机？应该如何妥善解决冲突呢？
2. 管理人员要怎样才能在冲突后修复团队凝聚力，恢复对团队的影响力？

一、掌握解决冲突的能力

在日常工作中督导不可避免要面对冲突，在管理中督导应当怎样成功地解决冲突和危机呢？

案例中小智和员工发生正面冲突，谁也不肯让步，最终人事部的小方想出了一个解决方案，坚持14间的标准工作量，但是每间套房按两个标准工作量计。一场罢工终于得到了解决。

1. 建立信任

还记得"黄金圈"法则吗？作为团队的管理者，管理团队的第一要务就是做好"为什么"（WHY），问自己为什么，自己的团队为什么有凝聚力，团队的共同信念是什么，只有逐渐形成有自己信念的团队，团队之间才有信任。在案例中，客房部员工认为客房部经理是酒店的"代言人"，不是员工的"自己人"，于是对她失去了信任。还记得前台班组的小研吗？同样是酒店下达的"不可能完成"的任务，小研带领的前台员工能够团结一致，共同完成酒店下达的任务，就是因为前台部团队有共同的信念，员工和督导相互信任。

2. 了解自己的团队，对任务作出充分的准备

督导在落实重大任务时或者落实对团队成员有重大影响的任务时，应该做好充分的计划和准备，才不会被冲突影响而措手不及。

3. 寻找支持援助

在面对较严重的危机而没有好的解决方案时，可以"喊暂停、找后援"，督导经常会遇到不能妥协的问题又找不到更好的解决办法，此时可以采取先缓一缓的办法，找到经理或者能够帮助的后援一起想出更好的方案解决问题。

4. 寻找共赢的方案

督导以富足的心态解决问题，如我们有更多的选择空间，我们有更多的可能性；克服匮乏的心态，即非此即彼的心态，可能就能够找到解决问题的方法。

5. 建立良好的沟通渠道

在冲突中控制好自己的情绪，发挥督导的沟通技巧，解决矛盾，寻找共同的利益。

二、营造公平、公正、公开的氛围

一个和谐、进步的团队最基本的共识就是有一个公平、公正、公开的机制，即管理标准统一化、管理过程公开化、管理考核透明化。

1. 完善的管理标准

督导在管理员工时要掌握酒店的工作制度和标准，以此作为管理依据。有些部门

延展阅读

"喊暂停、找后援"

延展阅读

富足心态

延展阅读

沟通的技巧

还会制定管理细则,督导严格按照制度管理员工就能带出一支纪律严明的队伍。

如客房督导小智为了规范员工行为,除了部门原有的工作制度和规范外还公布了员工行为细则标准,部门将这个细则发到每个员工手中,部门制定表格,督导发现员工的违规现象就记录在表格上(表5-4)。

表5-4 员工行为细则(案例中)

级　别	内　容
普通违例 (口头警告)	不按要求关闭通道灯光
	不锁工作间门、管井门、物品间门
	工作车未挡房门
	脏布草超过工作车表面
	吸尘机未与工作车同侧摆放
一般违例 (扣罚十元)	人离未关灯、关空调
	未按部门节能制度执行
	客人使用过的脏布草不随便扔在地面上
	未如实填写报表
	工作报表未按指定位置摆放
较大违例 (签单与酒店标准相同)	不按敲门规范进门但未造成投诉
	未向客人主动打招呼
	离开通道未将工作车推进工作间门外
	违反部门本周强调的规章制度

2.督导要以身作则

督导以身作则通俗地说就是管好自己。酒店和部门制定的规范制度不能只是规范员工的行为,督导更要带头执行,不要一味地要求员工而不要求自己。督导要管理员工,对员工的各种不规范行为逐一加以指正,一般来说督导不会随便对违规的员工进行扣罚,所以员工对督导的服从除了督导职务的权威外最根本的还是督导平时是否真正说到做到,要求员工的同时更严格地要求自己,从而树立管理威信。因为"群众是最有智慧的",员工们的眼睛是雪亮的,督导是否值得信赖和尊重是由督导是否具有以身作则的品质决定的,是由督导是否客观管理、克制主观的个人情绪化决定的。

3.在"三公"原则下管理不同的员工

在实际的工作中,要做到绝对的公平是极难的,公平是相对的,督导用"对事不对人"的客观态度,充分和员工沟通,使班组成员的想法达成一致,自然员工就会感受到公平的工作氛围。对员工的管理还要根据其特点采用不同的方式,但总的管理方法是真正尊重员工,不要采用针对性的手段或者区别对待,比如对与自己关系较好的员工与临时来班组顶班的员工分配的任务明显不均衡,就容易引起员工的抵触情绪。在"三公"原则下不同类型的员工的管理方式如表5-5所示。

表 5-5　在"三公"原则下不同类型的员工的管理方式

不同类型的员工	员工特点	管理方式
自觉的优秀员工	工作自觉性强,不管有无督导管理都能认真踏实地工作,不偷懒,有责任心	这类员工一般都是优秀的督导花心思培养出来的。督导会以真诚的态度对待员工,在适当的时候合理地帮助他们,因为员工把时间和精力用在认真工作上,督导也会心甘情愿地在工作上帮助员工
耍小聪明的员工	工作上存在表面一套实际另一套的做法,会在工作中耍滑头,在细节上偷懒和偷工减料	要管理、不放任,看到问题要进行批评指正,对实质性的问题、要害问题直接纠正,绝不姑息马虎。盯紧员工经常出现的问题,如有些员工经常迟到,有些员工一有空闲就抱着手机玩游戏,督导要加强管理,不让员工钻空子
实习生	和普通员工不同,他们没有工作经验,情绪波动大,但容易调动积极性	对实习生的管理要投入感情,把他们当作自己的孩子一样耐心培训,在最初的适应阶段督导要陪他们一起渡过难关,他们没有技能基础,要一点一点地教。对他们多肯定,多发现他们的闪光点,使他们发挥自己的优势和特长

4.做到公平、公正、公开的主要工作点

在日常的管理工作中有一些工作需要督导认真做好,例如公平排班、公正处理问题、月度公开考核等工作(表 5-6)。

表 5-6　需要关注的公平、公正、公开问题

工 作 点	处 理 方 法
公平排班	安排员工班次、岗位、休息、节假日加班,轮流安排,清楚记录,随时公开让员工查询
公正处理问题	一视同仁,对事不对人,同样的情形以同样的标准进行处理
月度公开考核	每月对员工的奖励和扣罚都在部门的公布栏或者微信群公示,接受员工的查询

三、学习组织团队活动

1.组织多种形式的活动

积极组织团队活动是对员工的正向激励,督导可以主动安排班组的活动,也可以根据班组的具体情况或者员工的状态建议部门组织团队活动,比如团队经历了紧张的大型接待活动后身心俱疲,督导可以根据员工的状态建议部门组织聚餐或者户外活动让员工得到放松。

2. 特殊事件中的团队建设

在一些特殊事件中通过团队活动能统一团队的价值观和共同的信念,加深团队成员之间的情感,提高团队凝聚力(表5-7)。

小丽是客房部的一名普通员工,虽然小丽是外地人,但是小丽有疼爱她的先生和活泼可爱的孩子,小丽和先生勤劳善良,生活得平静幸福。三月酒店组织了员工体检活动,小丽被检查出严重的疾病需要马上住院,一个幸福的小家庭顿时陷入黑暗中。一些客房部的大姐们专程去医院看望小丽,回到酒店大家都在感叹小丽的困境。客房部的经理找来部门的骨干督导们商量,由小智安排所有部门员工在下班时间轮流去医院照顾小丽,小丽的先生负责通宵班,白天还可以继续上班不影响自己的工作。所有的员工都积极响应,帮助小丽渡过了难关,而客房部也通过这次特殊的团队活动使曾经受创的整个团队恢复了团结和友爱。

表5-7 团队活动的具体形式

活动目的	活动形式
提高团队业务能力	技能比赛、知识竞赛、演讲比赛、岗位竞聘活动、定期述职活动
增强团队活力	户外活动、户外拓展训练、团队聚餐、外出旅游、新年晚会、员工才艺表演、单位联谊舞会、团队儿童表演晚会、员工生日会
开拓团队的发展	实习生联欢会、实习生业余爱好培训班、与客人的联谊活动、节假日庆祝活动

任务思考

督导怎样才能成功地解决冲突,具体有哪些步骤?

项目小结

本项目通过介绍"黄金圈"法则及其在酒店团队建设中的实际运用,帮助学生初步了解如何建立团队凝聚力。通过介绍督导带领团队应该具备的业务能力,培养学生不断提高自我修养的意识。同时,详细阐述了团队建设的技巧、方法以及解决团队冲突的原则,帮助学生初步建立团队协作的意识,以及领导团队的思维优势。

项目训练

1. 什么是"黄金圈"法则?"黄金圈"法则包含哪几个部分?哪一个部分最重要,为什么?

2. 怎样形成团队自己的信念核心圈(WHY)？形成核心圈在团队建设中的作用是什么？

3. 结合自己对督导实务的学习谈谈为什么要提升督导的业务能力？

4. 哪些方面的业务能力需要提升？怎样提升督导的业务能力？

5. 督导应该怎样做才能公平、公正、公开地管理团队成员？

6. 结合本项目所学内容，请同学们讨论督导可以通过哪些团队活动，活跃以年轻人为主的团队，提升团队完成酒店经营业绩的能力。

项目六
训练酒店督导的时间管理能力

项目描述

　　每天都有一堆工作等着自己,从早忙到晚还是有很多事情没做完,心力交瘁还不出工作业绩,还有很多类似这样的情况困扰着很多督导。时间是一种特殊的资源,不可储存,无法失而复得,它对每个人都是公平的。督导需要了解如何避免时间的浪费,用较短的时间有效达成既定目标。因此时间管理能力是督导提高工作效率、减轻工作压力、提高班组绩效的重要工具。

　　通过本项目的学习,有助于提升督导的周工作计划制订能力、每日工作安排能力和授权的能力。在数字化时代背景下,督导应该养成使用数字化时间管理工具的习惯,用数据化工具提高工作效率,精进自己的时间管理能力。

延展阅读

追踪自己的时间

项目目标

知识目标
1. 掌握制订班组周工作计划的相关知识和步骤。
2. 掌握安排每日工作的相关知识和步骤。
3. 掌握授权的相关知识和步骤。

能力目标
1. 学会制订周工作计划。
2. 学会安排每日工作。
3. 学会授权。

思政目标
1. 培养酒店督导的效率意识。
2. 培养酒店督导精进技能的职业精神。

知识框架

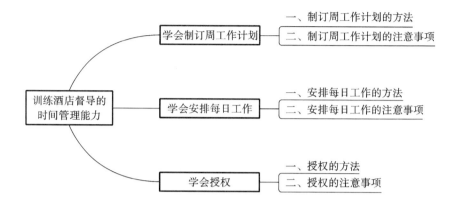

教学重点

1. 督导如何制订周工作计划。
2. 督导如何安排每日工作。
3. 督导如何授权。

教学难点

1. 教会学生制订周工作计划。
2. 教会学生安排每日工作。
3. 教会学生授权。

项目导入

头脑风暴

如果你有一个账户,每天会自动存入 86400 元钱,但是你需要遵守两个条件:第一是存入的 86400 元只能当天消费,消费不了的当天 24 点清零;第二是这笔钱你可以随意消费,但是不能储蓄、投资或者送人。同学们讨论如何使用这笔钱呢?

其实你的这个账户是时间账户,每一天有 86400 秒,同学们思考一下,如何更好地利用这 86400 秒?带着这个问题,进入本项目的学习。

任务一　学会制订周工作计划

任务引入

小研是酒店前厅部督导,上周人力资源部通知本周会有两位实习生到前台实习半年,小研很高兴,因为班组最近有位员工休产假,人手不足,实习生来了能解决这一问题。周一早上,她就去人力资源部领来了实习生,为了让实习生尽快独立工作,她决定自己亲自给实习生培训。

部门介绍刚进行了一半,在前台工作了三个月的小张就打断了她,因为有客人要延住,他需要小研帮忙去调房间。小研在前台刚调完房间,就迎来了离店高峰,当她忙完回到办公室时,已经到开部门周例会的时间了,例会开完就到中午了。午餐后酒店迎来了离店和入住的高峰,小研忙完就到了召开班组周例会的时间,她花了五分钟匆匆准备了开会的资料。周例会后她见缝插针地给两位实习生介绍了部门情况和部门的管理制度。

这时,下班时间已经到了,小研发现自己还有好多事情没有做。班组的续房培训还没准备,次月采购清单还没有整理报批,次月培训计划还没有制订和报批,还要组织员工参加消防安全培训等,想到这些,小研觉得自己头都要炸了,不知道接下来要先做什么,怎么做……

请同学们带着以下问题进入本任务的学习:

1. 小研为什么这么忙?
2. 请给小研一些时间管理的建议。

一、制订周工作计划的方法

一份有效的周工作计划可以确保督导在一周时间内完成特定的工作任务,并且可以避免偏离既定目标。因此督导每周应该抽出固定的时间来制订周工作计划,并且在计划的执行当中,根据需要不断更新调整。制订周工作计划的步骤如图6-1所示。

图6-1　制订周工作计划的步骤

(一)确定每周工作任务清单

首先,督导应该在每个周末梳理下周工作任务清单,以便指导新一周的工作。督导在确定每周工作计划时需要充分了解自己岗位说明书中的工作职责,梳理出哪些工作项目是每个月都要做的,哪些工作项目是固定某个月份需要做的。例如,班组考勤统计是每个月都要做的,而消防安全演习是每年六月和十一月需要做的。

其次,梳理每个月都要做的工作项目,确定哪些是每周都要做的,哪些是固定某一周要完成的,例如,班组周例会和班组排班调整,以及班组技能培训是每周必做的,而班组月度培训计划和月度培训小结是每个月最后一周的工作。

最后,督导还需要梳理日常的一些事务性工作以及上周没有完成的工作任务。例如,交班、与班组员工的沟通及跨部门沟通协调等,这些都是日常的事务性工作。对于上周没有完成的工作一定要放入新一周的工作计划,不能遗漏。

(二)选择计划工具

制订工作计划的工具非常丰富,有的酒店有规定使用的工具,不过督导自己也可以找一款适合个人习惯的工具,因为对于适合自己需求的工具,在使用时的意愿会更高。

常用的工作计划工具包括纸质的和电子的,如台历、手机日历、整合日历和任务管理软件以及联网的工作计划程序等,这些传统的或数字化的计划工具可以提高我们做事情的条理性和系统性。另外,还有一些数字化的时间管理工具,如番茄ToDo、时间序、Timing、滴答清单等,它们不仅是有效的计划工具,还有提醒以及对所使用的时间进行分析的作用,有助于督导发现自己时间管理方面的待改进项目。

(三)创建每周工作计划

督导可以根据酒店的规定或选择上面的计划工具将每周工作任务清单中的相关工作任务填入计划工具。如表6-1所示,以一位前台主管4月23日梳理的下周周计划为例,督导们可以根据实际情况修改或创建全新的周工作计划。

表6-1 周工作计划表

日 期	星 期	工 作 任 务
4月24日	星期日	班组交班会 某旅游团离店(30间房) 班组排班
4月25日	星期一	参加部门周例会 主持班组周例会 班组交班会
4月26日	星期二	班组交班会 某公司会议团进店(70间房) 与班组员工小张谈话
4月27日	星期三	班组交班会 班组日常专业知识、技能培训 提交次月班组物资采购清单

续表

日　　期	星　　期	工 作 任 务
4月28日	星期四	班组交班会 提交次月培训计划 某公司会议团离店(70间房)
4月29日	星期五	班组交班会 节前消防安全检查 统计本月前台的宾客点名表扬名单
4月30日	星期六	班组交班会 统计本月班组考勤 制作本月培训总结

二、制订周工作计划的注意事项

(一)了解制订周工作计划需知道的信息

督导在制订周工作计划的过程中,需要了解年度计划中本月应做的工作、酒店本月有哪些工作布置、部门本月重点工作、重点要关注和解决宾客意见反馈中的哪些需求、本周需跟进的工作以及领导临时布置的任务,以防有疏漏。

(二)保持计划的灵活性

有效的工作计划能够让督导从容应对意外情况,而不会打乱优先顺序或制造压力。作为督导,有时候会遇到突发状况,工作可能无法预测,如计划外的会议、意想不到的突发事件……为了协调这些情况,需要制订一个灵活的工作计划。较大的灵活性并不会令工作计划不充实,反而能确保督导有足够的时间处理最重要的事务。

(三)调整计划

在计划的执行过程中,督导可能经常会发现无法如期完成计划,例如,一个网络差评的沟通处理占用了很多时间,导致其他的工作任务没有时间处理或者不得不加班处理。这些情况会让督导觉得制订工作计划没有用,并且很有挫败感。

但是没有计划是完美的,发生这种情况时,督导要接受变化,把它当作时间管理过程中的一部分。如果突然出现意外情况或临时事务,督导需要花几分钟时间重新评估周工作计划,先确认用于待完成优先事项的时间,在必要时删掉低优先级的任务,然后根据所剩时间决定还能完成哪些任务。

计划执行中的过程修正很有必要,有利于督导更好地利用剩下的时间,同时减轻压力。督导要以如何根据具体情况安排时间为标准来评估计划的制订是否成功,而不是以是否按照原来的计划进行为标准。

(四)回顾计划

督导每周至少对照周工作计划检查一次工作任务的完成情况,以防遗漏阶段性的重点工作内容。这样才能明确问题,找出不断改善时间管理的方法。督导在回顾周计划执行情况时,如果没有完成计划内的工作任务,则需要反思没完成的原因是什么,问题出在哪里,是计划制订得不科学,还是执行过程中意外情况太多,或是低估了一些工作任务的完成时长……只有找到原因,才能在下一周的工作计划制订时取长补短。

1. 简述如何确定每周工作任务清单。
2. 简述制订周工作计划的注意事项。

任务二　学会安排每日工作

小研是酒店前厅督导,有一天她正在电脑前安排预计抵店客人的房间,这时遇到了以下事情:

(1)大堂副理打电话给她,说有一位客人在某OTA平台上投诉他们没有为客人预留需要换房的房型,大堂副理想找她了解情况,回复客人。

(2)销售经理通知马上有团队进店,请她赶快准备团队登记单和房卡。

(3)一位员工来找她说明天临时有事需要请假。

(4)库房的同事打电话给她,通知她前台申购的账单纸和房卡套到了,请她去库房领取。

(5)她妈妈打电话给她,说自己出门时将钥匙丢在家里了,现在无法进门,需要她将钥匙送回家。

一时间面对这么多的任务和冲突,小研有些抓狂。

请同学们带着以下问题进入本任务的学习:

如果你是小研,你会如何处理以上事务?

一、安排每日工作的方法

(一)梳理每日工作任务清单

每日工作任务清单是记录工作细节的有效方式。督导在梳理每日工作任务清单时,需要将周工作计划中当日的工作任务考虑在内,还要考虑领导临时交办的工作任务以及前一天没有完成的工作任务。

(二)分清工作任务的轻重缓急

当梳理出自己的每日工作任务清单后,督导会面对诸多工作项目,这么多的工作,先做哪一项?后做哪一项?哪些工作必须完成?哪些工作可以缓做?这些问题一定会困扰着督导,如果处理不当,就会导致"眉毛胡子一把抓",或者是工作异常忙碌但工作绩效低。因此,很有必要分析所辖工作任务的轻重缓急,从而有的放矢,提高工作效率和工作业绩。

分清工作任务的轻重缓急可以通过分析任务的"重要性"和"紧急性"这两个维度来实现,详见表6-2。

表6-2 时间矩阵

项目	紧急	非紧急
重要	处理方式:立即做 举例:危机 　　　客务处理 　　　有限期的工作任务 　　　事关大局的急迫问题	处理方式:先规划,后执行 举例:准备及预防工作 　　　规划、目标管理 　　　建立人际关系 　　　发掘新机会
非重要	处理方式:授权 举例:干扰、电话、来访 　　　某些会议、电话、必要但不重要的事情	处理方式:不做 举例:细琐重复的工作 　　　不重要的会议、电话、邮件 　　　浏览视频、购物App等有趣但无意义的活动

(三)安排每日工作

督导在对每日工作任务进行了轻重缓急的分类之后,当日工作的内容基本就确定了。督导在这些内容中需重点关注重要紧急的任务和重要非紧急的任务。在此特别强调,督导一定要充分重视重要非紧急的工作任务,如果当前不重视这些任务,不久的将来,这些任务都会变成重要紧急的任务,这会导致督导的工作陷入被动的境地,疲于奔命。所以,督导要有意识增大重要非紧急任务的占比,控制重要紧急任务的占比,不断优化每日工作内容的结构。

另外,非重要但紧急的工作任务虽然授权了,但是也需要放入每日工作内容,因为督导需要对这部分的工作任务进行支持、检查和评估;同时对工作结果承担责任。关于如何授权,我们将在本项目的任务三中详细阐述。

(四)创建每日工作备忘录

每日工作备忘录是记录当日要完成的工作项目的,没有固定的形式,督导可以根据自己的喜好选择便携式记事本、活页夹、日历、台历或手机等。督导在创建每日工作备忘录时,要考虑到每项工作任务的先后顺序、所需时长、完成期限、被授权人等必要信息。如表 6-3 所示,以之前前台主管 4 月 23 日制订的周工作计划表为基础,创建 4 月 26 日的工作备忘录。

表 6-3 4 月 26 日工作备忘录

工 作 任 务	完 成 情 况
梳理当日工作备忘录(8:15)	已完成
班组交班会(8:25—8:35)	已完成
结账、登记高峰时段在前台对客服务	
某公司会议团(70 间房)入住准备及入住安排	小李负责
准备次月班组物资采购清单初稿,并征求经理意见	
利用午餐时间与班组员工小张谈话(11:30—12:00)	
班组交班会(14:55—15:05)	
与经理沟通次月班组培训计划	
回复昨日新增的差评	
联系明日预计抵店客人	小张负责

当然,每日工作备忘录不能把每一分钟都排满工作事项,需要留有一些休息的时间,保证一定的灵活性并且也需要具有一定的前瞻性,为一些工作项目留有余地,以防出现意外情况。例如,表 6-3 中的"与经理沟通次月班组培训计划"是为 28 日次月班组培训计划的提交做准备的。

二、安排每日工作的注意事项

督导除了会制订周工作计划和每日工作安排之外,还需要了解自己每日的时间是如何使用的,找出浪费时间的原因,这样才能提高自己的时间管理能力。

(一)应对干扰

很多督导在使用工作备忘录的时候会发现,一天结束时有一些工作任务无法完成,是因为很多电话、临时会议、意外事件和个人事务等占用了本该完成工作任务的时间。为了提高工作效率,督导很有必要去控制这些干扰因素,当然在控制之前,应该有效地管理它们。

如图 6-2 所示,以意外访客为例,督导在应对干扰时首先要评估干扰的实际情况。如果是重要紧急的事情则需要立即解决;对于重要不紧急的情况,督导可以和访客约定其他时间见面;如果是紧急不重要的事情,督导则可以进行授权,将访客安排给其他合适的人选。当督导需要立即接待访客时,则需要记下当前工作的进展,以便返回时衔接。当然,如果督导在工作中频繁被意外来访打断,则可以将类似的接待来访者的工作统一安排在一个固定的时间段。

图 6-2　应对打扰的技巧

(资料来源:薛兵旺,《酒店督导》)

(二)应对拖延

1. 导致拖延的原因

拖延是降低督导工作效率的原因之一,拖延的事情越多、时间越长就会引起其他问题。一般而言,导致拖延的原因主要有以下三个。

1)工作量大

当工作量超过了潜意识能接受的范围时,因此产生的压力会导致更多的负面情绪,如焦虑、抑郁等,而这些情绪会分散我们的注意力和意志力,不断消耗对工作的投入,这种情况带来了更大的压力,从而形成了一个恶性循环,出于对压力的逃避,拖延就此形成。

2)害怕失败

当我们在面对自己不会的、不擅长的、不感兴趣的甚至厌恶的事情时,往往都是能推就推,不能推的就拖。这归根结底还是害怕失败,宁愿被人认为是因为没有花费足够的时间和精力而失败,也不愿意被人认为是因为能力不足。

当然,越是对自己要求完美的人,就越害怕自己的表现不够完美,他们对失败的恐惧就越深。与其一件事做得不好而遭受别人的非议,他们宁愿通过拖延来安慰自己,属于知难而拖。

3)外界事物的诱惑大

现在我们面对的客观环境诱惑很大,处处体现着注意力经济。所以,我们时刻都面临着来自现实世界和网络的各种诱惑,这些诱惑对于我们的吸引远远超过工作。例如,原本你只想打开微信给一位员工发一条会议通知,但是不自觉地开始浏览朋友圈,当你意识到的时候,半小时过去了。

2.应对拖延的技巧

应对拖延主要从以下几个方面着手。

(1)在开始做一件事之前不要耗费太多的时间观望,想到就要立刻行动。

(2)把看上去复杂和比较难的工作分割成几个小部分,逐一完成。

(3)不要为拖延找理由。

(4)适度控制外界诱惑占用的时间,不要因此耽搁了工作的进度。

(5)当按时完成了拖延的工作,要给自己一些鼓励甚至是奖励,以强化这种战胜拖延的做法。

(三)碎片时间的管理

碎片时间是指在上班前、开会前、吃饭后、睡觉前、等电梯时、上下班通勤等这样的时间段。督导们千万不要小看这些碎片时间,将这些时间积累并利用起来,也会产生意想不到的效果。例如:每天睡觉前花十分钟读十页书,则每年可以看三千六百多页书。现在有很多知识服务的App(应用程序)都会提供适合利用碎片时间学习的内容,督导可以利用这些数字化学习工具,不断提升自己。

(四)注意力管理

在当今的工作和生活环境中,有太多因素会影响我们的注意力,因此,督导在工作中要注意以下方面。

1.克服分心

首先,从主观上我们要有控制注意力的信心,相信通过刻意练习,注意力控制能力是可以提升的。督导在进行某一个工作任务时,如果出现走神的情况首先自己要有意识,然后选择继续回来专注原来的工作,这样的过程有助于在一个工作任务上停留更长的时间,从而提高克服分心的能力。

其次,督导也可以通过对工作环境的管理来克服分心。比如:在需要专注工作的时间段,手机换成静音模式,退出微信、QQ等聊天工具,办公室门前挂上"请勿打扰"牌等;督导还可以整理办公桌,将物品和文件摆放整齐;还可以使用手机或时间管理App中的定时器,帮助自己在定时器响起之前保持专注。

2.避免同时处理多项工作任务

每个人的精力是有限的,同一时间处理多项工作任务会导致在任务转移的过程中注意力中断,导致时间浪费。因此,督导需要根据时间矩阵去判断最先完成哪一项工作任务,完成了第一项之后再继续完成第二项,以此类推。

3.找出自己最佳的工作时间

最佳工作时间是指精力最充沛、工作效率最高的时间段。每个人的最佳工作时间会存在差异,督导需要找出自己的最佳工作时间,把最重要、最难的事情放在这个时间段处理;一些简单的事情放在其他时间段处理。

4.减少干扰

该项内容在之前的应对干扰部分做了详细介绍,在此不再赘述。

督导的精力管理

任务思考

1. 简述如何应对干扰。
2. 简述每日工作安排的注意事项。

任务三　学会授权

 任务引入

小研刚刚被晋升为督导,她在担任前台领班的时候,一直亲自负责班组员工的日常专业知识和技能培训。当了督导之后,她面临着很多新的工作要开展,也需要时间来适应新的岗位,因此,她没有时间和精力去实施班组的日常专业培训。这两个月培训经理多次抽查,发现她们班组的日常培训不能正常开展,上个月,她还为此收到了一张警示单。小研也知道需要培训,但是她真的太忙了,实在分身乏术,没有时间给员工培训;并且现有班组人员中,也没有合适的人选可以代替她实施班组日常培训。

请同学们带着以下问题进入本任务的学习:

小研应该如何授权呢?

一、授权的方法

授权是把工作任务分配给员工,由员工担当起相应的职责,但是要求员工汇报工作完成的进度,是督导有效利用权力的方式。如图 6-3 所示,授权的步骤主要有以下五步。

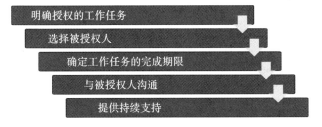

图 6-3　授权的步骤

知识链接

测测自己的授权能力

(一)明确授权的工作任务

如表 6-4 所示,虽然授权是督导提升时间管理能力的一个工具,但是并不是所有的工作任务都适合授权,因此督导需要梳理出可以进行授权的工作任务。

表 6-4 授权矩阵

	低 风 险	高 风 险
非常规	处理方式:可以授权 举例:写工作报告的初稿 　　　以代表身份出席会议 　　　收集临时需要的数据、资料	处理方式:不能授权 举例:人事问题 　　　解决部门内部冲突 　　　培养发展下属 　　　维护部门纪律和制度
常规	处理方式:必须授权 举例:做周例会会议纪要 　　　去仓库领货 　　　班组新员工培训	处理方式:应该授权 举例:回复网评 　　　客诉处理

另外督导在授权之前,需要思考清楚要授权的工作任务的内容及一些细节,包括:督导对这项工作任务结果的期望,完成这项工作任务所需的资源,自己和自己的上级可以提供的支持,以及被授权人可否自行选择完成工作任务的方法等。

(二)选择被授权人

选准被授权人是成功授权的关键因素,因此督导需要足够了解自己下属的成长背景、教育程度、性格特点、特长和短板,特别是目前具备的工作能力和潜能等,表 6-5 可以帮助督导高效甄选被授权人。

表 6-5 甄选被授权人矩阵

	高 能 力	低 能 力
高意愿	理想的被授权人	需要培训
低意愿	需要激励	不适合做被授权人

(三)确定工作任务的完成期限

接下来督导需要确定工作任务的完成期限,为了保证被授权的工作任务能够如期完成,有时督导需要和被授权员工一起商讨制定最终完成期限。完成期限的确定应准确:如果时间太紧,无法如期完成工作任务,影响整体工作绩效的同时也打击了被授权人的积极性;如果时间太宽裕,缺乏挑战性,不利于员工培养。

(四)与被授权人沟通

工作任务的授权,不仅仅是告诉员工一声,督导应该和员工进行面谈,最终就工作任务的完成达成共识。面谈的步骤和内容详见图 6-4。

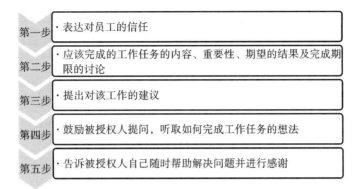

图 6-4　面谈的步骤和内容

(五)提供持续支持

工作授权,责任不授权。在被授权人完成工作任务的过程中,督导仍然需要及时检查被授权人的工作进度,帮助解决任何可能出现的问题。而不是寸步不离地监控被授权人或是直到工作任务完成的最后期限才去检查工作的质量。

在检查的过程中,当被授权人出现错误时,督导需要及时纠偏并帮助他们解决具体的困难;当他们表现出色时,督导需要给予表扬,帮助他们建立自信。授权任务圆满完成之后,督导需要对被授权人的成绩给予认可和表扬。

二、授权的注意事项

(一)授权的障碍

授权的障碍来自两个方面:一是督导自身;二是员工,详见表 6-6。

表 6-6　授权的障碍

障碍来源	障碍类型	障碍内容
督导	主观	不相信授权的有效性 不相信员工,事必躬亲 担心失去对工作的控制权 担心员工干得比自己好 缺乏授权经验,不习惯向下属授权任务 认为自己什么都干得好 不愿意为别人犯的错误承担责任 不愿意花费时间培训或指导员工
	客观	不会授权 缺少组织技巧 没有合适授权的员工 没有建立有效的控制或跟进程序

续表

障碍来源	障碍类型	障碍内容
员工	主观	缺乏完成任务的自信心 担心犯错误影响自己的发展 满足现状,不愿接受挑战
	客观	授权的工作任务除增加工作量外毫无意义 有过失败的经历

(二)授权的方式

督导授权不仅减轻自己的工作负担、缓解压力,也有利于了解员工的能力、优势和弱点,最主要的是可以与员工建立信任感,为员工提供个人和职业发展的机会。如表6-7所示,督导在授权的过程中,需要根据员工的能力、意愿等具体情况采用不同的授权方式,这样员工会更愿意承担新的职责。

表6-7 授权的方式

授权方式	说明
完全授权	将该项工作的全部职权和职责授予被授权人 被授权人有全权采取各种必要措施以完成工作任务 被授权人无需向督导请示或汇报
不完全授权	将该项工作的全部职权和职责授予被授权人 被授权人有全权采取各种必要措施以完成工作任务 被授权人必须向督导汇报该项工作进展情况和结果
部分授权	将该项工作的部分职权和职责授予被授权人 被授权人的权力有限,必须向督导提交自己对完成的该项工作的建议 被授权人根据督导的指示执行工作任务

(资料来源:姜玲,《酒店业督导技能》)

任务思考

请同学们思考一下,以下哪些工作可以授权?哪些工作不可以授权,为什么?
(1)整理客史档案。
(2)班组排班。
(3)编写网评回复模板。
(4)主持班组周会。
(5)撰写每月工作计划。
(6)班组员工请假审批。

(7) 处理班组员工的投诉。
(8) 签发下属违纪处理决定。
(9) 给班组新员工进行培训。
(10) 为部门经理起草部门年度工作报告。

本项目主要讲述的是酒店督导制订周工作计划和日工作安排的步骤及注意事项,并重点介绍了督导如何通过授权有效提高时间管理,帮助学生初步掌握督导在日常工作中的时间管理方法和技巧,培养高效工作意识。

1. 简述时间矩阵。
2. 简述授权的步骤及注意事项。

案例分析

王经理是酒店的人力资源部经理,下表列出他某一天的工作:

时间	事件
8:30	总经理打电话让王经理到总经理办公室谈话,谈有关公司人力资源规划的问题,中间总经理接电话、客人来访等,谈话持续到10:00
10:00	准备布置下属工作,又有电话打来询问有关新入职人员薪资的问题,持续到10:20
10:20	和下属布置招聘工作,中间不断有其他下属请示工作,王经理的思路和时间被分割和耽误,布置工作延续到11:00
11:00	批示、处理各类文件、报告、建议书等,到12:00,还有部分没有过目
12:00	吃完饭看了会新闻,和同事聊了一会,忽然想起上级交代的人力资源规划报告还没完成,赶紧冲进办公室
13:00	与销售负责人讨论销售经理招聘事宜,由于对招聘专员的工作不放心,他准备亲自做相关计划

续表

时间	事件
14:00	拟订招聘计划、招聘人员资格的具体内容、招聘渠道及广告发布等内容,16:00结束
16:00	刚要写公司人力资源规划报告,一个下属进来请示和审批,同时聊了一会个人私事和公司最近的传闻
16:30	召集下属开会,会议不仅没有达到目的,还拖延了时间,一直到17:00
17:00	下班时间到,没有时间完成公司人力资源规划报告,只能带回家熬夜完成

(案例来源:薛兵旺,《酒店督导》)

请分析:

1. 王经理的时间为什么不够用?

2. 王经理应该如何应对工作中的干扰?

项目七
训练酒店督导的服务创新能力

 项目描述

　　为宾客提供优质满意的服务是督导的主要职责。一方面督导肩负着服务质量检查的责任,保证班组员工的服务达到服务质量标准的要求;另一方面督导带领着班组成员在服务个性化和服务流程上进行创新,以提供超出宾客期望的满意服务来赢取顾客忠诚。服务创新能力是督导应该具备的高阶技能。

　　本项目将服务创新分为服务个性化创新与服务流程创新。服务个性化创新主要是在充分了解宾客需求的基础上进行个性化服务创新,包括情感服务创新、喜好服务创新、细节服务创新、超前服务创新等。服务个性化创新的出发点是对宾客的真诚关怀,真诚关怀—观察与发问—分析宾客需求—满足宾客需求—复盘与记录是服务个性化创新的基本流程。服务流程创新是督导在一线业务中将服务流程与时俱进的能力,主要包括日常服务标准与流程创新和数字化流程创新。日常服务标准与流程创新始终围绕着优化宾客体验进行,源于实践而高于实践,通过基层管理者在实践工作积累的经验提炼总结而成,可以分为放弃冗余流程、深化标准流程、创造新兴服务标准和深挖宾客需求等。数字化流程创新是依托于酒店运营管理系统而进行的服务流程再造,督导在流程再造中起到执行落地的作用。

 项目目标

知识目标
1. 认识服务个性化创新。
2. 认识服务流程创新。

能力目标
1. 学会分析宾客需求。
2. 学会进行服务个性化创新。
3. 学会进行服务流程创新。

思政目标

1. 树立对客人真诚关怀的服务理念。
2. 加强主动服务意识。
3. 明确创新在社会主义现代化建设中的重要地位。

知识框架

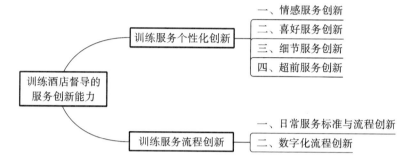

教学重点

1. 服务个性化创新的流程。
2. 服务流程创新的步骤。

教学难点

激发学生对宾客真诚关怀的服务情怀。

项目导入

让宾客带着感动离开

客房督导小智刚刚收到部门经理转给她的一位刘女士写的感谢信。

"亲爱的小智,你好。来了这里第二天我就生病了,还没等买好药,就收到了你送的红糖姜水,我很感激。明天我就要离店了,今天竟然看到你送给我的毛绒玩具以及写给我家小宇的信。我真是太意外了。是的,在我出差的这一个月内,我最挂念他。本想着今天一定要给他买点玩具回去,结果就看到你送的毛绒玩具,而且我还看到你在毛绒玩具上绣了小宇的名字。他肯定会喜欢的。我回去以后也会把你的信读给他听,感谢他在妈妈出差的日子里这么听话。谢谢你所做的一切。"

经理笑盈盈地说:"感谢小智的创新服务不仅为宾客创造了美好的入住体验,也维护了酒店品牌形象,这个季度的服务标兵非你莫属啦。你是怎么想到给刘女士的儿子写信的呢?我看她真的好感动。"

小智略带腼腆地说:"刘女士来的第二天就感冒了,我加了她的微信帮她买药。

偶然看到这一个月里面她朋友圈里总是晒儿子照片,我就想啊,作为一个妈妈,孩子那么小就出差,她肯定心里最挂念的就是孩子啦。所以我就给她的小宇写了一段话,感谢他这一个月如此支持妈妈的工作,并送他一个毛绒玩具,上面绣上了他的名字。"

经理感叹:"大家的创造力真的是无限的啊!只要平时肯思考、肯观察,让宾客带着感动回家,真的不难。"

同学们,本案例是督导在服务细节中创新的实例。创新看似很难,但在实际工作中只要肯思考、肯观察,特别是从宾客角度出发,了解宾客需求,就能创造出宾客不能磨灭的服务记忆。创新服务不仅是酒店品牌的增值,也是酒店服务工作者的金字招牌。

任务一　训练服务个性化创新

任务引入

前厅督导小陈接到了VIP客人李先生对前厅新员工小何的投诉:小何怠慢了他的朋友。针对这个投诉,小陈了解到李先生在酒店游泳时,他的朋友来到酒店探望他,小何没有让李先生的朋友进入其房间而是让其在大堂等候。小何很委屈,自己的操作符合酒店的规定啊,没有客人允许不能进入其房间。对于投诉小何百思不得其解。

你觉得小何的做法对吗?如果你是小陈应该怎样分析这件事呢?

在服务标准上,小何的做法没有失误。但是在服务细节上,小何欠缺了服务的灵活性,没有对宾客进行真诚关怀。下面我们来还原一下事情始末。

傍晚4:55分左右,李先生的朋友杨先生到酒店前台询问:"您好,我是住客2308的朋友,我们约好4:50他在大堂等我,但是现在还没来。我多次致电他都没有消息。您能打电话到房间问问是怎么回事吗?"

小何正在忙碌,嘴里答应着:"稍等一下,稍后帮您打电话。"

杨先生在等候了5分钟后,向小何询问:"我等了5分钟了,您可以帮我问一下吗?"

小何不耐烦地拿起电话拨打了2308房间的号码,铃响1分钟后没有人接听,小何回复:"您可以到大堂去等一下您的朋友,他现在不在房间。"然后就自顾自忙起来。直到接到宾客投诉。

我们将故事的颗粒度放小后,就能发现小何在对客服务细节中的不妥之处。

首先,没有及时响应。小何在第一次杨先生询问时没有及时响应,客人感觉有怠慢。其次,缺乏沟通。小何在安排杨先生去大堂时没有对杨先生进行解释和安抚,也没有跟康乐部进行沟通,只是简短地回应杨先生的需求。比如小何可以先向杨先生解释李先生现在不在房间,请他先到大堂吧坐一会儿,他会马上询问其他部门是否有李先生的留言,并承诺5分钟后回复杨先生;然后应马上致电餐厅、康乐等部门,询问李先生是否在餐厅、泳池以及是否留有请朋友进房间的信息。另外,缺乏真诚关怀。在得知杨先生多次联系不到李先生时没有共情。这时候,杨先生是一种焦急的状态,可能还会担心李先生。小何没有站在宾客的角度,想宾客之所想急宾客之所急。他只是一心想完成手头的工作,将杨先生的"需求"看成"麻烦"。

如果你是小何,遇到这样的情况,你会怎样进行服务呢?在服务的细节之处可以进行创新吗?如果你是前厅督导小陈,该怎样处理这次的投诉呢?

请同学们带着以下问题进入本任务的学习:

1. 什么是服务个性化创新?
2. 怎样进行服务个性化创新?

服务个性化创新主要是在充分了解宾客需求的基础上进行的服务创新,包括情感服务创新、喜好服务创新、细节服务创新、超前服务创新。服务个性化创新一般包括两层含义:第一层含义是针对宾客而言的个性化服务,这种服务是以标准化服务为基础,在观察分析宾客的各种消费需求后,提供为了满足宾客的个性需求而进行的不囿于已有标准且有针对性的服务,从而使被服务的宾客产生满足感和亲切感,并获得他们长期的信赖和忠诚度;第二层含义是从酒店或者餐饮企业自身出发提供的具有企业特色的服务项目。这一项目会成为服务企业的标志和品牌特色。创新的个性化服务有利于凸显企业的特色和品牌,培养宾客的忠诚度,并且还能避免宾客因接受雷同产品服务而产生的疲乏感和满意度下降等问题。比如以下宾客对酒店服务的留言,可以展现出个性化服务对于宾客的影响。

"××酒店的外卖中,各种食材、餐具、桌布以及电磁炉都有备齐,甚至连垃圾袋都有,如果觉得点的菜不够,服务人员会直接下楼去买,并帮助客人洗净放到桌上,吃完来人收走就可以了。服务质量远超其他外卖服务!"

"有一次,我到××餐厅吃饭,顺手带了个自己喜欢吃的桃子。服务人员并没有告诉我外来食物不准入内,而是赶忙接过去帮忙洗干净,端上来的时候还附赠其他水果做成了水果拼盘。简直太感动了。"

"我在去酒店的路上耳朵被蚊子咬了,抓耳挠腮的。服务人员看到后就直接送上了风油精和止痒药膏。效果还挺不错。"

这些服务细节无疑是打动人的。这些服务细节并没有经过精心设计而是由长期服务在对客一线的员工和督导创造出来的,所有细节服务创造过程的原点就是对宾客的真诚关怀。比如,看到宾客被蚊虫叮咬后不停地挠抓,如果是你,你现在最需要什么?需要风油精止痒。只有宾客舒服了,服务人员才算是较好地完成了自己的工作。

对宾客的真诚关怀是一种主动服务的情怀,是发自内心地为宾客解决问题、满足宾客需求的职业素养。服务个性化创新过程由真诚关怀、观察与发问、识别宾客需求、满足宾客需求、复盘与记录组成(图7-1)。

出发点:真诚关怀 → 观察与发问 → 识别宾客需求 → 满足宾客需求 → 复盘与记录

图7-1 服务个性化创新流程

一、情感服务创新

抓住宾客情感是酒店最有说服力的竞争手段,能使宾客心悦诚服地认可酒店,这种主动选择远远超过被动宣传所带来的效果。宾客对酒店的忠诚度会大幅上升,同时这些忠诚的宾客会向身边的亲戚朋友推广宣传酒店的优质服务。宾客的认可在潜在顾客群体中具有很大的说服力和感染力,这种无投入的广告宣传,更利于吸引更多的潜在客户。

  同步案例

毛绒玩具的度假

高洁和老公带着 4 岁的小小到海边度假,他们选择了以提供极佳服务著称的某酒店入住。小小在离开家时带上了她最好的"朋友"——毛绒玩具熊"哈里"。小小说:"如果我们都去度假了,'哈里'自己在家会害怕的。"

一周欢乐的假期结束后,高洁一家到家后打开行李箱发现"哈里"不见了!

小小急得掉下了眼泪,"哈里"丢了可怎么办!

看着心急如焚的女儿,高洁决定打个电话到酒店,请酒店员工帮忙找找看。

三天后,高洁一家收到了一个大包裹,竟然是"哈里"!还有它在酒店各个地方"度假"的照片!酒店督导莉莉还给小小写了一封信:

"亲爱的小小,'哈里'在酒店独自度假的这三天你一定很想念它吧。在这三天里我带着'哈里'在酒店的沙滩晒太阳,在自助餐厅用餐,晚上还去了水疗 SPA 做按摩,'哈里'多么开心呀!现在'哈里'一定回家了吧。告诉它,我们随时欢迎它再次入住哦。"

小小抱着"哈里",甜甜地进入了梦乡。

高洁觉得,这一趟旅行,真的很难忘。

在上面的案例中,酒店督导在找到宾客丢失的毛绒玩具后,没有例行公事地仅仅将玩具寄回,而是别出心裁地将玩具"哈里"作为一位度假的贵宾对待。酒店督导的出发点是对这一组家庭中小客人的真诚关怀,如果没有设身处地地体会小客人把玩具当作朋友的心理以及丢失玩具的焦急,是不可能创造出如此令人感动的服务故事。

案例分解的创新流程如表 7-1 所示。

表 7-1 情感服务创新案例分解流程

创新流程	具体内容
真诚关怀	·接到宾客高洁的电话后,服务班组火速找寻毛绒玩具"哈里",这是酒店服务的及时性也是基本的服务标准。 ·在标准之上,酒店督导莉莉从真诚关怀的角度开始思考如何创造满意的服务

续表

创新流程	具体内容
观察与发问	• 莉莉询问了这个家庭度假期间的客房管家。 • 根据客房管家的观察,服务班组了解到小小将"哈里"作为家庭的一分子,在度假时也要带着"哈里"。 • 在结束度假发现毛绒玩具不见了之后,高洁致电前厅,再三叮嘱希望酒店能找到这个玩具,孩子因为丢了玩具闷闷不乐
识别宾客需求	• 有多年服务经验的莉莉通过各种资料的收集,初步识别了宾客需求,找到玩具只是第一步。 • 这组家庭宾客的情感需求是消除小客人心中的沮丧情绪
满足宾客需求	• 调动班组找寻"哈里"。 • 在班组内进行了头脑风暴:怎样才能消除小客人心中的沮丧。 • 有人提议寄回"哈里"并附赠酒店自制的糖果;有人提议为"哈里""找个伴",寄回一对玩具熊;有人提议马上拍一组"哈里"的照片传给小小让她放心…… • 在班组会议上大家决定拍一组让"哈里"以酒店为背景的探索之旅,于是就有了"哈里"在酒店的沙滩晒太阳、在自助餐用餐、在水疗 SPA 做按摩的照片
复盘与记录	• 前厅班组收到了高洁一家的感谢信。 • 本次的服务故事也被该酒店收录。 • 本次的服务故事在该酒店以及该品牌酒店中传播。 • 前厅班组复盘了本次情感服务中的要点,并将本次事件记录到客史档案中

二、喜好服务创新

喜好服务创新是指满足宾客的喜好的创新,可以为宾客制造独一无二的体验。满足宾客喜好的服务也是从真诚关怀出发,识别宾客需求并满足宾客需求,最后记录到客史档案中。比如面对喜欢收集房卡的宾客,为他准备一套酒店系列纪念房卡,可以让宾客留下更深的印象。满足了宾客的喜好,也为酒店留住了忠诚客人。

下面满足宾客喜好的案例可以很好地展现服务个性化创新的流程。

 同步案例

约翰先生是酒店的常住客人,他第一次入住时,前厅督导小陈就注意到他会拿着一部相机拍摄酒店的壁画和自助餐。有一次小陈跟约翰先生聊天时,得知约翰先生的最大爱好是摄影。原来在常驻中国的这几年里,约翰先生都将领略的中国风光、建筑、传统美食"保留"在他的相机里。"陈,有一天我一定要在家乡开一个中国风物摄影展。"约翰憧憬地说。

> 小陈得知了约翰先生的这个愿望,决定帮他实现先在中国举办摄影展的梦想。当然,小陈自己的力量有限。餐饮部经理和前厅部经理给她提供了各种支持。小陈将约翰先生的摄影作品分为食物篇、风光篇、建筑篇和人物篇,在酒店中型会议室展出。酒店还专门为约翰先生的摄影展制作了专属参观票并准备了特色茶歇,展出当天,约翰先生邀请了他的近百位朋友参加。展出开幕时,约翰先生向各位来宾说的话令人难忘:"我必须要感谢我最真挚的朋友,陈和酒店的服务团队。我从没有想到在这里能帮我圆了开摄影展的梦想,我将永远记得这一刻。"
>
> 约翰先生的故事也被记录在酒店个性化服务手册中,并在酒店服务团队中流传。

上述案例分解的创新流程如表7-2所示。

表7-2 喜好服务创新案例分解流程

创新流程	具 体 内 容
真诚关怀	• 出于对宾客的真诚关怀,前厅督导小陈主动关注宾客的需求
观察与发问	• 在约翰先生第一次入住时,小陈就注意到他会拿着一部相机拍摄酒店的壁画和自助餐。 • 小陈跟约翰先生聊天时,得知约翰先生最大爱好是摄影
识别宾客需求	• 小陈识别到约翰先生有开摄影展的愿望
满足宾客需求	• 小陈决定帮助约翰先生实现先在中国开办摄影展的梦想。 • 餐饮部经理和前厅部经理提供了各种支持。 • 小陈将约翰先生的摄影作品分为食物篇、风光篇、建筑篇和人物篇,在酒店中型会议室展出。 • 酒店还专门为约翰先生的摄影展制作了专属参观票并准备了特色茶歇
复盘与记录	• 约翰先生的故事被记录在酒店个性化服务手册中。 • 在酒店服务团队中流传

三、细节服务创新

无微不至的细节服务,既考验服务班组的观察能力,也考验创新能力。在细节服务中进行创新的原点也是对宾客的真诚关怀。细致地识别宾客需求、满足宾客需求,并在日常服务中鼓励班组提供一些力所能及的细节服务,是督导的重要任务。比如在楼层服务中,客房服务员在打扫房间时,注意到宾客鼠标下没有鼠标垫,可以主动给宾客拿一个鼠标垫,并附留言;入住期间,督导代表班组打电话给宾客询问是否有特殊需求;宾客到行政酒廊时用餐时间过了,但酒廊服务人员还是会和厨房联系,为未用餐的宾客提供热餐服务。这些细心的行为可以让宾客感受到酒店的用心和真诚。

同步案例

每日例会上,行政酒廊经理会给班组同事分享当日到店的VIP宾客的照片及特殊喜好。分享宾客照片是为了让办理入住的工作人员能够快速识别宾客,可以称呼宾客的姓氏,让宾客有被重视和回家的感觉。服务人员会提前按照宾客的喜好布置房间,如换好宾客偏爱的枕头,提前放置加湿器等。在宾客第一次入住提出要求后,再次入住时,服务人员都会翻阅查找宾客的特殊需求信息。在入住率允许的情况下,酒店也会为会员升级房型,给宾客惊喜。酒店还会为第一次到店的白金卡会员手写欢迎卡片,在为每一位宾客办理入住时介绍酒店设施及周边环境,为商务宾客提前准备好发票,以节省宾客的退房时间。随时更新和丰富客史,记录宾客喜好,如宾客对房间朝向、楼层的要求,喜爱的饮品、菜品,了解宾客的投诉情况,避免因为同样的错误引起宾客不满。

上述案例分解的创新流程如表7-3所示。

表7-3 细节服务创新案例分解流程

创新流程	具体内容
真诚关怀	·出于对宾客的真诚关怀,酒廊班组的每日例会的主题定为"了解宾客"
观察与发向	·收集宾客照片,了解宾客喜好
识别宾客需求	·行政酒廊经理会给班组同事分享当日到店的VIP宾客的照片及特殊喜好
满足宾客需求	·分享宾客照片是为了让办理入住的工作人员能够快速识别宾客,可以称呼宾客的姓氏,让宾客有被重视和回家的感觉。 ·服务人员会提前按照宾客的喜好布置房间,如换好宾客偏爱的枕头,提前放置加湿器等。 ·在宾客第一次入住提出要求后,再次入住时,服务人员都会翻阅查找宾客的特殊需求信息。 ·在入住率允许的情况下,酒店也会为会员升级房型,给宾客惊喜;酒店还会为第一次到店的白金卡会员手写欢迎卡片,在为每一位宾客办理入住时介绍酒店设施及周边环境。 ·为商务宾客提前准备好发票,以节省宾客的退房时间
复盘与记录	·随时更新和丰富客史,记录宾客喜好

四、超前服务创新

超前服务创新是满足宾客未表达的愿望和需求。这需要服务班组从对宾客真诚关心出发,用共情能力深刻洞悉宾客尚未表达的需求,为宾客制造惊喜,最后记录到客史档案中。例如,丽思卡尔顿集团为每一位员工配备了一张信条卡,这张信条卡记录了丽思卡尔顿员工的黄金服务标准。其中第一部分就是服务信条,信条中指出在员工实施服务时要给予宾客真诚的关心,甚至要求员工对宾客未表达的愿望和需要都能满足,这就是超前服务创新的要求。比如,当宾客带领自己的朋友到酒店房间时,楼层主管预见到房间需要更多的座椅,在宾客正要向房务中心致电增加座椅时,客房服务员已经带着座椅"神奇"地出现在房门口。这样的超前服务让宾客大为感动,并对酒店的服务印象深刻。

同步案例

桑德先生近日入住了酒店的行政楼层,他在行政酒廊与经理吉米相谈甚欢。他说他已经是第三次来中国了,但是每次都是来去匆匆的,根本没有时间好好领略中国的风光,没有时间探访和了解中国的名胜古迹以及饮食文化。"我一直想尝尝正宗的四川火锅。"他不无遗憾地告诉吉米。

吉米觉得这是一个为客人创造惊喜的好机会,他把这件事告诉了宾客关系主任艾米莉,并在她那里得到了极大的帮助。首先,艾米莉安排行政酒廊在桑德先生用餐时制作了正宗的川味火锅。晚餐时,桑德先生喜出望外。而他不知道的是,吉米和艾米莉正在为他安排着一个更大的惊喜。

在一系列头脑风暴后,吉米和艾米莉准备为桑德先生亲手设计一套名为"发现中国"的系列文集,其中包括与中国传统文化相关的6个篇章。

"发现中国系列一"——中国有名、美味的四川胡椒与辣椒。这与桑德先生的口味相关,他喜欢川菜,也爱好吃辣。这一篇章讲述了胡椒的历史知识以及用途。除了文集,桑德先生还收到了一盒胡椒和干辣椒,分别用于食用与装饰。

"发现中国系列二"——桑德先生收到了大红袍茶叶。中国人习惯用茶叶款待贵宾。显然,这代表着桑德先生是酒店的贵宾。

"发现中国系列三"——中国的特色水果火龙果。

"发现中国系列四"——中国的传统白酒二锅头的故事。桑德先生终于了解中文"干杯"的含义了。

"发现中国系列五"——中国文房四宝。这是迄今为止桑德先生收到的最好的礼物。作为设计师的桑德先生,尤为钟爱这样的文化瑰宝。在收到礼物后他表示迫不及待地把文房四宝带回家,让所有亲朋好友都能领略中国古老悠久的文化。

"发现中国系列六"——酒店的中式特色点心"荷花酥",寓意着这一段珍贵的友谊。

为桑德先生创造"发现中国"系列文集的初衷是让他拥有一段难忘的体验。而桑德先生离开前对吉米所说的话让人动容:"我一定要告诉你,遇见你是我的荣幸,我非常开心能交到你这样的好朋友。我非常感谢你为我所做的一切,包括一系列珍贵的体验、情感交流及热情款待,满足我各种未曾表达的心愿。这段时光使我终生难忘,为我带来无限欢乐。"

上述案例分解的创新流程如表7-4所示。

表 7-4　超前服务创新案例分解流程

创新流程	具 体 内 容
真诚关怀	• 希望桑德先生拥有一段难忘的体验。 • 创造服务的原点是对宾客真诚的关怀
观察与发问	• 吉米通过沟通与观察,得知了桑德先生对于中国传统文化和饮食文化的喜欢。 • 桑德先生对行程太满无法领略中国文化感到遗憾
识别宾客需求	• 桑德先生想品尝正宗的四川火锅。 • 桑德先生没有说出口的是作为设计师的他希望更加了解中国,甚至可以带上中国的特产回国等,如果能有纪念品向亲朋好友展示中国的独特魅力,无疑更加让人喜悦。 • 这些需求可能桑德先生自己都没有意识到
满足宾客需求	• 头脑风暴,班组调动了包括餐饮部、客房部和前厅部等各项部门资源。 • 为桑德先生设计了专属的"发现中国"系列文集以及各种实物
复盘与记录	• 收到宾客的感谢信。 • 团队将此次服务记录为酒店的"WOW story"也就是优秀服务故事。 • 在酒店内部传播。 • 桑德先生的喜好也记录在客史档案中

 任务思考

活动主题:阅读以下服务场景并进行服务创新

1. 刘畅和她的老公带着 3 岁的宝宝来到酒店度假,她希望酒店的设施干净整洁,同时最好提供免费足量的瓶装矿泉水,这样宝宝喝起来比较放心。当然,如果酒店有托婴服务最好了,这样她能不受打扰地跟老公享受一个烛光晚餐。

2. 苏娜带着父母入住了酒店,今天正好是妈妈 60 岁的生日,她想让妈妈有一个生日惊喜。妈妈血糖有点高,不能吃太甜的蛋糕。她正想联系酒店看看有什么其他办法。

3. 阿道夫是酒店的常住客人,他是一位优雅的法国绅士,他每天都要喝高品质咖啡,曾经投诉过酒店客房咖啡不好喝。他早餐喜欢在行政酒廊用餐。

活动目的:进行服务个性化创新。

活动要求:学生分组,进行角色扮演,利用真诚关怀—观察与发问—分析宾客需求—满足宾客需求—复盘与记录的方法设计服务细节。

活动步骤:

1. 分组:将学生按学号分组或自动分组。

2. 设计:每个小组选择场景进行服务个性化创新。

3. 展示:以角色扮演的方式进行展示,并总结真诚关怀—观察与发问—分析宾客需求—满足宾客需求—复盘与记录的过程。

项目七 训练酒店督导的服务创新能力

活动评价：

组别＿＿＿＿＿＿＿　　　姓名＿＿＿＿＿＿＿

项　　目	分　　值	扣　　分	得　　分
创新性	40		
可行性	20		
数字化应用	10		
团队合作	20		
场景创新（如使用道具、戏服等）	10		
总分	100		

学生自查：

小组考核：

教师考核：

任务二　训练服务流程创新

 任务引入

2020年8月，怀有身孕的刘女士入住某知名高星级酒店。当出租车司机在酒店门口帮忙卸下笨重的行李，刘女士环顾四周，没有找到任何工作人员帮忙拖行李。当她拖着笨重的行李和疲惫的身躯走到酒店前台，请接待员找一位行李生帮忙把行李送到房间时，前台接待员这样答复："现在前台人手不够，我们鼓励客人自己拉行李到房间。"

原来，2020年新冠肺炎疫情暴发以来，酒店削减了礼宾部人力成本，并把人员"收缩"到酒店大门内。新的服务流程也在施行，礼宾部负责测温、检查健康码、控制客流等，行李服务也就渐渐"消失"了……

刘女士只好在大堂休息了一会儿后，吃力地将行李拖到房间……

请同学们带着以下问题进入本任务的学习：

1. 礼宾部新的服务流程是怎样改变的？
2. 在高星级酒店行李服务消失合理吗？
3. 控制人力成本和保证服务质量可以兼顾吗？

在这个案例中，酒店适时调整礼宾部的服务流程以适应疫情防控安全的需要，在进出酒店门口设测温、检查健康码等服务流程，是与时俱进的服务流程创新。经过一线班组的实践与总结后，某酒店增加的防疫检查服务流程见表7-5。

表7-5 某酒店增加的防疫检查服务流程

工作项目	序号	工作标准和流程
防疫检查	1	在酒店大门入口实施体温监测措施并登记，酒店工作人员佩戴口罩
	2	检查人员使用礼貌敬语，仪容仪表得体
	3	检验健康码，重点防疫地区必须严格按当地防疫部门要求办理信息登记
	4	住客、访客每次出入均进行体温检测和手部消毒（使用免洗洗手液），使用住客、访客体温记录表建档记录

然而案例中增加了防疫检查导致人手不够而不给有需要的宾客提供行李服务，则不是服务流程创新而是服务失误。鉴于刘女士的特殊情况，身体不便，即使宾客没有提出需求，礼宾部也应及时给予帮助。何况，刘女士已经向前台提出了帮忙运送行李的需要，接待员不应拒绝，而应该及时调动人手进行服务。

那么人力不足的问题怎么解决呢？其他客人的行李是送还是不送呢？如果继续将行李服务作为标准流程，一方面礼宾部面临人手不够的现状，另一方面现如今宾客的行李越带越少，行李箱也变成了万向轮，一些宾客确实不需要行李服务，但是如果就此取消行李服务，或者弱化行李服务，像刘女士这种确实需要服务的宾客就得不到回应，而高星级酒店的服务特色将同样被弱化。

应该怎样将节约成本与提质增效兼顾呢？

首先，鉴于现如今宾客行李减少和不需要服务的情况确实存在，可以修改遇带行李的宾客必须帮助其提行李到房间的工作标准和流程。

其次，将原来的"必须拿"改成"必须问"，对带了行李的宾客必须要有一个询问宾客是否需要送行李到房间的流程，将是否帮助宾客送行李到房间这件事的主动权交给宾客。

任务一中讲到的个性化服务创新是建立在标准服务基础上的，标准服务是酒店服务质量的最低标准，而个性化服务是最高标准。没有标准服务的个性化服务是无源之水、无本之木。酒店服务质量的稳定性、确定性、保障性是由标准服务决定的。那么酒店的服务标准是一成不变的吗？酒店日常服务标准与流程可以创新吗？

一、日常服务标准与流程创新

酒店服务标准是每个酒店都拥有的规范员工服务的最低标准。酒店标准操作流程（standard operating procedure，SOP），指的是员工在日常工作中为了满足工作要求而采取的流程和做法。具体来说，工作程序指的是将每一项工作任务分解开来，按照逻辑一步步执行的过程。工作程序的特点是有顺序，每个步骤和动作之间存在着先后顺序；而工作标准是对质量的阐述，是对每一项工作细则结果的要求和所能接受的最低水平。标准和程序密不可分，程序中往往包含标准。因此，人们总是将二者联系在一起共同表达为一个相对统一的概念。

关于工作标准举例来讲，在酒店餐厅服务中，"宾客点菜后要在5分钟内上第一道凉菜，15分钟内上第一道热菜"是一种标准。5分钟和"上菜"表达的是一种结果和状态。而这里的5分钟、15分钟是一个最低质量标准。员工不应该必须等到5分钟才上菜，而应该把5分钟当作一条底线。与标准不同的是，流程分步骤，如第一步、第二步、第三步等。比如进房送洗衣的步骤：第一步，敲门前，检查房间是否为"请勿打扰"（DND），若不是，按门铃或轻敲房门三下，并报出身份；第二步，待宾客开门后，礼貌向宾客说明来意；第三步，挂放的衣服帮宾客挂到衣橱里，折叠的衣服放到明显处；第四步，退出房间时，礼貌向宾客致意，关好房门。这就是一个关于送回宾客衣物的程序，一个有着先后顺序的服务程序，但程序中的"轻敲房门三下""礼貌向客人说明来意""挂到衣橱里"等都是表达标准的语言。

酒店标准服务流程不是一成不变的，而是为了满足宾客的需求随时发生改变。这就需要督导层管理者带领一线工作的班组成员在服务中不断对服务流程和服务标准进行创新。

日常服务标准创新首先是优化宾客体验，一切以宾客的需求出发。其次是源于实践。因为有大量的实践经验，所以督导层管理者最有可能发现原有服务标准中存在的问题和不足。因为与宾客保持通畅和直接的沟通，所以督导层管理者能发现并了解宾客的需求是否发生了变化；由于督导层管理者自己参与了服务标准的编撰和修订，他们可以更主动地去承担自己参与制定的工作标准和要求。最后是高于实践的提炼总结。改善现有标准流程对管理者的要求相当高。管理者既要有精通日常业务的专业能力，又要有善于提炼总结核心的逻辑能力，还要有高超的文字整合能力。

日常服务标准与流程创新的要素见图7-2。

日常服务标准流程创新分为放弃冗余流程、深化标准流程、创造新兴服务标准和深挖宾客需求等。

（一）放弃冗余流程

冗余流程是指会降低服务效率让宾客感到"多余"的标准服务流程。比如在对客服务的实践中，××酒店会收到在酒店储值的贵宾的投诉：带储值卡的宾客来酒店入住必须带着储值卡，经过扫描后才能入住，既浪费宾客时间又让宾客觉得携带卡片累赘；自助结账的宾客

图7-2 日常服务标准与流程创新的要素

退房必须把房卡交给员工查房才能离开；团队房每房一账单不方便领队核对同时浪费时间等。

因此，出于优化宾客体验的目的，经过提炼总结，上述冗余流程修改如下：带储值卡的宾客不用再扫描储值卡而是凭身份证和签字就可以进行消费；在前台设置房卡投卡箱，已结账宾客可直接投卡离店；团队入住可直接打印一张团队账单，既方便领队核对账单又提升了入住和离店的服务效率。

××酒店冗余流程修订见表7-6。B代表before，是指流程创新前的服务标准；A代表after，是指流程创新之后的服务标准；R代表reason，是指流程修改的原因。

表 7-6　××酒店冗余流程修订

项　目		流　程
带储值卡的宾客入住	B	必须出示卡片且扫描
	A	本人入住凭身份证和签字可以免扫描卡片（需要与财务部沟通和协调）
	R	简化宾客流程，真正方便宾客； 重视直销宾客的感受
快速退房	B	客人必须把房卡交给员工进行查房
	A	设置房卡投卡箱，已结账宾客可直接投卡离店
	R	节约宾客时间，减少员工工作量
团队入住	B	团队房每房一账单
	A	团队入住可直接打印一张团队账单
	R	方便宾客核实账务，节约办理入住的时间，便捷明了

（二）深化标准流程

深化标准流程是指本服务标准流程已经列为酒店的对客服务标准流程，但因为标准制定得不详细，不具操作性，或者缺乏相应的检查和考评措施，本服务没有得到很好的实施。比如在实际服务中宾客投诉员工的主动服务意识不够，原来是宾客在前厅等待入住的过程中没有任何的员工对宾客表示关怀。本着优化宾客体验的原则，在酒店的标准服务流程中应该增加对前台的等待宾客表达欢迎话语，向员工详细解释优化该服务的原因，并列出奖惩措施。

前台接待的标准服务流程修订见表 7-7。B 代表 before，是指流程创新前的服务标准；A 代表 after，是指流程创新之后的服务标准；R 代表 reason，是指流程修改的原因。

表 7-7　前台接待的标准服务流程修订

项　目		流　程
对等待客人的服务	B	员工仅能关注正在服务的宾客，对等待宾客关注不够，不能及时问候
	A	有宾客等待，员工必须用标准用语主动打招呼并致歉
	R	让宾客感受到员工的关注，减少等待的焦虑； 用标准语言落实流程，提升员工执行力
登记入住工作效率	B	酒店有必须 3 分钟内完成开一间房的标准但缺乏相应的检查和考评措施，以致对员工是否按标准执行并不了解，而这也是不少宾客表达对前台工作不满的主要原因
	A	强调限定开房时间，制定相应奖惩条例和日常检查标准，并通过数据积累进行动态管理
	R	工作效率是影响宾客对前台满意度的重要因素之一，需要加强员工认知； 有要求，有指导，有评估，让员工明确任务，有的放矢

续表

项 目		流　　程
用姓氏称呼宾客	B	虽然酒店有关于得知宾客姓氏后需以姓氏称呼的标准和流程,但因为缺乏相应的检查和考评措施,以致员工执行并不到位
	A	强化姓氏称呼宾客的重要性,制定评估及考核标准
	R	员工礼仪是影响宾客满意度的重要因素,应抓住服务接触点建立良好的第一印象

(三)创造新兴服务标准

创造新兴服务标准是指原来的酒店标准服务流程中没有这一项,但为了提升宾客体验,在不断的实践中制定出的新的标准。在以前的服务场景中,宾客只能通过传统方式(如现金或者银行卡交易)预交押金,退房时再返还押金。而今科技的进步,移动互联网的普及,使得用微信、支付宝提前结账的需求增加,所以客人可以通过微信、支付宝预付押金成为酒店的新的服务标准。

前台接待的新兴服务标准流程修订见表7-8。B代表before,是指流程创新前的服务标准;A代表after,是指流程创新之后的服务标准;R代表reason,是指流程修改的原因。

表7-8　前台接待的新兴服务标准流程修订

项 目		流　　程
微信、支付宝提前结账	B	宾客只能通过传统方式(如现金、银行卡交易)预付押金
	A	宾客可以通过微信或者支付宝预付押金
	R	随着时代进步,满足大多数年轻客人的需求
无线网络	B	提供但未主动说明
	A	所有宾客登记结束后主动告知无线网络使用方法
	R	满足宾客对无线网络的热切需求
预约开发票	B	据了解前台已实行预约开发票流程,但仍有大量宾客退房时再开发票,影响退房效率
	A	组织更有说服力的让宾客预约发票的语言,说明预约发票的益处并培训员工,增加说服成功率
	R	明确的语言让员工严格执行,提升宾客预约的成功率,减少退房时的工作等待,提升宾客体验

(四)深挖宾客需求,拓展优质服务标准

深挖宾客需求而增加的服务标准是指为了提升宾客体验而增加的优质服务标准。区别于基础服务标准,它不仅满足宾客的基础需求还能满足宾客对"优质"服务的向往。比如以往酒店前台提供茶水和小毛巾服务,由宾客自己取拿,这是基础服务;而将

流程改为前台在宾客登记时主动提供欢迎茶服务，由接待员主动端到宾客面前，更能打动宾客。再比如以往宾客行李由行李员协助拿到前台，这是基础服务；而增加擦拭行李箱包或者行李员看到行李箱包损坏提供维修行李箱包的服务，便是优质服务的表现。

前台接待和礼宾处对宾客需求深挖创造优质服务标准流程修订见表7-9。B代表before，是指流程创新前的服务标准；A代表after，是指流程创新之后的服务标准；R代表reason，是指流程修改的原因。

表7-9 前台接待和礼宾处对宾客需求深挖创造优质服务标准流程修订

项 目		流 程
欢迎茶服务	B	酒店前台提供自助茶水和小毛巾服务，由宾客自己取拿
	A	前台在力所能及的范围内在宾客登记时提供欢迎茶服务
	R	欢迎茶的重点不是茶本身，而是"温度"； 抓住关键时刻，增强宾客体验
行李擦拭	B	无
	A	发现宾客行李箱包有污渍时，主动帮助清洁及护理
	R	提供超值服务，带来意外惊喜
行李维修	B	无
	A	发现宾客行李箱包有损坏时，迅速与工程部联动维修
	R	提供超值服务，带来意外惊喜

二、数字化流程创新

数字化转型作为新动能正在重塑酒店业，而传统的服务流程在数字化转型中也在不断地迭代创新。比如在数字化转型过程中，酒店引入酒店运营管理系统（operation management system，OMS），OMS将酒店传统的运营流程在线化，取代电话、对讲机，简化沟通流程，帮助酒店降本增效。这时候，督导应带领班组积极拥抱变革，让酒店数字化真正在对客服务中落地生根。

数字化转型中的前厅部、客房部、工程部的部分流程创新如下。

（一）前厅部工作流程创新

在以往的服务场景中，宾客退房时由前厅部员工电话通知管家部服务中心拟退房号，服务中心通过电话或对讲机通知楼层员工查房，楼层员工将查房结果通过电话通知服务中心，再由服务中心打电话通知前台。这样需要四通电话才能退房，往往让宾客等待过长时间。

而酒店上线了数字化运营系统后，宾客退房时前台员工在电脑系统里直接发送查房信息给当班楼层员工，员工查房后通过手机向系统反馈查房结果，前台员工可以即时收到反馈。

这样的流程调整有以下优点。

（1）简化数次通电话流程，提升工作效率，避免宾客长时间等待。

（2）避免电话沟通过程中可能出现的歧义。

(3)明确了责任,提高了员工责任感。

(4)查房时间和结果的数据沉淀可提供管理参考。

基于数字化的前厅部工作流程创新示例见表7-10。

表7-10 基于数字化的前厅部工作流程创新示例

项目		流程
报查房	B	宾客退房时由前厅部员工电话通知管家部服务中心拟退房号,服务中心通过电话或对讲机通知楼层员工查房,楼层员工将查房结果通过电话通知服务中心,再由服务中心打电话通知前台
	A	宾客退房时前台员工在电脑系统里直接发送查房信息给当班楼层员工,员工查房后通过手机向系统反馈查房结果,前台员工可以即时收到反馈
	R	简化数次通电话流程,提升工作效率,避免宾客长时间等待;避免电话沟通过程中可能出现的歧义;明确责任,提高员工责任感;查房时间和结果的数据沉淀可提供管理参考
迷你吧入账	B	员工发现宾客有消费需要,手工填写消费单到前台入账,退房时如果宾客没主动说明需等到查房结果出来再入账
	A	发生消费,随时入账
	R	实时信息传递,及时与宾客确认,减少宾客等待时间;明确责任,增强员工责任感

(二)客房部的工作流程创新

客房部的日常清洁流程如下:员工上班后打卡,打印纸质房态表,领分房,到楼层做房,做完房后电话通知服务中心可查,同时填写纸质报表记录做房情况,包括使用物品等;领班查完房后根据反馈单进行补位。这样的流程既不便于快速放房,也会产生失误。

酒店上线了数字化运营系统(OMS)后,日常清洁流程如下:员工上班后领工作手机,登录即记录上班时间,手机显示实时房态,做房过程中进出房间均只需一键便可记录,房内物品及时勾选记录,员工做房结果和领班查房结果均是一键反馈。

这样的流程调整有以下优点。

(1)实时房态展示便于员工科学安排打扫顺序。

(2)员工进出客房时间均有记录,便于管理。

(3)房内消费、物品消耗等实时记录。

(4)无须填写各种表格,节约做房时间。

(5)实时报房减少沟通流程。

(6)领班实时验收提高放房速度。

(7)员工的做房数量、质量以及物耗等情况均有数据累计,便于发现管理问题。

基于数字化的客房部工作流程创新示例见表 7-11。

表 7-11 基于数字化的客房部工作流程创新示例

项 目		流 程
日常清洁流程	B	员工上班后打卡,打印纸质房态表,领分房,到楼层做房,做完房后电话通知服务中心可查,同时填写纸质报表记录做房情况,包括使用物品等;领班查完房后根据反馈单进行补位
	A	员工上班后领工作手机,登录即记录上班时间,手机显示实时房态,做房过程中进出房间均只需一键便可记录,房内物品及时勾选记录,员工做房结果和领班查房结果均是一键反馈
	R	实时房态展示便于员工科学安排打扫顺序; 员工进出客房时间均有记录,便于管理; 房内消费、物品消耗等实时记录; 无须填写各种表格,节约做房时间; 实时报房减少沟通流程; 领班实时验收提高放房速度; 员工的做房数量、质量以及物耗等情况均有数据累计,便于发现管理问题
对客服务	B	宾客需要服务时打电话通知服务中心,由服务中心通知员工实施服务,但对服务的完成情况和完成效果均无法跟踪
	A	接到宾客服务电话后,服务中心系统派发任务给楼层员工,记录任务发放时间,且设置报警功能,如员工在设定时间内不能完成则该信息会自动显示在其上司的手机上,以确保完成任务
	R	设置报警功能能够保证任务完成,保证服务标准和质量; 实时看到宾客信息,提供服务时可主动以姓氏称呼
领班查房	B	服务中心通知查房(一般会按批来报而不是一间就报),查房时书面记录员工存在的问题,查完一批后一起现场反馈给员工,有问题的返工,员工返工后再检查合格后通知放房
	A	员工做完房后通过手机在系统上提交信息请领班查房,领班查房后直接将结果通过手机反馈,若有问题员工返工后再次提交,检查合格后领班直接手机操作放房
	R	省去数次服务中心、领班和员工之间的电话沟通,节约工作时间; 做一间、查一间、放一间,避免压房状况,减缓开房压力; 数据沉淀可以用来做培训资料

(三)工程部的工作流程创新

工程部的工作流程创新包括报修、维修过程控制以及维修质量控制等。在以往的服务场景中,客房和各部门报修均需手填维修单或电话报修,维修单易遗漏、缺失,工程部对相关情况把握不住,管理易出现漏洞。酒店进行了数字化转型后,直接通过系统向工程部一键报修,由工程部统一派发任务。

这样的流程调整有以下优点。

(1)实时反馈需求,提高工作效率。
(2)工程师实时接单,可及时维修且减少路途时间浪费。
(3)手机中系统派发的信息比手写字体清晰可辨,有问题可实时拍照确认。
(4)由报修人验收后方可结束任务,保证工程维修效果。

基于数字化的工程部工作流程创新示例见表7-12。

表7-12 基于数字化的工程部工作流程创新示例

项目		流程
报修流程	B	客房和各部门报修均需手填维修单或电话报修,维修单易遗漏、缺失,工程部对相关情况把握不住,管理易出现漏洞
	A	直接通过系统向工程部一键报修,由工程部统一派发任务
	R	实时反馈需求,提高工作效率; 工程师实时接单,可及时维修且减少路途时间浪费; 手机中系统派发的信息比手写字体清晰可辨,有问题可实时拍照确认; 由报修人验收后方可结束任务,保证工程维修效果
维修过程控制	B	文员将报修单交给工程师后等待工程师归来交活,维修过程和维修结果不好控制
	A	文员派发任务后即开始显示,工程师接单后所有工作内容,如领料、赴目的地、换料、维修以及维修完成,在系统内均有显示
	R	维修过程可视可控,出现临时状况可及时协助或补位; 任务报警功能控制维修过程
维修质量控制	B	只能看到是否已经维修和维修是否结束的记录,但对维修质量无法控制和保证
	A	报修人同时又是验收人,只有验收人确认验收合格才能结束任务,保证了维修质量
	R	报修方行使监督和验收职责,能最大限度保证质量; 所有数据可沉淀,以备后续分析
物料管理	B	工程师要使用维修材料时自领自用,使用过程和数据没有积累
	A	工程师领料、用料以及成果均能通过系统完全可见
	R	科学有序管理物料,材料使用和库存情况一目了然; 明确物料领用人,明确责任; 明确工程师个体工作量; 通过对物料使用情况探究管理问题

基于数字化的流程创新,不仅可以优化服务流程,提高服务质量,还能极大提高服务效率、降低服务成本,兼顾了绩效公平。

督导作为一线管理者应该深刻认识到数字化带给酒店的效率提升,并积极拥抱数字化。拥有数字化思维的督导才能在未来的酒店管理者队伍中走得更远。数字化时代的督导应该在数字化思维指导下,积极执行数字化流程再造,带领班组协助创新流程落地。

任务思考

位于海滨某高星级酒店的自助餐厅在旺季时需要接待近千人用餐。小和是餐厅督导,以下是他的自述:

我们餐厅通常早晨6点正式开餐。餐厅会安排4个员工在门口领位,我会整体把控。员工需要拿着报表核实宾客的信息,并及时用对讲和我交流,明确空余桌数和位置。通常8:00—9:00客流量高度集中,餐厅里面坐满客人,同时餐厅门口也排起了长队。领位的员工因为"座无虚席"只能在门口等候空座收拾出来马上带宾客进去用餐。宾客在门口排队等候时常有插队的情况,时间一长,加剧了其他宾客的焦虑情绪。经常有宾客投诉:"星级酒店花那么多钱入住,早餐跟菜市场一样,不仅要排队很久而且现场嘈杂没有秩序。"在客流量集中的阶段,领位员的工作十分难做,这个时候需要领位员既观察餐厅内部的座位情况又要快速地带领宾客进去,核对房号、含早餐人数。遇到特殊情况,如宾客为不含早餐的外来宾客、宾客的小孩需要补缴半价、宾客的含早餐人数需要核实等都需要不停地跟我报备。我一边管理排队宾客情况一边监督用餐情况,而且经常要处理投诉。一上午工作下来,我和班组员工心力交瘁。但就算是这样拼命工作,还是容易出现"跑单"等情况。

请分析:
1. 以上领位员的工作流程合理吗?可以进行优化吗?
2. 小和作为餐厅督导的工作流程可以优化吗?
3. 怎样缓解该餐厅的高峰排队情况?怎样缓解已排队的宾客的焦躁情绪呢?

项目小结 本项目主要从服务个性化创新和服务流程化创新两个方面详细阐述了酒店督导在对客服务工作中实施创新工作的步骤和要点,并以酒店数字化流程创新为例,重点分析了数字化流程创新的意义以及督导在其中的作用,帮助学生初步培养创新思维,提升创新能力。

项目训练

1. 怎样理解服务的个性化创新?
2. 服务个性化创新有哪些流程?
3. 怎样理解日常服务标准与流程创新?
4. 日常服务标准与流程创新的步骤是什么?

项目八
酒店前厅督导实务

 项目描述

前厅部通常设在酒店大堂,是酒店的门面,是酒店的信息中心和主要营收中心,是客人进入酒店的第一接触点,又是离开酒店的最后接触点,前厅部直接关系到客人对酒店的印象及满意度,是酒店服务质量的重要方面,在酒店运行中起着重要作用,是酒店的"神经中枢"。

前厅督导不但需要带领班组员工完成相关经营业绩,而且在部门管理中直接面对上级和员工,对于酒店和部门的标准或要求的上传下达起着承上启下的作用;同时,督导也会直接参与对客服务,对前厅的服务质量起着重要的影响。前厅督导在开展日常的管理工作时,不但会涉及一些通用能力,如团队管理和激励、班组培训、管理沟通等,还会因为所处部门、班组的专业范畴不同而需要不同的业务管理能力。

通过本项目的学习,有助于提升前厅督导的服务质量管理能力、科学安排人手的能力、经营能力、组织和主持会议的能力。在数字化时代背景下,督导应该养成数据分析意识,用数据分析的结果有效地指导日常管理工作的开展。

 项目目标

知识目标
1. 掌握班组日常服务质量检查的方法。
2. 理解影响前厅班组排班的因素。
3. 了解前台增销的相关知识。
4. 掌握前厅班组例会的流程和内容。

能力目标
1. 开展班组日常服务质量检查。
2. 实施前厅班组排班。
3. 推动前台增销。
4. 推动提升酒店线上产量。
5. 实施组织前厅班组例会。

项目八 酒店前厅督导实务

思政目标

1. 培养宾客至上的服务意识。
2. 增强钻研业务的职业精神。

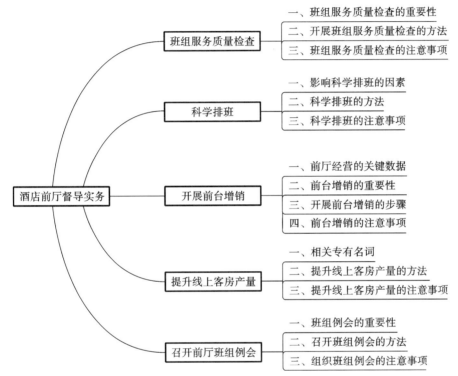

教学重点

1. 前厅督导开展班组服务质量检查。
2. 前厅督导实施班组排班。
3. 前厅督导开展前台增销。
4. 前厅督导提升线上客房产量。
5. 前厅督导组织班组例会。

教学难点

1. 教会学生开展班组服务质量检查。
2. 教会学生科学排班的方法和技巧。
3. 教会学生掌握前台增销技巧。
4. 让学生掌握提升线上产量做法。

项目导入

小研从某大专院校的酒店管理专业毕业后在一家五星级酒店前厅部做了一年前台接待员,因工作中的突出表现,被晋升为前厅督导。刚刚走上基层管理岗位的小研心中充满激情,想在督导岗位上大展身手。可是,一个月之后,她就发现前厅督导和前台接待员的工作相差甚远。以前她只要按照领导的要求去做,把自己管好就可以了,但是现在,她不但要自己做好服务,还要带着班组的员工一起做好服务。同时,她还增加了一些之前没做过的工作,如主持例会、给班组员工排班、对部分经营指标负责等。小研觉得这些事情看之前的领导做过,觉得没有什么难的,但是自己亲自做的时候,却不知该如何入手。

小研梳理了自己在这一个月的督导工作中遇到的问题和困惑:每次开例会都会因跑题而超时,会议结束后的相关工作也没有得到落实;相同班次安排相同数目的员工上班,有时候忙不过来,有时候又很闲,等等。接下来,她就带着这些问题去请教经理和身边的资深督导,请他们传授一些方法和经验。

过了一段时间后,她发现这些方法和经验并不是每次都奏效。于是,她买了一些督导管理技能相关的书籍,利用业余时间自学。她发现书中的知识比较系统,让她知道遇到这些问题的原因以及解决方法的底层逻辑,而且还有些案例帮助她理解。她把书中的知识运用到实际工作中,并不断反思、改进。

终于,经过一段时间的调整,小研的督导管理工作越来越得心应手,并在一年半之后再次晋升为前台主管。

任务一 班组服务质量检查

 任务引入

有一天,酒店预订领班小刘接到陆先生的电话,陆先生说因为工作需要,接下来每个月都需要在酒店住几天,所以来电询问酒店的相关信息。小刘详细地介绍了酒店和周围的环境,并主动添加陆先生的微信。

接下来的几天,小刘通过微信了解到陆先生的一些个人喜好,如:喜欢远离电梯的房间、喜欢使用荞麦枕头、喜欢喝茶、喜欢吃鱼丸和绿叶蔬菜、喜欢的水果是苹果和橙子等。小刘把这些信息输入电脑系统中,并通知相关部门和班组积极落实。

当陆先生到酒店时,前台接待员第一时间礼貌使用他的姓氏称呼他,让他感到很惊喜;他还看到酒店特意为他安排了远离电梯的安静的客房;房间内已经提前换上了荞麦枕头;茶几上放着果盘,里面有他喜欢吃的苹果和橙子。第二天他去餐厅用早餐,餐厅服务员已为他倒好茶水,并告知他喜欢吃的蔬菜摆放的位置;而且酒店的厨师还为他制作了最爱吃的家乡鱼丸。从此以后,陆先生及他的公司便把所有的接待用房、宴请和会议都安排在该酒店,为酒店带来了可观的收入。

请同学们带着以下问题进入本任务的学习:
1. 案例中的小刘哪些方面值得我们学习?
2. 作为督导,你应如何带领班组员工为客人提供高品质的服务?

一、班组服务质量检查的重要性

(一)前厅班组的服务质量对酒店整体服务质量有着重要的影响

前厅班组的服务质量是前厅服务质量的重要组成部分,而前厅服务质量对整个酒店的服务质量起着重要的决定作用。同时,服务质量是酒店的核心竞争力,因此督导需要保证本班组提供稳定且符合酒店服务标准的服务。

(二)班组服务质量检查是保证班组服务质量的重要抓手

服务质量检查是提升酒店服务质量的重要手段,虽然有的酒店有负责服务质量检查的专职人员,同时也有中高管理层定期检查或不定期抽查,但是督导的现场实时检查能够及时有效地进行监督、指导和服务补救,是保证班组服务质量的有效方式。同时,班组服务质量检查也是督导作为基层管理人员的管理职责。

二、开展班组服务质量检查的方法

前厅督导在前厅服务质量的日常检查中扮演着不可或缺的角色。服务质量的检查贯穿于督导的每一个工作环节,督导必须按照酒店的服务质量管理制度和相关服务质量标准开展日常检查。

(一)熟知班组服务质量检查标准

前台接待班组服务质量检查标准(节选)如表 8-1 所示。

表 8-1 前台接待班组服务质量检查标准(节选)

检查项目	序号	检查内容	分值	检查得分	备注
入住登记	1	客人抵达后的 5 秒内主动友好地问候客人	1		
	2	确认客人全名或预订号,在 30 秒内找到正确的预订	2		
	3	主动询问客人是否为会员,适时介绍会员政策(1~2 项即可,如房价、早餐),并提供会员礼遇服务	3		

续表

检查项目	序号	检查内容	分值	检查得分	备注
入住登记	4	礼貌示意客人登记验证,信息识别和上传效率高,准确无差错	3		
	5	与客人确认房型、离店日期、房价信息及所包含的内容及房间布置等	3		
	6	为客人打印包含住宿信息的登记单并请客人签名,在登记单上再次与客人确认离店时间及房价信息	3		
	7	有效提示客人贵重物品寄存服务	1		
	8	招呼行李员为客人服务。如无法带客人去房间,应指示客房或电梯方向,主动提示客人早餐地点及时间	2		
	9	祝客人入住愉快	1		
	10	有预订客人的登记时间控制在3分钟以内;没有预订客人的登记时间控制在5分钟以内	1		
	11	有主动增销的意识,如房型升级、客源转化、促销活动等	1		
结账离店	1	客人抵达后的5秒内主动友好地问候客人	2		
	2	如需客人排队等待,等待时间不得超过5分钟	1		
	3	确认客人的全名和房间号,收回房卡并确认房号	2		
	4	确认客人所有消费,提供打印总账单,总账单条目清晰、正确完整。双手将总账单呈给客人审核、确认并签字	3		
	5	确认结算方式并准确结账	2		
	6	发票/账单整齐地折叠好并放入酒店信封,眼神注视客人并双手递给客人	2		
	7	关注客人行李和交通安排,询问客人是否需要运送行李、安排车辆,联系行李员跟进服务	2		
	8	主动征询客人意见,向客人致谢	2		
	9	网络支付界面友好、效率高、准确无差错。结账时间控制在5分钟内	1		

(资料来源:和泰智研管理咨询有限公司)

班组服务质量检查标准往往是酒店服务质量管理部门结合国家星级酒店评定标准和酒店品牌标准制定的。首先,督导需要参加酒店组织的服务质量检查人员的培训,在标准的认知和尺度把控上达成共识,这样不同的人在检查同一类问题的时候,评分不会相差甚远;其次,需要学会如何开展班组服务质量检查,有哪些方法和工具可以使用;最后,需要学会如何填写服务质量检查表,便于后继的检查数据分析。

督导要将本岗位的服务质量检查标准熟记于心,这样在日常检查的过程中就不会出现漏项的情况。同时,也需要将检查标准宣贯给员工,让员工知道该如何正确地做事。

(二)开展班组服务质量检查

班组服务质量检查工作应该是一项持续的、立体的、循环往复的工作。我们可以将班组日常检查,根据时间周期的不同分为每日检查、每周检查和每月检查,如图8-1所示。

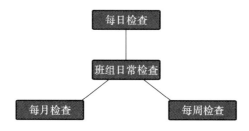

图 8-1　班组日常检查

1. 每日检查

督导当班期间对自己管辖范围内的服务质量承担责任。首先是班前检查,督导需要检查上班前的准备工作,检查内容主要包括所辖区域的整洁性、物品摆放的规范性、所需物品及物资配备的充足性、当班员工仪容仪表的规范性等。其次是班中检查,督导需要在所辖区域进行走动式管理,检查内容主要包括所辖区域的安全、环境及气氛,所辖区域设施设备的运转情况,员工的工作状态和工作效率,标准工作程序的执行情况,所辖区域客人的状况等。每日检查的最后一项是班后检查,检查内容主要包括所辖区域的整洁性、物品摆放的规范性、所辖区域的安全性,所辖区域设施设备情况等。

督导需要针对每日检查中发现的问题进行分类整理,对于可以现场整改的问题,现场纠偏,整改到位,例如,所辖区域比较乱或员工仪容仪表不规范等。对于员工在服务过程中出现的问题,督导需要及时补台,以保证对客服务质量,但是事后一定要对员工进行再培训。例如,员工在帮客人办理登记手续时忘记介绍早餐信息了,督导应该及时提醒。对于一些暂时无法解决的问题,督导需要采取应急措施,尽量降低对客人的影响,同时和相关部门积极沟通,力争早日解决;如果问题比较严重或影响面比较大,则需要向经理如实汇报,寻求帮助。

2. 每周检查

除了每日检查,督导每周也有服务质量检查工作,主要包括计划检查项目和专项检查项目,比如房卡的检查、寄存或转交物品的检查等。另外,每周必须要进行复核检查,也就是说要对上一周检查当中发生的问题的整改情况复盘。已经整改到位的就销项,没有整改到位的一定要跟盯到责任人,询问原因并确认整改日期和复查日期。除此之外，对于上一周出现的重大问题，也会有一些临时的重点检查项目。

3. 每月检查

规范管理的酒店每月都会有例行检查，如安全卫生检查、消防安全检查、节前检查等。督导需要积极配合以上检查，可以提前在班组开展这些检查，早发现问题早纠正。

另外，突击检查也是一种比较有效的检查方式，往往能够发现一些被隐藏的问题，可以利用开现场工作会的形式现场整改或确定整改期限，工作效率比较高。还有薄弱时段的抽查，如在夜间、周末或假日等及管理人员不在岗的时段，督导进行抽查，因为在这些时段员工易出现懈怠状态。

三、班组服务质量检查的注意事项

（一）督导的质检工作方法

督导在开展班组服务质量检查的过程中需要注意方式方法，避免引起员工的不理解甚至抵触。因此，督导平时一定要注意向班组员工灌输服务质量检查工作的正确认知。同时，督导在班组服务质量检查的过程中在进行现场纠错、指导的时候要注意语气语调，运用沟通技巧，以达成共识。

（二）检查结果的跟踪解决

以上各种检查结果，涉及所辖区域的内容，督导一定要进行跟踪、落实、整改和复查，否则班组服务质量检查将流于形式。为提高工作效率，督导可以使用日历表中的提示功能等，提醒自己按时复查。检查的结果可以作为员工绩效考评和培训需求来源的依据。

（三）运用数字化工具提升服务质量检查的效率

班组服务质量检查的数据是制定服务质量提升方案的重要参考，也是酒店高管做经营管理决策的重要依据之一。对于督导而言，需要如实和按规定填写酒店服务质量检查表，按周汇总，并在班组的周例会上进行通报。另外，为了提高服务质量检查的效率和沟通的及时性，检查人员可以运用一些软件，直接将问题场景拍照上传发给相关部门或责任人，便于第一时间纠错。还有些服务质量检查软件，可以在手机上进行各项打分并上传相关证明照片，检查结束后，得分和简单的服务质量检查报告就自动生成了，大大提高了工作的效率。

服务质量管理工作不是一成不变的，也需要不断改善、提升和创新，与时俱进。当然，创新是建立在标准的基础之上，而且也和员工关爱和员工满意度息息相关。

任务思考

简述班组服务质量检查的注意事项。

项目八 酒店前厅督导实务

任务二 科学排班

任务引入

小研是酒店的一位新任前厅督导,两个月前,前台有一位员工离职了,班组人手有些短缺,为了保证前台正常运转,小研在排班时将原先的八小时班次变成十二小时班次和八小时班次混排,导致休息轮换时间不合理,既影响员工的休息也影响工作的有效性。有的时候,她还不得不安排实习生单独顶岗,她们班组上个月还因为实习生单独顶岗,忘记交班被客人投诉。前几天,因为酒店入住率很高,她上班期间一直在前台帮客人办理登记和离店手续,结果本职工作的一些事务,只能下班后带回家做。

小研在晋升为前台督导前自认为已经掌握了前台的管理要领,几乎任何事都能应对,但是这一个月以来,她非常疲惫,也很沮丧。

请同学们带着以下问题进入本任务的学习:

如果你是案例中的小研,你会如何安排班组的人手?

人力成本是前厅部的主要成本之一,机构臃肿或盲目减员都是百害而无一利的。员工的排班是否科学不但会影响部门的人工成本还会影响员工的工作效率及士气,因此科学排班也是督导必备的技能之一。

一、影响科学排班的因素

如图 8-2 所示,科学排班的影响因素如下。

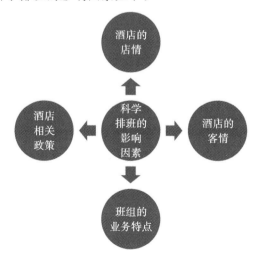

图 8-2 科学排班的影响因素

(资料来源:罗峰、杨国强,《前厅服务与管理》)

(一)酒店的店情

酒店的规模、星级、客源等因素会影响各部门各岗位的人员配置和排班情况。例如,一家六百间客房的五星级酒店,前厅部需要设置礼宾班组,并且该班组大夜班建议至少安排一人;而一家四十间客房的民宿,前厅部则无须设置礼宾班组,大夜班前厅也仅需安排一人。再如,一家商务型酒店和一家度假型酒店,工作日和节假日的人员安排是截然相反的;而会议型酒店则建议固定岗位配备正式员工,可变岗位根据会议客情使用小时工。

(二)酒店的客情

前厅督导通常会根据酒店下周预估出租率、重要接待和宴会情况、会议客情预订情况每周排一次班,安排星期一到星期日的工作,且排班需周日之前公布。但是每日督导也会审视次日及之后的客情和排班情况,及时根据客情的变化做调整。

(三)班组的业务特点

前厅部的不同班组有自身的业务特点,督导排班时需要兼顾考虑。例如:总台班组会根据预估出租率以及预计抵店和预计离店的房间数来安排人员;礼宾班组的人员安排一般以每日进出店预计人数为基础;预订班组通常以预估预订业务量以及预订集中时段为基础安排人员;宾客服务中心通常以预估出租率、预估电话业务量以及电话集中时段为基础安排当班人员。

(四)酒店相关政策

督导在排班时不但要考虑不同酒店的自身业务特点情况、经营情况及淡旺季情况,还需要了解酒店的加班、请假、调休和薪酬政策:如酒店普通休息日加班和法定节假日加班的薪酬发放政策或调休政策;酒店关于病假、事假、年假等请假流程和薪酬发放制度。所有的安排变化应直接反映在排班表上,月末需班组员工签名确认出勤信息,以此作为核算工资的依据之一。

二、科学排班的方法

(一)区分固定岗位和可变岗位

督导需要对所辖的岗位进行区分,哪些是固定岗位,哪些是可变岗位;固定岗位通常使用正式员工,仅在人手不够时考虑使用小时工;可变岗位通常使用小时工或假期工,亦可利用临时性的岗位来调换某些可变岗位。

(二)弹性工作班次

前厅部繁忙的时段是有一定规律性的,如结账高峰期、入住高峰期或重要接待任务期等,这些时段对人力需求量较大,督导往往会给班组员工安排弹性工作班次,使得以上时段有足够的人员提供高效、高质的接待服务。例如,安排前厅接待员10:00—19:00

(含用餐时间一小时)的班次,可以很好地覆盖前厅接待班组工作比较繁忙的时段;再如安排行李员上午6:00—10:00、下午14:00—18:00 的班次,可以较好地完成离店、入店团队行李的收集、运送以及散客行李服务等工作。

灵活的弹性工作班次能提高员工的士气、生产率以及对工作的满意度。此外,实行弹性工作班次安排的前厅部,有时还能吸引较多高素质的员工。

(三)压缩工作天数

压缩工作天数是指根据酒店客情状况、员工人数以及员工对工作时间的需求,在月度法定工作小时数不变的情况下,通过合理增加每日工作时长从而减少工作天数,实现增加休息天数的目的,这类排班方法有利于员工更好地兼顾家庭,比较受员工欢迎。例如,在人员紧张的情况下,为保证前厅部工作的正常运行,可以考虑将每日工作八小时改成每日工作十二小时,这样可以在不增加人员的情况下,保证相关岗位的二十四小时运转。

有些酒店的某些岗位会采用每日工作十六小时甚至二十四小时的排班制度,考虑到员工的疲劳程度和对客服务质量,不建议使用这种排班方式。

(四)交叉用工

督导要站在部门管理者的角度来看待交叉用工,也要认识到交叉培训是交叉用工的前提,也就是说,如果一名员工没有接受过该岗位的培训,原则上不能在交叉用工时被安排到该岗位。因此,督导需要在酒店淡季的时候,有意识地安排自己和班组的员工去部门的姐妹班组交叉培训,培养一专多能的员工。这样做不但有利于员工发现工作的兴趣点,提高职业竞争力,激发潜力;还可以有效激励员工,增加排班的灵活性,节约人工成本。最后,在交叉用工排班的时候,督导要以大局为重,服从部门的工作安排。

(五)临时接待组

当出现需要由两个或更多前厅员工合作完成一项临时接待任务时,在完成该接待期间,相关员工的工作时间可采用弹性工作班次或压缩工作天数的方法来排班。临时接待组能较好地弥补和解决人员不足导致的无法正常周转的问题。

例如,一家依托于大型游乐场和温泉的度假型酒店,有450间客房,前台一共有九位正式员工(包括一名主管)。周末和节假日是该酒店的旺季,平时生意比较淡,会有一些小型的会议团和培训团,绝大多数客人均入住一晚。表8-2 是该酒店前台在三月份(平季)某一周的客房出租率和班组人手安排。

表8-2　酒店前台三月份(平季)某一周的客房出租率和班组人手安排

日　　期	客房出租率	班　　次			
		早班 7:00—15:30	白班 8:30—17:30	中班 15:00—23:30	夜班 23:00—7:30(次日)
周一	15%	2人	1人	2人	1人
周二	20%	2人	1人	2人	1人

续表

日期	客房出租率	班次			
		早班 7:00—15:30	白班 8:30—17:30	中班 15:00—23:30	夜班 23:00—7:30(次日)
周三	32%	2人	1人	2人	1人
周四	50%	3人	2人	2人	1人
周五	100%	3人	2人	3人	1人
周六	100%	3人	2人	3人	1人
周日	60%	3人	2人	3人	1人

通过表 8-2 的数据，我们可以得出以下结论。

(1) 前台员工的工作量与客房出租率紧密相关，该酒店周五和周六客房出租率最高且相同，不过由于周四的客房出租率低，导致周五和周六早上退房的工作量不同。因此虽然周五和周六的客房出租率相同，但人手安排是不妥的。

(2) 周四和周日的客房出租率相近，但周三和周六的客房出租率差距较大，所以周四和周日早班安排同样数量的人手是不妥的；周一和周二的人手安排存在同样的问题。

(3) 周日的客房出租率较周五、周六低，人手安排一样是不妥的。

(4) 周四早班和中班的人手安排不妥。因为根据周三和周四客房出租率可判断，周四离店的工作量较大，通常离店时间在下午两点之前。所以周四早班人手应该比晚班人手多。

(5) 督导在排班时，需综合考虑员工的工作经验丰富与否、设施设备及系统的先进性和便利性等因素。

三、科学排班的注意事项

如上所述，酒店规模、星级、客情、制度等因素的不同，前厅各班组的班次和排班方法也会有差异。督导既要注意安排充足的人员以满足对客服务的需求，也要注意不同班次的时间安排，以免出现无效的超时工作等，同时在排班的过程中，也会出现一些临时加班等特殊情况。因此，督导需要综合考虑酒店的店情、客情、班组员工的能力和个性化需求等因素，科学排班。

(一) 小时工的使用

常见的小时工有学生、退休人员、其他不愿成为正式工的人员以及来自劳务输出公司的派遣人员。聘用小时工是前厅各班组的用工形式之一，是正式员工的有益补充，不但有助于增加排班的灵活性，还有助于降低酒店的用工成本。

但是并不是前厅所有班组都适合使用小时工，例如总台接待员培训周期比较长，工作复杂度较高，所以该岗位就不适合使用短期的小时工；而门童岗位就比较适合使用小时工。

另外每家酒店所处区域不同，小时工的资源供给也不同。例如，一家地处大中专院校周边的酒店，可以利用学生闲暇时间，形成素质较高且相对固定的小时工资源。而一家地处工厂周边的酒店,在工人中发掘小时工资源更现实。再如,地处一二线城市的酒店,劳务公司的小时工资源更多,小时工的素质和专业度也会更高。

最后,小时工的素质和专业技能的掌握参差不齐,同时因为用工性质的不同,对小时工的管理和正式员工有差异,督导需要提前测算用工方式不同情境下的人力成本,以及关注小时工的人员管理和成本控制。

(二)有效工时的分析

基于有效工时分析的排班对于酒店而言是最合理的,因此督导需要充分了解班组各岗位各班次的工作流程和工作内容,以及淡旺季时各项工作内容的占比;在优化工作流程的基础上,结合班组员工的专业知识和能力梳理有效工时;再根据有效工时的集中分布情况,设计班次,以及根据客情安排人员。

每一家酒店各具特点,前厅各班组也会形成各自的工作节奏,如以接待团队为主的酒店,团队进出的时间比较有规律并且都会提前确认,相对工作的计划性比较强,督导可以比较方便地判断有效工时,也便于根据有效工时进行人员安排。

(三)编制排班表

排班表不但可以记录和公布班组员工每日的班次安排,还可以作为核算工资的重要参考依据,同时也是部门重要的档案之一。因此,督导每周需要编制下一周的排班表,如表8-3所示,可以根据班组的情况按周或按月来设计排班表,用英文字母代表不同的班次。

表8-3 某班组排班表　　　　　　　　　月份:____月

姓名	日期								总工时	签名
	……	周一	周二	周三	周四	周五	周六	周日		

注:A班:7:00—15:30(含午餐半小时)
　B班:15:00—23:30(含晚餐半小时)
　C班:23:00—7:00(次日)
　D班:10:00—18:30(含午餐半小时)
　O班:休息

督导在编制班组排班表时,首先,基于客情预测同一天尽量安排多个班次,避免让所有员工同时上下班;其次,如果可能,安排一名机动人员,上班时间尽可能覆盖多个客情高峰时段,以防有突发状况;再次,督导在保证班组接待工作正常开展的前提下,应尽量满足员工的请假诉求和个人排班上的特殊需求,增强员工的归属感和工作积极性;最后,督导需要在排班表公布后每日检查,以确定是否需要调整。

(四)有意识地培养内部帮工

酒店的正式员工在工作时间、工作之余或休息日因酒店客情需要去本部门其他班组或本酒店其他部门工作称为内部帮工。通常情况下，如果员工在工作时间去其他岗位或部门交叉帮工是无需额外支付费用的；如果利用下班时间或休息日交叉帮工则需要额外支付费用，通常等同小时工的工资。

内部帮工是酒店用工方式的有益补充，有着显而易见的优势。例如，内部员工对酒店的设施设备、人员、制度和标准比较了解，更容易配合和达到标准；内部帮工相对而言更容易管理；内部帮工也有利于提高员工收入、提高员工的积极性和稳定性等。督导可以积极发掘和培训相对固定的内部帮工，有利于降本增效。

(五) 补休

员工在旺季或客情忙的时候，会在工作之余或休息日加班，督导在淡季或客情较淡时让员工额外休息相应的工时称为补休。补休可以在既不增加人员数量也不增加薪酬支出的前提下，保证对客服的质量，是督导排班时可以使用的技巧之一。

(六) 评估排班工作

督导应该定期评估排班工作：回顾当天的客情、有效工时以及实际工作开展情况下人员安排是否合适；班组人工成本与预算的对比情况；员工对排班的反馈以及宾客满意度和网评的数据。通过以上回顾，总结经验教训，指导接下来的排班工作。

任务思考

A 酒店是商务型酒店，有 550 间客房，酒店周三到周四比较繁忙，周五开始客情下降，周末比较淡。表 8-4 是该酒店前台某一周的客房出租率和各班次督导及员工的人手安排，请分析 A 酒店的人手安排有何不妥？

表 8-4　A 酒店前台某一周的客房出租率及人手安排

日期	客房出租率	班次			
		早班 7:00—15:30	白班 8:30—17:30	中班 15:00—23:30	夜班 23:00—7:30 (次日)
周一	44.73%	4 人	3 人	4 人	2 人
周二	54.36%	3 人	2 人	5 人	2 人
周三	81.31%	4 人	3 人	5 人	2 人
周四	96.01%	3 人	3 人	5 人	2 人
周五	79.82%	3 人	1 人	7 人	2 人
周六	75.82%	3 人	3 人	5 人	2 人
周日	51.09%	3 人	3 人	5 人	2 人

任务三　开展前台增销

任务引入

有一天晚上八点多，酒店前台小王见到一位60岁左右的女士走进酒店大堂，他热情地问候并表示欢迎。这位客人说她需要两个房间，一间她本人住，另一间她的父母住，她想了解一下酒店的客房情况及价格。小王详细地介绍了酒店的大床房和双床房，在介绍的过程中，小王根据客人口述的入住需求和自己对客人的观察，重点推荐了带有空气净化器的景观房和带有理疗仪的家庭房。看到客人还有些犹豫，小王主动提出陪同客人参观房间。

客人看到房间的空气净化器后很惊讶也很满意，连忙说小王带她看对了房间，因为她对空气质量很敏感，所以必须长期佩戴口罩。另外，这位女士对配备理疗仪的房间也赞不绝口，说父母年纪大了，腿脚不便，入住后可以在房间里做理疗，既方便又健康、舒适。小王全程面带微笑，对客人的提问都耐心解答，并根据客人的需求详细介绍了酒店及周边的餐饮和购物资讯。

参观完房间后，客人立刻预订房间并交了定金。

请同学们带着以下问题进入本任务的学习：

案例中的小王成功增销的原因是什么？

一、前厅经营的关键数据

（一）客房出租率

客房出租率是酒店客房销售情况的重要指标，也是反映酒店经营状况的一项关键数据，是出租客房数占酒店可供出租客房数的百分比。例如，某酒店有600间（套）客房可供出租，1月20日出租客房420间（套），则该酒店1月20日的客房出租率为70%。计算公式如下：

$$客房出租率 = \frac{出租客房数}{可供出租客房数} \times 100\%$$

可供出租客房数是指酒店设备设施完好、能出租给客人使用的客房总数。关于可供出租客房数的计算口径，通常不包括酒店内部用房、免费提供给客人使用的客房，以及有故障要维修且当天不能出租的房间。

在酒店的经营中，不应该一味追求高客房出租率，因为酒店的年平均客房出租率并不是越高越好，介于75%~80%是比较理想的。年平均客房出租率过高意味着酒店客房的设施设备得不到应有的维护和保养,员工长期得不到休整和培训,不利于酒店的可持续发展。

(二)平均房价

平均房价是酒店经营中仅次于客房出租率的重要数据,是客房收入与出租客房数的比值。例如:某酒店共有300间客房,其中200间标准间,房价为480元/间夜;100间大床间,房价为500元/间夜。1月16日酒店出租了150间标准间和50间大床间,则当日酒店客房收入=150×480+50×500=97000元;当日的平均房价=97000÷200=485元。计算公式如下:

$$平均房价=\frac{客房收入}{出租客房数}$$

平均房价的变动受到众多因素的影响,如实际出租房价、客房出租率和出租客房的房型结构等。酒店实际出租房价出于促销、免费住宿等原因,会低于门市价,只有在经营旺季时,才会接近甚至高于门市价。一般而言,平均房价与客房出租率成反比关系,即提高客房出租率,平均房价就会降低,反之,要保持较高的平均房价,客房出租率就会下降。目前大多数酒店都有数种房型,房型不同房价也不相同。在其他因素不变时,高价客房销售增加,则平均房价就会提高,所以总台接待员应掌握一定的增销技巧,以便能成功出租较高房价的客房,提高平均房价。

(三)平均每间房收益

平均每间房收益,即每间可供出租客房产生的营业收入或单位客房收入。例如:某酒店有500间客房,1月18日客房总收入为225000元,则当日该酒店的平均每间房收益=225000÷500=450元;或者该酒店1月18日客房出租率为75%,平均房价为600元,则当日该酒店的平均每间房收益=600×75%=450元。计算公式如下:

$$平均每间房收益=\frac{客房收入}{可供出租客房数}$$
$$=客房出租率\times 平均房价$$

在前面的内容中提及客房出租率和平均房价是成反比关系,片面追求某一个数据的提高不能真实地反映酒店的实际经营水平,因此平均每间房收益这个数据就应运而生了,它将客房出租率与平均房价结合起来,可以帮助我们比较全面地了解酒店的经营状况。因此,处理好客房出租率和平均房价的关系,既得到合理的平均房价,又保持较高的客房出租率,使客房收益最大,这是酒店经营的重要抓手。

二、前台增销的重要性

前台增销就是酒店前台员工通过优质的服务和良好的沟通技巧,在合适的时间,成功地将酒店的客房及其他产品销售给客人。例如,为没有预订的客人安排适合的房间、为有预订的客人推荐更适合的升级房型或者为有用餐需求的客人推荐酒店的餐厅等。前台增销的重要性见表8-5。

表 8-5　前台增销的重要性及说明

重要性	说明
对酒店的重要性	前台增销可以在不增加任何成本的基础上，提高客房出租率和平均房价，提高酒店其他利润中心的产品和服务的销售额，最终提升酒店营收
对客人的重要性	前台增销可以更好地满足客人的需求，使客人有更难忘的入住体验，提升客人满意度和复购率
对员工的重要性	前台增销可以提升员工的沟通和营销技巧，提高员工的收入和工作业绩，提升个人成就感和职场竞争力

（一）对酒店的重要性

前台增销可以在不增加任何成本的基础上，提高客房出租率和平均房价，提高酒店其他利润中心的产品和服务的销售额，最终提升酒店营收。例如，某酒店标准间房价为 400 元/间夜，豪华间房价为 500 元/间夜，如果前台员工每天成功升级销售 5 间客房，则酒店每年仅这一项增销带来的收入为 182500 元；如果每天成功升级销售 10 间客房，则酒店每年仅这一项增销带来的收入高达 365000 元。

（二）对客人的重要性

前台增销可以更好地满足客人的需求，使客人有更难忘的入住体验，提升客人满意度和复购率。例如，一位客人在用餐时段抵店，前台接待员适时地介绍酒店的餐厅，并主动提供预订餐位的服务，这样不但会增加酒店餐厅的收入，还会让客人感受到酒店的员工非常主动热情，提高客人满意度。

（三）对员工的重要性

前台增销可以提升员工的沟通和营销技巧，提高员工的收入和工作业绩，提升个人成就感和职场竞争力。例如，某酒店为了激励前台员工的增销积极性，员工每升级销售一间客房奖励 5 元，如果一名员工平均每天升级销售 5 间房，每个月平均 22 天工作日，则该员工每月仅升级销售客房这一项的收入就有 550 元。

三、开展前台增销的步骤

如图 8-3 所示，开展前台增销主要有以下几项工作。

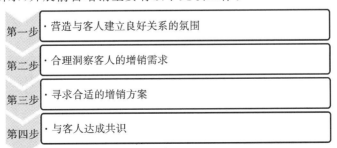

图 8-3　前台增销的步骤

(一)营造与客人建立良好关系的氛围

所有的增销工作都是建立在优质服务的基础之上的,因此,前台员工在增销的过程中,要注意以下几方面。

1. 注意礼貌礼节

需要遵循酒店仪容仪表规范和服务礼仪的要求,微笑服务,热情友好地问候客人,用客人的姓氏称呼客人,主动与客人交谈,从而创造一种良好的氛围。

2. 把握交谈时机

前台员工通过察言观色,判断客人当时情绪状况是否适合进行增销,以防适得其反。对于一些心情不好、看上去非常疲惫或表情很不耐烦的客人,前台员工应提供热情、高效的服务;而对于一些心情好、对酒店服务感兴趣并想多了解一些的客人,前台员工可以开启"增销之旅"。

3. 选择话题

从客人感兴趣的话题切入,初步建立信任感。常见的话题涉及天气、出行目的、当地美食和旅游景点、风俗及传统文化等,员工可以根据客人的兴趣点有选择地交谈。当然,员工也可适时地对客人进行赞美,但要因人而异,拿捏好尺度。

(二)合理洞察客人的增销需求

1. 了解客人预订信息

对于有预订的客人,前台员工需要了解客人的预订信息,包括但不限于预订渠道、预订时间、房型、房价、是否包含早餐、入住天数、入住人数、客人的类型、是否为复购的客人、有无特别需求等。如果是复购的客人,还要关注其之前入住的房型、房价及客史记录等。

2. 观察客人

前台员工通过观察客人的性别、年龄、穿着打扮、饰品饰物、随身物品、交通工具、同行的客人等,初步判断该客人的消费能力以及增销从哪个方面更容易切入。

3. 主动和客人进行交流

在这个环节,提问是一个有效的方法。例如,员工可以问客人以下问题:是第一次来这座城市吗?是出差还是旅游?打算如何度过这个假期?通过和客人交流,了解客人此次出行的目的和计划,以及入住期间可能需要的帮助,或者同行人员的需求,员工可以更深入地了解客人的需求,更准确地预见客人的潜在需求。

例如,前台员工在了解了预订信息之后得知,一位之前通过公司协议价入住过酒店的商务客人,此次通过网络订房入住酒店三晚,员工帮这位客人办理入住手续时发现,客人此次是携家人前来度假的,前台员工适时地推荐了更适合的家庭亲子房,并带客人全家参观房间,客人的孩子参观了家庭亲子房之后非常喜欢不愿意离开,最终成功升级房型。

(三)寻求合适的增销方案

一个合适的增销方案是将客人的需求或潜在需求与酒店的相应产品或产品组合进行有机结合。前台员工需要站在客人的角度思考,什么样的产品更适合、性价比更高,让客人相信所推荐的产品优势和优惠政策是符合其期望的,是物有所值的。

1. 无预订的客人

一般情况,前台员工需要根据客人的需求,推荐介绍至少两种价位的房型,需要强调客房为客人带来的好处以及优惠政策;必要时带客人参观客房以及配套的餐厅、健身房、行政酒廊等场所。例如,对于一位没有预订的客人,前台员工通过观察以及和客人沟通,结合酒店的产品和政策,向客人推荐更适合他的客房:"刚才听了您对客房的要求,我觉得这种房型比较适合您,因为这种房型有 40 平方米,房间很宽敞,而且这间房风景特别好。另外,您离店当日是下午五点的飞机,我们这种房型可以免费延迟到下午四点退房……这种房型只需要 480 元就可以入住。"

2. 有预订的客人

前台员工需要在了解客人需求的前提下,对比已预订的房型,推荐更适合客人的客房产品。例如,某度假型酒店,迎来了有预订的三口之家,前台员工通过和客人沟通,了解到此次客人带孩子来度假,计划入住三天。前台员工结合酒店的产品和政策,向客人推荐更适合他们家的亲子套餐:"刚才听了您此次度假的安排,我觉得这种'房间+亲子活动'的套餐比较适合您,套餐中不但包含早餐,而且还含有亲子活动通票三张(两位成人和一位儿童),每位成人只需加 300 元,每位儿童仅需加 200 元就可以了。"

(四)与客人达成共识

经过了前面几个步骤,当客人表达出积极信号,如"行,给我来一间试试"或"好的,相信你一次"时,前台员工要告诉客人,他的选择是物有所值的,以加强客人的信心。

如果客人表示还是入住原先预订的房间,这时前台员工千万不能冷嘲热讽、给客人脸色,而应该告知客人,原来预订的房间也是很好的房间,可以先办理入住手续,如果对房间不满意,再换房。

如果客人出现犹豫不决的表现,前台员工应多加关注,主动告诉客人新房型的价值,再给客人多讲一些优点及优惠政策,提供有针对性的建议。

总之,前台员工要有礼貌、有耐心,针对不同的客人采用不同的方法。例如:对于挑剔的客人,可以先带他实地参观;对于性格内向的客人,应耐心介绍,提供多种宣传资料,帮助其决策;对于有主见的客人,让其自己考虑,再做决定,不能表示出不耐烦或催促的语气。

四、前台增销的注意事项

前台督导作为班组的负责人不能仅关注自己的前台增销业绩,还要关注并帮助班组员工形成增销意识,提升班组团队的增销业绩。因此,督导需要在日常管理中,有意识地做好以下工作。

(一)有意识地培养班组员工的增销意识

员工有无增销意识对酒店和个人的收入均有显而易见的影响。例如,有主动增销意识的前台员工,每个工作日向 20 位客人实施了增销行为,其中有 3 位客人成功增销,如果每位客人平均增销 100 元,员工每次增销奖励 5 元,那么按照每月 22 个工作日计算，酒店每月的营收因该员工的增销行为可增加6600元，员工本人每月也可多得330元增销奖励。

督导在培养员工的增销意识方面，可以从以下两个角度入手。第一，言传。督导可以运用讲授、角色扮演等培训方法开展与前台增销相关的专题培训；也可以请班组中的增销冠军分享相关案例和经验。第二，身教。与言传相比，身教更为重要，督导在日常接待服务中要以身作则，起到表率作用。总之，督导要在班组团队中营造一种增销的氛围。

(二) 梳理酒店产品知识

管理比较规范的酒店会有专人定期梳理酒店产品知识，前台督导需要在此基础之上，以前台增销为前提进行二次加工，整理输出以下酒店产品知识，如图8-4所示。

图8-4 酒店产品知识

(1) 酒店基本信息，包括但不限于：酒店的地理位置、交通状况、历史、风格和特点，配套服务设施和服务项目，目前的促销政策和活动等。

(2) 客房产品信息，包括但不限于：各种房型的所在楼层、朝向、面积、房况，各渠道的价格和促销活动、特点、优势、区别等。

(3) 其他利润中心产品信息，包括但不限于：餐厅/酒吧/娱乐场所的位置、营业时间、消费标准、特色菜肴、促销活动；健身中心的位置、营业时间、服务项目、消费标准等。

(4) 竞争对手信息，包括但不限于：竞争对手酒店的地理位置、风格和特点，配套服务设施和服务项目，目前的促销政策和活动，房间的价格、特点、优势等。

(5) 酒店周边信息，包括但不限于：周边的旅游景点、特色餐饮、购物中心或超市、公共或政务服务设施等。

当然，以上产品知识梳理出来之后，督导需要运用专题培训、相关部门交叉培训以及参观、试住或试吃等方式组织的相关培训，并借助笔试或口试督促员工掌握增销必备的基础知识。

(三) 参与制定前台增销激励制度

前台增销激励制度是酒店激励制度的重要组成部分，该制度既要保证对员工个人有激励作用，也要规避员工个人的恶性竞争影响团队的增销业绩。督导作为班组的负责人，会参与个人增销，同时也对班组的增销业绩负责，因此在前台增销激励制度的制定方面是最有发言权的。

为了将个人激励和团队激励有效结合，建议将个人增销奖励与团队增销指标完成度结合起来。以月度增销激励为例，比如将个人增销奖励的提成比例设定为增销金额的5%、8%和10%三档，当团队增销总业绩没有完成月度指标时，员工个人增销奖励的提成比例为增销金额的5%；当团队增销总业绩完成月度指标时，员工个人增销奖励的提成比例为增销金额的8%；当团队增销总业绩超额完成月度指标时，员工个人增销奖励的提成比例提高至增销金额的10%。

当然,督导参与酒店制定前台增销激励制度时,需要基于班组员工历史增销的数据,然后根据不同的提成比例进行测算和分析,最终用数据说话,提出对于个人和团队都有激励作用且成本合理的激励建议。另外,激励制度不是一成不变的,需要在执行过程中根据实际情况定期进行调整,以保证激励效果。

  任务思考

1. 简述前台增销的重要性。
2. 简述前台增销的注意事项。

任务四 提升线上客房产量

  任务引入

"张先生您好,我是A酒店前台督导小研,打电话给您是想了解一下您此次入住我们酒店的情况,请问您对本次入住还满意吗?"

"不满意,非常不满意!我经常入住你们酒店,但这次,我凌晨两点入住,下午两点多退房,竟然多收我半天房费!所以我把以前的线上订单全部给了差评!"

以上通话记录来自酒店前台督导小研看到某OTA平台上同一时间针对A酒店的九条差评时,给点评人的回访电话。小研耐心地倾听客人的抱怨并在电话中诚恳地道歉,渐渐地,客人愤怒的情绪也逐渐缓解。小研向客人承诺,酒店一定会妥善处理此事,给他一个满意的答复。

结束回访电话后,小研第一时间向前厅部经理汇报,并申请减免该客人的半天房费。得到经理的许可后,她及时联系客人,表示歉意并退还加收的房费。客人对酒店及小研的服务态度和及时回应表示肯定,最终在所有的差评后追评解释。自此事件之后,该客人一年内入住A酒店超过20间夜,成为酒店的忠实客人,并且每次都会给酒店五星好评。

这件事情之后,小研将此次事件整理成服务案例,对班组员工进行了相关培训,并在经理的许可下,授予前台员工适当地延迟退房时间的权限,避免再次出现类似情况。

请同学们带着以下问题进入本任务的学习:
1. 案例中的小研在提升线上客人满意度方面哪些做得比较好?
2. 还有哪些好的方法有利于提升OTA平台的评分?

一、相关专有名词

(一) OTA

OTA 是 Online Travel Agency 的首字母缩写,是在线旅行社的意思,它能为客人提供在线预订酒店、机票、车票、门票等一切旅游产品与服务。在我国以携程、美团、去哪儿、同程艺龙为代表,它们不仅改变了人们的消费习惯,也给酒店业带来了巨大的机遇和挑战。

(二) 列表页、详情页

列表页指多家酒店以简要信息卡片的形式排列展示,该信息卡片展示酒店的名称、图片、点评分、起价等信息。详情页是每家酒店展示其图片、房型、点评、价格等详细信息的页面。

(三) 曝光、流量、点击率、转化率

曝光是指在一定周期内,有多少客人通过列表页等渠道看到该酒店。流量是指在一定周期内,客人对酒店详情页的访问量。先有曝光才有流量。点击率是指在一定周期内,当客人看到酒店信息时,有多少比例的人会点击进入酒店详情页。转化率是指在一定周期内,访问酒店详情页的客人中有多少比例的客人会下订单。举个例子,如果一个月有 100 个客人在列表页看到该酒店,其中 10 人访问了详情页,1 人下单,那么曝光是 100,流量是 10,点击率是 10%,转化率是 10%。

二、提升线上客房产量的方法

谈到酒店的线上客房产量,就要提及如下公式,也就是说线上客房产量是由三个因素决定的,即曝光、点击率和转化率。由此可见,如果要提升线上客房产量,可以从提升曝光、提高点击率和转化率三方面入手。

$$线上客房产量 = 流量 \times 转化率 = 曝光 \times 点击率 \times 转化率$$

(一) 提升曝光

影响酒店列表页曝光的因素比较多,例如:酒店与 OTA 平台的合作关系、OTA 平台的排序规则、酒店是否参加平台的营销推广或促销活动、客人的搜索和筛选行为、内容流量等。督导和前台员工的工作内容涉及的因素主要包括 OTA 平台服务类和诚信类规则中的部分规则的执行,如果违规,酒店将会被扣分,从而最终影响酒店的线上产量。

督导需要在工作中多向酒店负责平台维护的同事请教与本岗位工作相关的内容,包括平台的排名规则、违反规则的惩罚扣分规则等;督导还需要关注相关平台的公众号,因为公众号会定期发布一些相关的线上运营管理的培训资料和最新的平台规则调整内容;如果督导或班组员工中有对摄影、航拍或短视频制作擅长的,可以拍一些表现

酒店亮点和卖点的作品,让酒店平台管理人员发布到相关平台上,为酒店增加曝光,带来流量。

(二)提高点击率

影响点击率的因素主要有酒店首图、酒店点评、标签和售卖起价。督导和前台员工工作内容涉及的因素主要和酒店点评相关。点评是历史住客对酒店的评价,列表页中的点评包括点评数、点评分和点评标签。点评分越高、点评数越多、点评标签越正面,对客人点击进入详情页的激励作用越大。

督导在日常工作中需要足够重视 OTA 平台客人的接待,并要在每日的交班会上和当班员工通告当日在店和当日预计抵店的 OTA 平台客人,做好入住和住店期间的服务。另外,当 OTA 平台客人离店时,督导和班组员工需询问客人的住店体验,有无意见和建议,并适时邀请客人给予酒店五星好评;如客人有意见,应第一时间联系大堂副理解决。

(三)提高转化率

影响转化率的因素主要有酒店线上信息包装、价格和酒店点评等。其中信息包装中的在线咨询以及酒店点评中的点评回复与督导及班组员工的工作内容有关联。

督导要和班组员工强调当班负责在线咨询和点评回复的员工需要有高度的责任心,缩短在线咨询的响应时间和提高点评回复的速度和质量,提升在线服务质量,充分发挥点评回复给酒店带来的线上宣传作用。

三、提升线上客房产量的注意事项

提升线上客房产量的注意事项如图 8-5 所示。

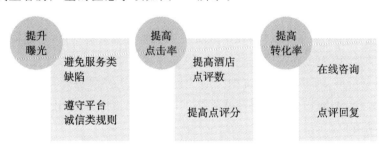

图 8-5　提升线上客房产量的注意事项

(资料来源:携程大住宿团队,《酒店 OTA 平台运营增长指南》)

(一)提升曝光

1.避免服务类缺陷

对于 OTA 平台而言,服务类缺陷主要包括到店无房、到店无预订、确认后满房、确认后涨价、确认前满房、确认前涨价等。督导需要提前梳理所涉及的服务类缺陷处理流程,主要包括 OTA 客人到店无房和到店无预订的情况,并培训班组员工,确保他们可以独立处理。例如:如遇到 OTA 客人到店无房的情况,前台员工应该尽量为 OTA 客人调出房间或者经客人允许,为客人免费升级房间;特别是在超额预订的情况下,不能按照酒店常规的处理方法将 OTA 客人安排到别的酒店入住。

2.遵守平台诚信类规则

对于 OTA 平台而言,违反平台诚信类规则的情况主要包括切客、价格倒挂、到店退订率高、虚假交易、虚假点评等。督导要和班组员工强调不能违反平台诚信类规则,特别是不要切客。所谓切客,就是酒店引导 OTA 订房的客人取消平台订单,直接到店支付入住或通过其他第三方订房入住该酒店。督导一定要和员工强调,杜绝该类事件发生,否则会影响酒店的排序,从而影响酒店的线上曝光和线上产量。

(二)提高点击率

1.提高酒店点评数

让员工开口邀评是很重要和关键的。督导应该要求班组的每一位员工在与 OTA 客人接触的过程中都要有邀评的意识,并把邀评的工作要求放进相关的标准工作程序中。当然酒店可以制定一些激励政策,激发员工邀评的积极性,也可以准备一些伴手礼或纪念品,鼓励 OTA 客人发表点评。

2.提高点评分

督导和班组员工能做的主要是提供优质的服务,特别是专门针对 OTA 客人,需要有针对性地提供服务,以便给他们留下良好的印象,便于后续邀评工作的开展。督导作为基层管理人员,可以通过工作中的实践总结,以及阅读点评分高的酒店的点评内容,梳理归纳服务亮点和点评切入点。

(三)提高转化率

1.在线咨询

督导需要进行该项工作安排,几个人负责或全体轮流负责均可,总之需要保证二十四小时有人关注,因为会在线咨询的潜在客人购买意向其实是比较强烈的,对于这样的客人,酒店应该重视,所以在线咨询的及时响应性非常重要。另外,督导需要总结高频咨询的回复模板,并给相关员工进行在线咨询回复专题培训,力争让每一位在线咨询的客人都能成功下单。

2.点评回复

点评回复时间控制在二十四小时之内,采用专人负责或者是当值人员负责的方式均可。对于好评的回复,建议不要千篇一律,使用同一个模板,督导需要梳理多个模板,在回复好评时需要植入酒店亮点和卖点的宣传,把点评回复作为一个免费的线上宣传窗口。在回复差评时,如果确实是酒店的服务失误,回复的语言一定要诚恳,真诚地致歉,不要出现"甩锅"的现象,并回复酒店的整改措施,力求获得客人的谅解。督导可以针对不同性质的差评,梳理数个相应的回复模板,也可以借鉴其他酒店的网评回复话术。

 **任务思考**

活动目的:让学生总结网评回复模板。
活动要求:
1. 学生分组讨论,派代表阐述。
2. 讨论的主题:好评和差评回复的模板。
3. 每个小组对于好评和差评至少总结五个回复模板。
活动步骤:
1. 分组:将学生按学号分组或自动分组,并选出组长。
2. 要求:每个小组就主题进行讨论;小组长组织5分钟讨论,必须确保每位组员参与其中,指派一人进行讨论记录,指派一人代表小组阐述讨论结果。
3. 总结:教师就各组讨论的结果做总结。
活动评价:
1. 小组的讨论记录作为每个组的课堂作业,记入平时分。
2. 教师点评各小组在讨论中的表现。
3. 教师指出小组讨论结果的不足及改进之处。

任务五　召开前厅班组例会

 任务引入

　　结账高峰期刚过,酒店的大堂副理就找到小研,因为他刚刚在某预订平台上看到一条差评,涉及小研班组。
　　大堂副理告诉小研:这两天,酒店周边有大型展会,客情很旺。住店客人张先生原先想预订两天海景大床房,但是当时酒店没有海景大床房,因此他就预订了两晚高级大床房。在前台办理入住登记手续时,他特别交代接待员小何,要求第二天一定要帮他换到海景大床房。但是小何忘记交接,导致第二天没有帮他预留海景大床房。
　　小研回忆起前几天的情形:小何是前台的新员工,已入职一个多月。当天的客情较淡,而接下来的两天酒店面临着满房,为了将人员集中安排在满房的两天,所以那一天小研就每个班次安排一人上班,导致客人入住时小何一人当班,而小何也没有独自交过班,所以忘记将预留海景房的事情进行交接。虽然大堂副理已经和张先生取得了联系,并得到他的谅解,但是小研仍然陷入了沉思。
　　请同学们带着以下问题进入本任务的学习:
　　1. 如何帮助班组员工养成开交接班例会的习惯?
　　2. 如何有效召开班组例会?

一、班组例会的重要性

例会是酒店各班组定期召开的内部会议,是督导开展班组管理工作的重要抓手,因此督导很有必要制定、完善班组的例会制度,帮助班组员工养成良好的开会习惯。例会的重要性有以下三点(图8-6)。

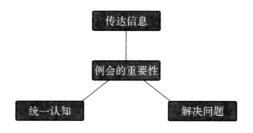

图8-6　例会的重要性

(一)例会有助于传达信息

员工平时的工作更多关注的是和本职工作相关的信息,但是,酒店作为一个有机体,需要了解酒店、部门甚至行政管理机关等外部合作伙伴的信息,例如:酒店的时令促销活动或客房升级改造计划,或者住宿登记的相关制度等。这些信息均是逐层传递的,而开例会则是一个正式传递信息的渠道。

(二)例会有利于督导解决问题

开例会的一个重要目的就是解决问题,督导可以组织员工们讨论、交流,或通过培训的方式,传授解决问题的经验和方法,例如:举办前台信息安全小贴士主题培训,或是讨论遇到系统的某个故障该如何处理等。

(三)例会有助于统一认识

督导可以组织员工在例会上发言,阐述自己的观点和意见,并组织大家讨论,最终,取长补短,形成比较统一的正确的认识。

二、召开班组例会的方法

作为督导,每个月组织召开月例会,每周组织召开周例会,每天也需要组织召开交班会。接下来以周例会为例,详细说明督导组织和召开例会的流程(图8-7)。

(一)确定例会的日期和时间

一般而言,每周一上午,酒店召开店级周例会,会议结束后,部门负责人会将相关内容传达给督导;为了及时有效地传达会议内容,督导通常会在周一下午召开班组周例会。为了便于早班和中班的员工安排时间以及不过多占用他们的时间,班组例会一般会安排在交接班前半小时召开,开会时间控制在一个小时之内。

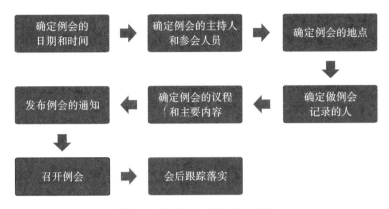

图 8-7　组织和召开周例会流程

(二)确定例会的主持人和参会人员

班组周例会由班组负责人——督导来主持。参加会议的人员主要是早班和中班的当班员工,因为前厅部是一个二十四小时运转的部门,从人性化管理的角度来说,各班组夜班和休息的员工不强制要求参加周例会。不过督导可以使用腾讯会议、微信、企业微信或视频通话等数字化工具,让不便到现场参会的员工远程参会。

(三)确定例会的地点

酒店的规模不同,参加班组周例会的人数也有较大差异,在条件允许的情况下,建议在非对客服务区域开会,如工作后台区域或办公室内,以保证会议的效果和避免影响对客服务工作。

(四)确定做例会记录的人

在会议过程中,记录人员把会议的组织情况和具体内容记录下来形成会议记录。虽然是班组会议,但还是有必要做会议记录的,因为会议记录不仅可以留下班组管理的痕迹,还可作为内部沟通的有效途径,可以打印出来附在交班本中,便于夜班和休息的同事上班后第一时间了解会议内容;另外,会议记录需全班组人员阅读后签名确认,作为部门的档案留存,以备后续跟进。督导可以指定专人做会议记录,也可以让参会人员轮流做。相关记录人员可以按照以下模板进行整理(建议利用数字化工具将会议语音直接转为文字,再进行整理,以提高效率和准确性)。

班组例会记录(模板)

例会名称:班组周例会

例会时间:××××年××月××日,××:××—××:××

例会地点:

参会人员:

记录人:

会议内容:

会后跟踪:

序号	需跟进工作项目	跟进人	完成时间	备注

以上会议内容我已知晓!

签名:

日期:

(五)确定例会的议程和主要内容

如表 8-6 所示,班组例会的议程和主要内容有以下五部分。

表 8-6 例会议程和主要内容

序 号	议 程	主 要 内 容
第一部分	回顾上周酒店经营情况	客房出租率、平均房价、房费收入、重要客人及会议宴会的接待等
第二部分	上周服务质量分析	涉及本班组在质检中出现的问题、口头、书面和网络上的客人意见
第三部分	运营案例分析	客人投诉案例、运作故障案例、沟通障碍案例或安全案例等
第四部分	下周工作计划	下周客情与客房出租率预测,以及人员排班安排;日常工作安排,培训安排,员工需要协调的工作,如酒店政策、部门间协调等。 需要交接的事情
第五部分	专业知识或技能培训	根据月度培训计划开展相关培训,时间控制在二十分钟以内

(六)发布例会通知

督导发布例会通知,内容主要包括会议日期、时间、地点、主持人、参会人、会议记录以及需要全员参与讨论的议题,要确保参会人员都收到该通知。

(七)召开例会

督导按照会议的议程和事先准备的资料召开例会。

(八)会后跟踪落实

开会的最终目的是执行会议上的决定,所以会后的跟踪落实尤其重要,没有跟踪落实,开会就是浪费时间。

三、组织班组例会的注意事项

高效开会是督导必备的管理技能之一,如果该项技能薄弱,就会出现以下情况:把周例会作为任务,不得不开;不知道怎么开会,在会上仅仅读文件、布置工作任务;索性很随意,有空就开,没空就不开。因此,督导作为基层管理人员,需要主动学习主持高效会议的知识,刻意练习这项技能。例会注意事项如图 8-8 所示。

例会准备工作	例会过程控制	会后跟踪落实
· 会议通知 · 会议资料 · 场地、设备 · 时间	· 开始、结束时间 · 会议控场 · 阶段总结 · 意外情况处理	· 例会记录的整理、传阅 · 落实例会结果 · 反思此次例会的优缺点

图 8-8 例会注意事项

（一）例会准备工作

作为督导,为了能够高效召开例会,需要在会前做大量的准备工作,包括但不限于以下方面。

(1)发布会议通知,告知班组成员例会的议程和会上需要讨论的事宜(如有),要求提前思考。如果班组成员较多,则可以利用企业微信等通信工具,因为在企业微信等工作群里发布信息,可以看到哪些人没有看到信息便于一对一提醒。

(2)可以利用手机或电脑上的记事本功能,提前梳理会议上需要传达或培训的内容,防止疏漏。

(3)如有会议资料或培训资料,需提前准备并发给班组成员,要求会前阅读,以提高会上讨论和培训的效率。

(4)提前安排好自己的工作,避免开会期间被打扰。

(5)开会期间,如需使用多媒体或数字化工具,需要提前调试。

（二）例会过程控制

(1)根据会议通知上的时间准时开始和结束会议,帮助大家养成准时参会的好习惯,对于迟到或早退的员工,私下询问具体原因,制定解决方案。

(2)引导参会人员参与讨论,让每个人都得到公平的发言机会,尊重不同意见。

(3)会议时间的把控,特别是对于发言时间过长、讨论内容偏离主题或在某一项议题上陷入困境的情况,督导需要及时干预,保证议程的顺利推进。

(4)适时对会议内容进行总结。

(5)如在会议上遇到诸如发生激烈冲突、参会者不配合等突发事件,督导必要时可暂停会议或跳过该议程。

（三）会后跟踪落实

会后有效跟进,确保会议期间制定的决策与收集的想法得以付诸行动,这是保证会议成果的关键步骤。督导要进行有效跟进，应明确后续步骤，将相关信息传达给参会者及利益相关者，并评估会议的效率。

（1）会议记录原则上应当天整理完毕，可以利用语音转文字的相关软件完成会议记录，提高效率。

（2）参会者就会议内容达成共识，在会议记录上签名确认。

（3）落实会议结果，跟进相关工作项目的完成情况。可以借助进度表，帮助大家实时了解工作完成进度或责任人。

（4）分析、总结召开例会的经验和教训，不断提升自身的高效开会能力。

在本任务的最后，我们再次回到任务引入阶段的案例，如表 8-7 所示，小研学习了本节课程，她在当天的周例会中就运用了所学的相关知识。

表 8-7　小研召开班组例会的案例

序　号	步　　骤	具 体 做 法
第一步	确定例会的日期和时间	小研决定把每周一下午两点半定为班组周例会召开的时间，因为小研所在的酒店早班和中班的交接时间是下午三点
第二步	确定例会的主持人和参会人员	小研自己是每次周例会的主持人，早中班的员工除了会议期间顶岗的，都参加会议；而下夜班和休息的员工不要求到现场参会，但是要使用视频会议系统远程参会
第三步	确定例会的地点	小研将会议的地点选在前厅部后台休息区域，便于前台客情繁忙时，第一时间支援，在开会的同时，不影响对客服务
第四步	确定例会记录的人	小研为了公平起见，决定指定班组的员工轮流做会议记录，这次小研指定当天上早班的小何做会议记录，因为会议结束后，小何就下班了，可以及时整理会议记录
第五步	确定例会的议程和主要内容	小研抽时间整理了部门例会的主要内容、梳理了下周班组的主要工作，特别强调了交接班事宜；同时还将上午大堂副理向她反馈的宾客投诉整理成案例，在周例会上做了一个案例培训
第六步	发布例会通知	小研在班组的微信工作群里发布例会通知，并将该消息置顶，同时要求参会人员在群内回复
第七步	召开例会	小研按照会议的议程和事先准备的资料召开例会，由于小研对班组周例会相当重视，提前做了充分的准备工作，会议开得有条不紊
第八步	会后跟踪落实	会后，小研重点跟盯了班组新员工的岗前培训和考核，以及交接班的执行情况；同时，她觉得自己使用视频会议系统还不熟练，一些屏幕共享、全员静音等功能还不会使用，需要继续学习。 经过一段时间的推进和坚持，小研的班组形成了规范的例会制度和交接班制度

任务思考

1. 简述召开班组例会的注意事项。
2. 简述班组例会的内容。

项目小结　　本项目通过对前厅部督导在日常工作中进行班组服务质量检查的要点、科学排班的方法、前台增销的流程及技巧、提高线上产量以及召开班组例会的方法的详细阐述，帮助学生初步了解酒店前厅督导的日常管理工作，掌握运营管理的基本知识和方法，培养学生树立将数字化分析广泛应用于工作中的意识。

项目训练

一、知识问答

1. 简述班组服务质量检查的重要性。
2. 简述科学排班的方法。
3. 简述前台增销的流程及技巧。
4. 简述提升线上客房产量的注意事项。
5. 简述组织和召开班组例会的流程。

二、情境演练

一家五星级酒店有五种房型，具体如下。

(1)海景房：360°全海景、情侣入住赠送品牌香槟1瓶。

(2)亲子房：卡通床单布置、儿童用品(儿童玩具、儿童牙刷、儿童浴袍等)、1张大床和1张单人床、免费参加酒店各项活动及儿童中心各项收费活动。

(3)套房：1个客厅和2间卧室(1间大床房和1间双床房)、房间总面积80平方米。

(4)行政房：含每日免费早餐和二十四小时零食供应、每日下午五点至七点"欢乐时光"各种软饮和鸡尾酒免费畅饮，可携带1位客人来到酒店行政酒廊品尝各种免费饮料和小食，入住期间每间房每日可以借用行政酒廊会议室2小时。

(5)公寓房：双开门大冰箱1台、厨具和餐具、房间面积60平方米(含1个客厅和1个卧室)。

活动目的：让学生更深刻地理解前台增销。

活动要求：学生分组讨论不同房型增销的话术，派代表阐述。

活动步骤：

(1)分组：将学生按学号分组或自动分组，并选出组长。

延展阅读

如何建立和管理客史档案

(2)要求:每个小组选定一个房型进行讨论;小组长组织 5 分钟讨论,必须确保每位组员参与其中,指派一人做讨论记录,指派一人代表小组阐述讨论结果。

(3)总结:教师就各组讨论的结果做总结。

活动评价:

(1)小组的讨论记录作为每个组的课堂作业,记入平时分。

(2)教师点评各小组在讨论中的表现。

(3)教师指出小组讨论结果存在的不足及改进之处。

项目九
酒店客房督导实务

项目描述

客房是酒店的核心产品。客房的质量和服务直接影响着客人的体验和评价。

客房督导是客房部的管理骨干群体,根据客房部经理的工作安排,督导规范客房管理,带领团队成员为客人提供优质服务,提升酒店的美誉度。

通过本项目的学习,有助于系统了解和提升客房督导的工作内容和方法,结合数字化时代背景,培养数据分析意识,学会用数据分析的结果有效地指导日常管理工作。

项目目标

知识目标
1. 了解客房督导检查工作的要点。
2. 了解客房督导现场管理的方法。
3. 了解客房督导排班的原则和方法。
4. 掌握客房物品耗用的知识。

能力目标
1. 执行客房督导的日常质量检查。
2. 实施客房督导的现场管理。
3. 实施客房督导的动态排班。
4. 运用客房督导的物料管理知识。

思政目标
1. 培养一丝不苟的职业精神。
2. 培养宾客至上的服务意识。

知识框架

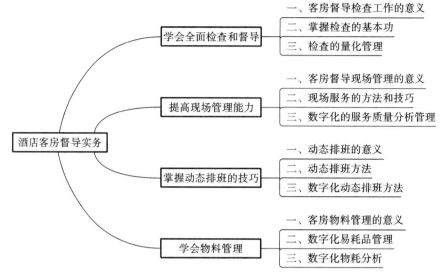

 教学重点

1. 客房督导检查的要点和技巧。
2. 客房督导现场服务的方法和技巧。
3. 客房督导动态排班的方法。
4. 客房督导物料管理的知识。

 教学难点

1. 教会学生执行质量检查。
2. 教会学生实施现场管理。
3. 教会学生动态排班的原则和方法。
4. 让学生掌握物耗的管理。

 项目导入

　　小智是客房部的一名老员工,她工作认真仔细,在客房卫生清洁和检查方面的基本功非常过硬,有着客房部"信得过卫生免查员"的荣誉称号。她服务热情主动,多次受到客人的肯定和书面表扬,在部门本次岗位调整中,小智晋升为一名客房督导。开心之余,从没有带过团队的她也开始陷入了思考:客房督导的作用是什么?都有哪些具体职责?应该从哪些方面管理团队呢?她越想越感到恐慌,不知从何下手。好在客房部经理看出了小智的紧张与不安,拿出自己整理的客房督导实务资料送给她,小智如获至宝,迅速开始学习。

在初步学习后,小智认识到:作为客房部的基层管理人员,客房督导既是部门经理的助手,负责将酒店和部门的政策指令、工作任务准确无误地传达给班组员工,管理好班组日常工作事务;也是班组的领头人,负责带领团队认真落实好酒店和部门交办的各项工作任务,是部门承上启下的中坚力量。小智深感责任重大,更加坚定了在酒店管理工作岗位上不断发展和提升工作能力的职业目标。

任务一　学会全面检查和督导

任务引入

作为一名督导,小智发现自己的工作节奏还是很紧张的。她每天既要检查房间卫生,也要巡查公区卫生,还要检查专项卫生,一刻都停不下来,稍有疏忽经理在抽查中就会发现她的班组有很多卫生问题不达标,有时还会被客人投诉。除此之外,小智还要组织班组开展日常培训、保障重点服务任务、检查补位、应变处理……面对挑战,她感觉有些力不从心,如何让工作更有效率、更有质量呢?怎样在对客服务中做到处理问题准确、恰当呢?小智陷入了思考。

请同学们带着以下问题进入本任务的学习:

1. 小智要通过什么方法才能提高查房质量?
2. 小智怎样做才能提高班组的质量管理,提升对客服务水平?

一、客房督导检查工作的意义

（一）提供合格稳定的产品

客房督导在检查时,会发现员工因为日常工作中存在的卫生问题和操作问题而造成房间质量不合格,如员工漏清洁一些部位、忘记补充物品、房间布置不标准、不美观,甚至个别员工会将清洁工具忘记在房间内,督导在检查过程中及时补位,使每间出租给客人的房间都保证质量达标,避免出现差错。与房间卫生质量同样重要的保养问题也是通过督导日常不断检查,发现问题,不断进行维护,才能保证客房质量,督导在检查过程中发现设备老化的问题,如天花板、墙纸开裂,木饰家具需要保养,石材需要晶化保养等问题,通过安排相关人员进行局部或者定期保养就可以维护好客房的状态。

（二）提升酒店客房产品标准化

客房督导的核心工作之一是对管辖区域内的产品质量和服务质量进行全面检查,督导检查工作的实质就是对质量的检查。比如,客房督导日常工作中的查房就是检查房间的设备设施是否完好、卫生是否达标,经过督导的检查提供给客人的是干净、无异味、设备设施使用正常、居住起来十分舒适的房间。督导在查房时,应发现客人潜在的服务需求,提供个性化的超出客人预期的服务。

(三)提高员工工作责任心

有经验的客房管理人员都知道:房间优质的卫生质量不是靠管理人员查出来的,而是靠员工做出来的。督导查房一方面是把好房间产品质量的最后一道关,另一方面是要发现员工在操作中存在的问题,及时督导和帮助员工,让员工有主动性、有能力使房间质量达标。在检查中发现员工的清洁方法不合理或员工在工作中"偷工减料"时,应该给予纠正、监督,如果发现员工有更好的工作方法应给予表扬并推广,这就是督导的意义。

(四)确保落实安全管理

客房督导肩负着协助经理管理客房安全的重要职责,无论是消防管理还是治安管理,保护客人和酒店的安全的重要途径就是安全检查。定期的消防设施检查、定时楼层巡查以及对异常情况的发现、检查、处理等都是客房督导必须具备的能力。

(五)提升自身业务水平

客房督导每天的工作量有着标准的定额,必须检查规定数量的客房、公共区域和管理班组各项事务,因此督导必须养成良好的职业素养。在检查工作中积累经验才能高效率地完成定额工作,才能胜任督导的工作。督导必须完成规范的、足够数量的查房才能总结出工作中的重点检查内容,防止客人因为房间质量问题投诉,只有通过检查经验的积累才能发现员工在日常工作中容易出现的问题加以管理和培训。

二、掌握检查的基本功

日常检查工作是客房督导最基本、最核心、最重要的管理工作,因为客房督导是酒店客房产品的质检员,是客房产品质量的第一责任人,客房督导只有通过检查才能做好质检员的角色,只有知道查什么、怎样查才能成为合格的督导。下面,以客房检查和安全检查为例,对客房督导检查内容进行说明。

(一)检查内容

1. 客房检查

督导查房是保障酒店客房卫生质量的基础。客房检查既是客房督导每天最重要的工作内容,也是其必须掌握的最基本、最重要的工作技能。客房检查项目和检查标准如表9-1所示。

查房的四个标准:卫生质量达标,物品摆放规范,设施设备完好,整体效果美观。

知识拓展

检查的项目和内容

表 9-1　客房检查项目和检查标准

检查项目		检查标准
房间	房门	房门照明正常;房号牌、门铃声清晰;勿扰灯、打扫灯、稍候灯的功能和亮度正常;门锁把手和反锁装置转动灵活,锁孔清洁;开门时无噪声,门板不变形,门框清洁完好,隔音胶带不松脱;闭门器、门吸使用正常;内窥镜、防盗扣清晰且使用正常;"请勿打扰"及"请即打扫"牌齐全无折皱;火警撤离路线指示图清楚,所显示房间位置正确
	衣柜	衣柜门无变形、无污迹;衣柜灯正常开关;柜内无异味,壁纸无污渍或开裂现象,抽屉及底板无杂物;备用棉被折叠规范,备用棉被袋LOGO向外侧;衣架种类、数量齐全;晨衣无破损,干净无异味;保险箱保持开启状态,使用正常;防毒面罩在有效期内,封条完好;鞋撬、衣刷、雨伞等齐全,摆放规范;熨斗、熨板洁净且使用正常
	吧柜	杯具光亮、无残缺;食品架、酒水架干净,洋酒无挥发现象,摆放规范;酒水单填好房号;电热壶、冰壶洁净且使用正常,摆放规范;餐巾折叠规范,餐刀、餐叉光亮;茶叶、吸管、牙签等齐全,摆放规范
	冰箱	冰箱内外干净,运转正常,温控调节规范;饮料摆放规范,在规定保质期内
	天花板、墙壁	无裂缝、起泡或发霉现象;墙角、墙角线无灰尘及蜘蛛网;消防设施正常;壁画及镜子端正、稳固、光亮
	空调、电视机、灯具、电源插座	空调调节灵活,进出风口无噪声、灰尘,空气清新;电视机(遥控器)、灯具等使用正常,电视机图像、音量正常;灯罩、灯泡无积尘,瓦数规范;电源插座无松动、使用正常,各种电器插在规定位置
	办公桌、电视柜、多斗柜、行李柜	各柜门、抽屉开关灵活,把手牢固、洁净;绿植美观;宣传品、文具等齐全,布置规范
	茶几、沙发、办公椅	沙发、小公椅、茶几表面无破损、无污迹,夹缝无杂物;茶几上茶具完好洁净,摆放规范
	窗帘、窗纱、窗户	窗帘、窗纱无污迹、无破损;窗帘钩排列均匀;窗帘拉动灵活,拉合后密闭;窗玻璃干净,窗户密闭完好
	床铺	整洁美观,床上用品无破损、无污渍;防水枕袋及床垫、保护垫齐全;床屏干净无毛发,床脚/轮灵活稳固,床底无杂物或遗留物品
	床头柜	床头柜四周及抽屉内干净、无杂物;夜灯正常,灯具开关正常,标识清楚;物品摆放规范
	电话机	清洁、无异味,摆放规范,电话线整齐,按键接触灵敏,快捷键准确使用正常,信号灯无故障,铃声音量大小适中,电话贴纸干净,房号清晰
	地毯(地板)	地毯干净、平整,边角无外露铁钉,接缝处无外露线头
	垃圾桶	垃圾桶内外清洁

续表

检查项目		检查标准
卫生间	卫生间门	门锁和反锁功能完好,转动灵活,无噪声;门板洁净、无水渍、无破损及变形;门后挂钩及防撞垫稳固
	镜子	镜面光亮,防雾设备正常;化妆镜转动灵活、无噪声,不锈钢支架稳固、光亮
	天花板	平整、无污渍、无脱胶、脱漆现象
	照明	各类灯光及开关正常
	抽风机	风口及外壳清洁,运转正常且无噪声
	风筒、电话分机	清洁卫生,运转正常
	盥洗台、浴缸	台面及抽屉内整洁;洗脸盆、浴缸内干净,排水正常;水龙头、喷淋头出水均匀、位置规范;玻璃胶无发霉现象;浴帘杆、浴缸扶手牢固;浴帘、防滑垫干净无毛发,摆放规范;晾衣绳伸缩自如;所有金属部件光亮
	淋浴间	淋浴间门开关灵活,防水胶条完好,玻璃光亮、无水渍,墙砖及地板干净,排水畅通
	马桶	马桶坐板及马桶盖稳固,马桶内、外壁无污渍,水箱按钮使用正常,冲水正常、无噪声
	卫浴用品	漱洗用品、巾类齐全且摆放规范,杯具光亮无缺口
	墙壁、地面	无污迹、无毛发;墙壁砖缝水泥无脱落、发黑;砖面无裂缝,下水道通畅,无异味;绿植、挂画端正、无积尘

2. 安全检查

1) 设备安全检查

督导日常检查最重要的是检查设施设备能否安全使用。客房设备安全检查项目和检查内容如表9-2所示。

表9-2 客房设备安全检查项目和检查内容

检查项目	检查内容
检查地面	地板是否保持干燥,以免滑倒;地面是否平整,地板与地毯交接处是否平整、无破损或露出铁钉
卫生间防滑	卫生间所有地漏是否畅通;所有扶手是否稳固;所有防滑用品如防滑垫、浴帘、防滑脚巾等是否齐全、到位;防滑提示牌是否在显著位置,图文清晰完好
设备稳固	百叶、办公椅、床屏、壁画等设备是否稳固;加床摆放是否到位;电视、灯具、插座面板等设施是否稳固完好
设备使用正常	风筒、电热壶、电熨斗和客房家具是否使用正常,表面是否清洁

2)员工操作安全检查

督导对员工安全操作检查的重点工作:一是培养员工的安全意识;二是检查员工日常操作是否符合安全规范。每位客房服务员入职的第一场培训和最重要的培训以及部门安排最多场次的培训就是安全培训,其目的就是牢固树立员工安全第一的思想,培养安全敏感性,扎实安全操作规范,确保安全生产经营。

客房员工安全操作检查项目和检查内容如表9-3所示。

表9-3 客房员工安全操作检查项目和检查内容

检查项目	检查内容
检查员工 进门操作	检查员工是否将工作车靠门,工作报表是否放置于隐蔽位置,工作钥匙是否扣在员工工作服上,工作车是否整洁、无杂物、无高物挡住视线
检查员工 清洁操作	清洁房门或关门时要握住门把手,避免夹伤手
	高空作业使用梯子,不站在浴缸边沿作业,不站在窗台上作业
	保持卫生间地面干燥,清洁浴缸时应握住浴缸扶手,避免滑倒
	清洗杯具注意有无缺口或裂缝,不可用冷热水交替冲洗
	不用湿手触动电器,不用湿布清洁电器
	擦灯泡、灯头需关闭电源,待灯泡冷却后清洁;坏灯泡取下后应及时换上新灯泡
	电热壶插线(底座)不同时连接壶身
	玻璃碎片及用过的刮胡刀、针线包,妥善包裹后装入垃圾袋并注明内有玻璃字样,不得用吸尘器处理,房间有玻璃碎片需仔细检查

3)消防检查

消防管理的工作要求是只有第一没有第二,客房消防管理也是客房首要的管理工作,督导就是所管辖区域的消防责任人,肩负着保护客人和酒店消防安全的重大责任。

(1)具备消防基本能力。

督导要熟练掌握消防知识,学会灭火器、消防水带、防毒面具的使用。督导具备消防的基本能力:熟练掌握报火警的方法,熟练掌握初期灭火的方法,熟练掌握在火灾疏散中的职责和操作步骤,熟练掌握撤离的步骤,熟练掌握逃生的技巧。

(2)定期检查消防设施。

客房消防设施检查项目和检查内容如表9-4所示。

表9-4 客房消防设施检查项目和检查内容

检查项目	检查内容
检查灭火器材	检查灭火器是否有损坏、腐蚀、泄漏、喷嘴堵塞等问题,铅封、保险插销是否完好,压力表读数是否显示在工作压力范围内,是否在保质期范围内
	消防栓内消防水带及卷盘式橡胶管等配件是否完好
	烟感器、喷淋口、警铃、破碎开关、通道走火疏散灯等是否完好,是否使用正常

续表

检查项目	检查内容
检查其他消防设备	消防应急照明灯及安全出口指示牌是否正常充电,断电时是否能正常照明
	防火门门框及闭合器能否正常使用和关闭,把手是否稳固,消防通道是否畅通
	房间的火警撤离路线指示图是否清晰、完好、准确;防毒面具是否在保质期内,包装和封条是否完好;应急手电筒电量是否充足,是否能正常充电;自动喷淋和烟感器是否完好,有无被人为覆盖
定期填写检查记录	督导每周在消防检查后填写消防记录卡,填写检查日期和签名,书面报告发现的问题,及时报修消防设备并注明存在消防隐患字样,跟进维修落实

(3)消防异常情况的检查。

客房部消防异常情况的检查主要有以下几种。

①检查电器及设备:督导每天检查所属范围的各种电器及设备,包括房间、工作间、清洁工具是否正常使用。检查电器开关、电器线路、插座面板是否牢固、完好、清洁。

②检查异响、异味:督导在查房中应随时保持高度的警惕性,关注涉及消防安全的各种隐患。检查电器及设备在运转时是否有异响,任何出现异响的设备都要立刻报修并同时跟进,特别需要注意检查的是二十四小时运转的设备和使用年限较长的电器。异味可能是电器及设备发出,也可能是客人燃烧物品,再或者为客人使用自带电器造成,督导在巡查中发现烧焦味应立即寻找源头,同时立刻通知消防中心。

③检查住房异常:督导在查房时如果发现客人自带大功率电器、私自在房间安装灯具应及时报告服务中心并在客房异常情况报告中做好记录。查房中发现客人携带易燃品(如酒精、天那水、汽油等)应及时通知服务中心,并在客房异常情况报告中记录。

④发现客人异常行为报告:如果发现儿童有玩火现象应及时制止并提醒家长给予重视,如发现客人丢掉的烟头未完全熄灭应马上处理并提醒客人,如客人有在睡前点安眠香的习惯需给予提醒并在客房异常情况报告中记录。

⑤特殊时段的重点检查:有些地区及在清明节或者拜佛团入住时应重点检查客人是否携带香烛,检查房间是否有点燃的香烛,及时提醒、制止并在客房异常情况报告中记录。在有些地区的新婚房会点红烛,督导对这样的新婚房也应加强管理,如果有点燃的红烛不要马上熄灭,应在现场守护同时通知大堂副理到场并联系客人。

(二)检查的方法和技巧

督导查房一般遵循的步骤为按房况查房、按顺序查房、进入房间检查、员工返工检查。

1.按房况查房

督导查房时针对不同的房况检查的侧重点略有不同。服务员清洁好的走客房应全面检查;住客房应尊重客人的习惯,不随意触动客人的物品,提供恰当的个性化服务;重点房由各层级管理人员进行检查,所有设备设施和房间细节卫生逐项检查,按客人习惯提前布置房间。

2. 按顺序查房

不同房态的查房顺序：重点房、客人挂请即打扫房先查，走房先查，班组内每个服务员的走房先查一两间；在检查房间卫生时按照顺时针或逆时针的顺序依次检查不漏查。查出的问题进行记录，及时在工作群通报，保证服务员在后续房间清扫中一步到位，设备问题及时报修。

3. 进入房间检查

督导在进行日常查房工作时，要按照敲门规范进入房间，保管好钥匙，做好记录。

4. 员工返工检查

督导在查房后要将需要返工的内容填写在返工单上交给服务员，在服务员完成返工后督导应该现场检查返工的质量，确保卫生达到标准。

三、检查的量化管理

（一）量化考核

下面以某酒店客人投诉数量高居第二的房间卫生为例，介绍量化考核相关内容。该酒店 2018 年共收到房间卫生投诉 27 宗，其中以反映卫生间有头发和地毯脏的居多，如客人投诉浴缸里有多根头发、地毯污渍明显，感觉很不卫生。住房方面，主要是客人使用过的物品没有复位，房间看起来不整齐，例如，1 月份有客人反映服务员没有把他挂在浴帘杆上的衣架放回衣柜，而是仍放在卫生间；电热壶里面有半壶水，服务员没有倒掉放回茶几。空房方面，一些长时间不开的房间积尘严重，几个月后有客人入住时发现家具、地毯灰尘都比较多。2 月 24 日携程网客人说用白色的湿纸巾去检查浴缸，一擦都是灰，5 月 4 日某公司会务组客人要求管理人员陪同到每间房间检查是否有异味，检查床铺是否干净整齐，达不到要求就换房。这都是平时在做房和查房时不够重视。这一数据显示客房的卫生质量存在很大问题，客房部的经理觉得非常头疼，怎样才能提高卫生质量呢？

从上述案例中可以看到，客人对客房卫生和服务方面意见很多，客房部的质量问题很多很杂，包括头发问题、积尘问题、房间整体卫生问题、服务员操作问题等，同样在日常检查中，面对每天大量查房报表中的质量问题，督导凭感觉很难有头绪找出准确的解决办法。但是通过运用数字化的思维，通过量化管理方法，如定期对督导、经理查房存在的问题进行梳理，按照评分标准把服务质量管理从主观感受变成客观上可以评价和对比的过程，客房卫生和服务的问题通过不同维度，如时间、温度、气味、数量等维度进行可测量和评估、评分的评价标准，这样就达到管理和控制的目的了。

1. 客房卫生检查分级制

客房卫生质量的优劣取决于两个关键因素，一个是服务员的清洁质量，另一个是督导的检查质量。客房部的内部卫生检查体系是怎样的，通过怎样的手段管理好卫生质量呢？

客房部的卫生质量管理为分级查房制度，一般通过检查、评分、分析和考核来控制和提升。第一级为督导查房，督导通过 100% 查房率对员工清洁过的房间进行检查，并

延展阅读

检查的方法和技巧

且将每间房存在的问题填写在督导查房报表上,安排员工及时进行返工,同时检查员工返工完成情况。第二级为经理抽查,按比例对督导查过的房间进行检查,将存在问题在工作群里进行公布,由员工进行返工。第三级为值班经理或者总监抽查,按比例抽查净查房。通过房间卫生质量、公共区域卫生、专项卫生的检查,按照评分标准进行打分,制定合格率,形成对客房管理人员考评的依据。

2. 量化卫生评分标准(表9-5)

表9-5 客房卫生评分标准

问题分类	扣分	扣分内容
普通卫生问题	一个单位分数(如一分)	房间布置不规范或不美观,设施类没有按规范调节
重点卫生问题	加倍扣罚	存在酒店或者部门特别强调的卫生问题或者物品改变摆放方式等
设备类问题	不扣分	可自己解决的问题(如更换普通灯泡、挂窗帘钩、墙纸小面积粘贴等)按照普通卫生问题扣分
严重卫生问题	不合格	马桶有污迹或有杂物;房间有明显异味,如烟味、香水味、地漏臭味等;物品被使用过;杯具、电热壶有剩水、口红印、缺口等;未换床单、被套、枕套;地毯、床上用品、墙纸等有明显污渍(如呕吐渍、血渍)

3. 量化评估

1)计算合格率

每天查房结果均做合格或者不合格记录,每月由督导根据自己的查房记录对员工进行合格率计算、分析和评估;每月由经理根据部门和酒店各级查房记录计算督导卫生质量合格率。

2)考核评估

每周由督导和部门经理对员工和督导在卫生工作中存在的问题进行分析,每周根据合格率对员工和督导进行评比,每月以合格率作为主要评估数据进行工资考核。

(二)数字化质量管理分析方法

某酒店客房部通过对2021年全年客人意见的收集(图9-1),汇总了客房部存在的问题(图9-2)。

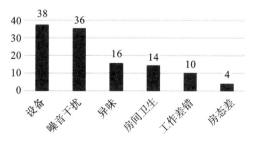

图9-1 线下客人意见

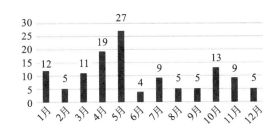

图 9-2 客房部存在问题的月度宗数

上述案例中,客房部应该怎样通过数字化思维分析和解决关于服务和卫生质量的投诉呢?

1. 数据获取

一般督导通过线上点评和线下大堂副理记录的客人意见及投诉进行数据收集。

2. 数据整合

通过时间、投诉类别进行整合发现:线上线下相同的时间,客人负面意见数量相对统一;5月客人投诉最多且各类投诉都有;全部客人意外受伤都在5月;全年客人投诉最多的是设施设备和噪声骚扰。

3. 数据分析

五一黄金周,客人入住率提高,酒店房价提升,客人对性价比的要求提高,客人以家庭旅游为主,因此5月投诉最多。

酒店的门锁、网络、设备故障造成的设施设备投诉为全年数量最多的投诉,客人互相干扰、装修噪声、空调噪声造成的噪声投诉为全年第二多的投诉。

涉及客房卫生问题的投诉排在全年投诉宗数的第四位,对卫生问题的具体投诉内容进行统计后发现,客人投诉房间有头发的次数最多。

4. 数据决策

通过一系列数据汇总和分析,客房部的督导在已知即将到来的下一个入住高峰将做好人员的准备、物资的准备,提前检查设施设备,关注即将入住家庭中的老人和儿童的服务,提前对员工进行案例培训,提高员工的工作能力和清洁卫生的质量。

同时客房部建议酒店在客房的升级改造中对客人意见集中的设施设备进行更新,改造客房的隔音设施等。

对客房部最重视的卫生投诉,通过图9-3的DIKIW数据转化模型图可以看出,从"数据(data)"即出现的各种问题,梳理形成"信息(information)"即头发问题既是督导查房发现较多的问题也是客人投诉严重的问题,从"信息(information)"分析检查得到"知识(knowledge)"即造成头发问题的原因有哪些,从"知识(knowledge)"到"智力(intelligence)",即给出解决处理的方法,从"智力(intelligence)"到"智慧(wisdom)"即将解决的方法形成经验和制度,这就是DIKIW数据转化模型,具体分析如下。

针对客人对卫生的投诉中,头发问题的投诉最严重,客房部的管理人员对头发出现的位置进行细分发现主要出现在浴缸、淋浴间、卫生间地板等处,经过检查发现,淋浴间、地板上的头发大都是服务员抹布上携带的,擦拭的时候黏在某个位置,如淋浴间的墙砖上、地板的边角,浴缸上的头发多是黏在湿浴帘上的,浴帘晾干后头发就掉落在浴缸内。于是,客房部调整员工抹布的使用规定,要求员工一间房使用一套抹布,杜绝抹

图 9-3　DIKIW 数据转化模型图

布里的头发留在卫生间或者房间,要求员工在吸尘的时候使用地板专用刷头对卫生间地板进行清洁,督导在查房时注意检查马桶边、浴缸边、淋浴间墙砖等位置的头发,从而较好地解决此类问题。

任务思考

情境演练:客房督导指挥和检查客房火灾疏散演习。

活动目的:学生分角色扮演在客房火灾中的督导、服务员、酒店消防员、客人,通过场景督导学习如何在火灾中正确、高效、规范地指挥和疏散客房的客人。

活动要求:扮演督导和服务员的学生按照疏散的分工和流程进行情境演练,通过模拟真实的火灾场景指挥客人安全从着火楼层疏散到安全地带;每个同学扮演不同的角色,全员参与模拟演练。

活动步骤:

1. 分组

将学生按学号分角色。

2. 主题设计

(1)火灾设计:住房 12 楼 1212 房发生火情,该楼层 20 间客房全部是住客房,客人有老人、孕妇、儿童等,火灾应急指挥部决定立即疏散客人到指定安全地点。

(2)角色设计:一名学生扮演督导指挥疏散,两名学生扮演1号和2号服务员,两名学生扮演保安部消防员,其他学生扮演惊慌失措完全不知道逃生通道方向的客人。

3. 疏散程序

(1)1号和2号服务员:以 1212 房着火房间为界分两个区域(1 号服务员负责 1212 房),开始逐间敲门并呼喊"火警疏散"(只敲门不用进去),引起客人注意,一直敲完自己负责的区域的房间,把客人叫出来,然后站在通道防火门口,面朝通道,晃动手电筒,反复大声呼喊"低头、弯腰、捂住口鼻";等全部客人从通道撤离后,护送客人从消防楼梯前往指定安全地带,清点人数。

(2)督导:指引客人前往消防楼梯逃生,登记每间房撤离客人的实际人数,携带手电筒逐间仔细检查并确认房间无人后关闭房门,在房门上做好标记。等全部客人从通道撤离后,负责把守防火门,避免无关人员误入火场,等保安员接管现场后迅速撤离,前往安全地带与大家汇合。

(3)保安员:到达火灾现场第二次确认所有房间无人后,再次在房门上做好确认标记。

活动评价:

组别_____ 姓名_____

项 目	分 值	扣 分	得 分
团队合作	30		
角色任务完成情况	20		
督导指挥和检查质量	20		
督导现场应变能力	20		
员工完成情况	10		
总分	100		

学生自评:

小组考核:

教师考核:

任务二　提高现场管理能力

任务引入

场景一:2021年3月1日,服务员小李发现1101房收费项目中一包大红袍的茶叶袋有个裂口,收出房间准备更换,但是忘记了,未换也未交班。督导查房时发现欠茶叶于是报给服务中心入账,客人退房时投诉未使用。

场景二:2018年4月18日,1905房入住某公司老总,营销员特别交代客人有送洗客衣要求。早上客人外出工作时将衣服装在洗衣袋里,挂在门后。服务员到房间收取时只看到两件放在沙发上的没填单、没装袋的衣服,于是让督导判断要不要洗,经询问客人的秘书,秘书去打断正在开会的客人,客人说,要洗的衣服已经放在洗衣袋里了。

场景三:2019年11月14日,下午3点,2017房客人外出挂勿扰牌。服务员按规范进房检查,并在房间等待督导一起检查,看到擦手纸用完了,换了盒擦手纸,看到垃圾桶满了,又换了垃圾袋。客人回来后,投诉道,挂勿扰牌,还进房搞卫生。

场景四:2021年12月26日,912房中午11:45退房,客房部员工小王查房时发现床头柜电话旁有一枚戒指,打给服务中心报"客人遗留戒指",戒指是灰黑色的,服务员判断既不是黄金的也不是白金的,担心客人说是贵重戒指,再次打电话强调是铁戒指,并随手装进围裙口袋。晚上7:00多,客人打电话来找戒指,服务中心督导查看遗留物品记录有"遗留戒指",跟客人说"有",互加微信准备把戒指寄还给客人。后来客人说戒指比较贵重,邮寄不保险,还是让父母来酒店取。夜班督导小姚这时才发现912房遗留的戒指还没有交到部门,联系服务员,服务员说放在工作车上,小王回到酒店和夜班员工、督导分别到工作车查找,都没有发现。晚上9:00多,客人的母亲冒雨来酒店认领戒指,等到10:30空手而回。12月27日和28日两天客房部派出三名督导及员工地毯式寻找未果,客人表示戒指是婚戒,为白金定制的,价值14800元并出示了购买戒指的发票。

通过以上四个场景案例可以看出,服务员在直接对客服务中容易出现违反酒店服务规范、粗心大意、判断错误、对酒店服务规范掌握不到位等各种影响服务质量的情况引起客人投诉,应该怎样避免这些差错,让客人得到优质的服务呢?这就需要客房督导在服务的现场认真做好检查、判断、服务的工作。

请同学们带着以下问题进入本任务的学习:
1. 客房督导现场管理的意义是什么?
2. 督导怎样管理才能使员工规范对客服务?
3. 督导怎样才能做好现场的对客服务?

一、客房督导现场管理的意义

(一)规范对客服务,稳定服务质量

标准化的酒店为客人提供的常规服务是满足客人基本需求的服务和行业内普遍提供的服务,这些常规服务都是服务员通过执行标准化的流程实现的,督导在现场管理的作用就是检查服务员在执行服务流程中是否规范,只有做到检查到位、及时补位,这样客人才能够享受到质量稳定、标准统一的常规服务,才能令客人满意。

(二)把握关键环节,避免出现差错

一些常规服务的关键环节或者客情较为复杂和较难处理,比如涉及收费方面的服务环节和客人的异常情况的处理,服务员在经验和技巧上不能准确应对的时候需要督导现场判断和现场服务,督导在关键环节的服务能避免差错,使客人获得受重视的感觉,也相应代表了酒店的服务水准。

(三)提供优质服务,超出客人预期

客房产品是客人获得服务体验的主要组成部分,为了使客人获得良好的入住体验,酒店不仅要提供令客人满意的常规服务,更要能提供超出客人预期的优质服务。迪士尼的服务团队认为,超出客人预期的服务就是客人的期待是十分,但是真实获得的体验却是一百分,从十分到一百分,这中间的巨大差值就会给人带来极大的惊喜。客房督导通过带领员工对客人提供个性化的服务就是使客人获得超出预期的服务。

(四)关注安全隐患,防范未知风险

在现场管理中督导第一时间处理客人的异常情况,督导通过对情况的判断和初步处理起到保护客人生命和财产的安全以及维护酒店的安全运营秩序。同时通过督导的现场安全管理带给客人内紧外松的舒适的安全环境。

二、现场服务的方法和技巧

(一)现场检查

在客房所有的对客服务中,督导除了检查设备、卫生,更要在服务的现场督导和检查员工是否遵照酒店的规范为客人提供标准的服务,解决员工在对客服务过程中出现的问题,避免差错和投诉。

1.检查常规服务中容易出错的环节

在所有常规对客服务的环节中为了不出现差错,督导在检查中会对服务中涉及的各环节进行核查。如酒水服务,督导在查住房时如果发现房间缺少收费的酒水等物品,但服务员未填酒水单,此时应询问员工,如果确认为客人使用,应要求服务员记录在报表上形成收费记录并填单,然后及时补充。客房酒水检查项目和检查内容如表9-6所示。

表 9-6 客房酒水检查表

检查项目	检查内容
检查酒水	检查各类住房、走房、空房、维修房的酒水品种、数量和完好情况,特别是封口或包装是否完好
	检查酒水是否在规定保质期内
	检查非本班次走房的酒水是否正常,如果出现问题督导应及时处理
检查酒水单	检查服务员填写的酒水单是否正确,包括酒水的名称、数量、日期和客人实际使用是否相符
检查补入	根据服务员交付督导一联酒水单发出酒水,检查服务员是否补充到位
	检查核对收费酒水和物品的入账情况
	汇总酒水单交酒水负责人核对,做好交班记录
	定期申领酒水补足班组备用量

2.检查常规服务的关键环节

在常规服务中,督导要重点检查服务员对客服务的一些关键环节,这些环节一般是对客人体验服务影响较大的关键点或者检查员工操作是否规范的关键点。

客房常规服务检查项目和检查关键点如表9-7所示。

表 9-7 客房常规服务检查项目和检查关键点

检查项目	检查关键点
收洗客衣	服务员在规定时间检查住房是否有客衣需要送洗并按规范收取
	检查服务员是否按规范填写洗衣单和认真检查衣物
勿扰房	检查服务员在工作过程中是否有噪声,是否违反规定打扰到客人

续表

检查项目	检查关键点
遗留物品	检查服务员是否按规范报告客人遗留物品,在隐蔽位置的遗留物品是否有补报
	检查服务员是否按规范在指定位置保管和在规定时间上交客人的遗留物品

(二)现场判断

客房督导在对客服务过程中还要依据对服务流程的正确掌握和工作经验的积累,如对服务员无法判断或者特殊客情做出准确的判断。督导需现场判断的服务情境举例如表9-8所示。

表9-8 督导需现场判断的服务情境举例

服务情境	判断内容
客人未填洗衣单的判断 (放在洗衣袋中但未填写洗衣单)	①挂在门后或放在行李柜、办公桌上、床铺上等显眼位置的可以送洗(如旅游团需联系导游询问客人)。 ②客人用洗衣袋装好的脏衣服并放空白的洗衣单可以协助客人填单送洗。 ③长住客人或熟客有送洗客衣习惯的可以送洗。 ④无法判断的请大堂副理联系询问客人
勿扰房是否清洁的判断 (勿扰房原则上不打扫)	①散客房:只亮勿扰灯,但房间明显有送洗的衣物或者房间比较脏等情况,通过前台联系客人了解是否需要打扫卫生。 ②团队房:亮勿扰灯无明显异常可判断是客人误开启勿扰灯,通知服务员清洁并关闭勿扰灯,并将入房检查的时间和结果在报表上注明

(三)现场处理

客房督导在常规服务的流程中也承担着在关键环节直接为客人服务的重要作用,具体流程如下(表9-9)。

表9-9 客房督导常规服务的流程

服务项目	操作流程
叫醒服务 (勿扰房的人工叫醒环节)	①服务员接到人工叫醒指令到达房间,如发现房间挂勿扰,立即报告督导和大堂副理,由大堂副理和楼层督导一起进入房间叫醒客人。 ②根据客人的登记记录安排同性别的楼层督导进入房间叫醒客人。 ③楼层督导应按规范进入房间,如发现客人仍在熟睡,立刻退至门口,继续敲门及报"house keeping",可适当放大声量。仍无法叫醒客人时,走近客人,保持适当距离,轻轻推动客人的肩膀位置,同时说:"先生/小姐,现在是叫醒服务的时间。"把客人叫醒后,应主动道歉,做好解释,退出房间

续表

服务项目	操作流程
贵重物品	贵重物品处理：服务员查房发现贵重物品或现金，立刻通知督导和大堂副理到场处理，由大堂副理和督导及保安当值共同确认房间的遗留物品并由大堂副理联系客人
遗留物品	①记录遗留物品：服务员在规定时间将遗留物品交督导统一保管；督导应检查员工填写的遗留物品表是否完整、规范，结合服务中心记录核对遗留物品，填写遗留物品登记本。 ②整理遗留物品：需要冷冻的食品应和遗留物品表一起存放在冰箱内；衣物送洗后妥当保管；液体应密封保管；全部整理完毕后交保管员保管

（四）超出客人预期的服务

为了提升客人对客房服务的良好体验，为向客人提供超出预期的优质服务，提供个性化服务是最有效的法宝，客房督导在个性化服务中起到至关重要的作用。以下将对重要客人的服务和对客个性化服务的方法进行介绍。

1.对重要客人的服务

在对重要客人的服务中，督导需要组织好班组员工，为客人带来酒店最优质的服务，督导对重要客人的服务流程如表9-10所示。

延展阅读

迪士尼体验

表9-10 对重要客人的服务流程

服务流程	内 容
接待前准备	①了解信息：了解重要客人信息，抵离店时间、接待对象、接待等级及特殊要求等。 ②制订计划：制定接待方案，以书面形式通知相关人员。 ③检查房间：由督导安排服务员对重要客人房间进行全面卫生清洁，仔细查房，严格按照接待要求和客人习惯布置房间，落实对各级管理人员查房发现的问题进行返工，对房间进行最后一次检查后禁止无关人员进入
迎接重要客人	①组成迎接队伍，精神饱满、仪态端庄、仪表整洁，在规定时间恭候客人。 ②客人抵达楼层时，热情迎接，称呼客人姓氏及头衔，引领客人先进房间。 ③送上香巾、茶水，询问客人或随行人员是否有其他服务需求，告之服务电话号码，礼貌向客人道别
在住服务	①根据客人日程安排，员工提供小整理服务。 ②提供重要客人在住期间所有服务，准确无差错。 ③细心留意客人的个性需求，提供优质服务。 ④掌握客人的离店日期及时间，主动提供退房前的相应服务
送别客人	送行队伍提前到达恭候客人，快速检查客人是否有遗留物品，若有应及时交还

2.对客个性化服务

在日常对客服务中客人的需求是多种多样、各不相同的，酒店客房常规的标准化服务很难达到超出客人预期的要求，也有很多客人的需求并未直接提出，我们可以通过观察，主动向客人提供个性化服务（表 9-11）。

表 9-11　客房个性化服务内容

方　法	服　务　内　容
学会观察	①根据客人行李、物品提供个性化的服务。 ②根据客人生活习惯、作息提供恰当的服务
记录客人的习惯并落实	①对于酒店的常熟客人群体，应重视客人，注意收集信息，根据客人的习惯提供个性化服务。 ②做好客人档案的记录和汇总，在每次客人入住前先查看档案，按照客人的习惯提前布置好房间；对客史档案不断进行更新

（五）安全现场服务

安全现场服务是督导现场管理最重要的工作内容。服务员及时将出现的异常情况报告督导，或是督导在检查中发现异常情况时，首先对异常情况做出初步判断再进行上报和记录。督导的处理流程如下。

（1）发现或接到异常情况的汇报，第一时间到达现场。

（2）根据实际情况做出处理，包括现场察看、保护现场、通知相关人员到场处理。

（3）书面记录异常情况，填写客房异常情况报告表交大堂副理进行处理并每天两次交高级督导汇总。

客房异常情况及处理方法如表 9-12 所示。

表 9-12　客房异常情况及处理方法

异　常　情　况	处　理　方　法
外宿无行李或少行李	如房间只有行李箱，需摇动检查是否为空箱，如果客人外宿、房间有极少量行李、有房匙，一般情况客人已经离店，督导需要立刻通知前台
登记与实际情况不符	通知大堂副理
住房未关门	客人在房，提醒客人关好房门，在报表上记录；客人在房（睡眠状态），现场通知大堂副理，由大堂副理决定是否叫醒客人；客人不在房，通知大堂副理到场并协助处理，如果发现房间内有异常，直接报告大堂副理并注意保护好现场
超过二十四小时勿扰房	服务员和督导一起到房间检查，确保客人安全
房间有贵重物品或大量现金	停止员工操作，通知大堂副理并在现场等候
房间有危险品或易燃品	通知大堂副理和当值保安到现场并对房间进行仔细检查，将易燃品移至安全区域，由大堂副理联系客人
房间有可疑现象	应保持镇定，及时通知大堂副理和保安部，根据实际情况在现场应对直至大堂副理到达现场

三、数字化的服务质量分析管理

(一)通过信息化做好对客服务

1. 信息收集和汇总

1)信息收集方法

多次入住酒店的客人是常熟客人群体,是酒店宝贵的资源,因为他们是稳定地为酒店做出巨大贡献的群体。他们的需求显示出多样性,在住期间需要解决的问题也会比较多,他们的需求大多是要求有稳定的服务质量、舒适的居住环境和高质量的配套服务,因此收集客人的信息就显得尤为重要。客房督导可以通过观察客人的生活习惯收集最基础的个性化服务信息,通过沟通了解客人的意见,包括和客人交谈、获取大堂副理或者管家通知的信息等,通过在客人房间放留言本方便客人交办一些事项,也可以添加客人微信,方便客人将需求迅速通知服务人员。督导将收集到的信息录入客史档案中备查。

对客人提出的要求或者意见及时落实解决,客人多次入住不可能每次都住得满意,对提出的设备问题、服务质量问题都要由楼层督导及时解决。

客人信息的收集就是一个数据收集的过程,可以表 9-13 为例来填写。

表 9-13 客人在住信息表

客人姓名	入住日期	查房习惯	回访意见	送行记录

做好数据收集,就可以进行数据整合,如建立客史档案表(表 9-14)。

表 9-14 客史档案表

客人姓名		性别		籍贯	
房价		身份证号			
出生日期		手机			
客人习惯	房间朝向和房号				
	房间布置和要求				
	饮食习惯				
	卫生习惯				
	其他习惯				
	鲜花、水果要求				
	性格特征				

续表

特殊事件： 生日： 结婚纪念日： 其他纪念日：	客人爱好：	消费场所：中餐厅、西餐厅、咖啡厅、酒吧…… 其他：
客人意见、投诉处理		
建档日期：		

2）做好客人信息的更新

在每次客人入住前先查看客人历史信息，按照客人的习惯提前布置好房间；每次客人入住都会有不同的问题，需要对客史信息不断进行更新，在记录客史时应分辨哪些是客人真正的习惯，哪些不是。如酒店常客高小姐最早的客史档案是详细检查房间设备和地毯，随着入住次数的增加客史档案的内容也逐步丰富起来。

高小姐在一次入住时肚子不舒服，细心的小智为高小姐准备了一个热水袋，被记录在客史档案中，还有一次高小姐投诉隔壁太吵影响她休息，客人需要安静的环境也被记录进档案，但应注意客人真正的习惯是需要安静的环境，而送热水袋只是客人某一次的特殊需要。

3）信息的整理和汇总

收集的客史资料由督导及时输入电脑系统，资料包括客人的喜好、习惯、特殊要求乃至曾经的意见或者投诉内容。建立客史档案管理，所有客人信息资料建档，形成文件定期整理。

2. 将收集的客人信息作为制定规范的依据

督导通过收集在对客服务过程中客人提出的意见帮助部门制定更符合客人需求的服务规范和流程。如在制定服务员检查客衣时间时，具体安排在上午10:00或是11:00还是12:00，这就要靠收集客人的意见和分析客人的类型综合决定，商务型酒店服务员检查客衣的时间可以不用太晚，还可以考虑在周末调整检查时间，这样制定出来的制度才最符合客人的需求特点。

根据客人信息整理进行分析最后做出决策，参照表9-15整合信息。

表 9-15 每周客人意见表

客人姓名	入住日期	客人意见	反馈情况	整改情况

比如部门在制定勿扰制度时，一些酒店规定下午3:00应致电勿扰房询问客人是否需要打扫，经过执行过程中对勿扰房的服务信息的汇总，一些酒店为了客人的安全，增加了超过二十四小时的勿扰的检查规定。

（二）通过数字化运用做好酒水管理

客房督导除检查员工执行酒水服务规范和检查房间酒水情况外，还要做好内部酒水的管理，通过对酒水的储存、领用、检查、盘点，做到严格遵守酒店的内部管理制度。

根据各品种的销售情况，设定最高和最低库存量。当某一品种低于最低库存量时，应及时安排进货。

领用流程及做法如表 9-16 所示。

表 9-16 领用流程及做法

流 程	做 法
申领	填写订货通知单，注明所订酒水的品种及数量，由经理签名
进货	检查保质期，并及时记录
结存记录	每日必须对酒水的进货、销售、报损等事项如实记录，并算出结存量。具体公式： 上期结存＋本期进货－本期销售－本期报损＝期末结存

（1）检查保质期。

每月在规定时间统计酒水期限，使用统一的酒水期限统计表做好酒水生产日期的登记，安排服务员在指定时间统一更换到期酒水。交给管理员与酒水供货商更换。

（2）盘点。

每月末应填制酒水月份结存报告，统计进货、销售、报损量。

期末结存＝上期结存＋本期入库－本期销售－本期报损

酒水月份结存报告填制完毕后，交部门经理审批。

任务思考

活动目的：学生分组分析 2021 年客房楼层班组因为员工工作差错造成的客人投诉，通过数字化思维给出解决的办法。

活动要求：学生分为各个小组，运用日常所学的客房服务规范进行分析，所有学生都参与讨论，给出解决问题的方案和建议。

活动步骤：

1. 分组：

将学生按学号分组或自动分组。

2. 案例讨论：

项目	遗留物品	遗失	不按规范敲门
宗数	3	1	1

2021 年的客人投诉中因为服务员工作差错造成客人投诉的共 5 宗。其中 3 宗为遗留物品，有查房不仔细没有发现遗留物品的，有擅自判断后扔掉遗留物品的，还有违规不上报或未在规定时间上交遗留物品导致丢失的；1 宗为遗失，客人找不到自己的香水，认为被服务员扔掉；1 宗为未按规范敲门，服务员直接开门进入客人房间被客人严重投诉。

3.分析解决:

各组根据以上材料通过数字化思维进行案例分析,作为客房督导怎样才能减少员工工作差错,避免客人投诉。

活动评价:

组别_____ 姓名_____

项目	分值	扣分	得分
分析要点	40		
结论准确	40		
团队合作	20		
总分	100		

小组考核:_____

教师考核:_____

任务三　掌握动态排班的技巧

 任务引入

小智晋升为客房督导后,最令她头疼的就是每天的楼层服务员排班工作。原本夜班督导是下午5:30上班,为了排好班次,小智下午3:00就赶到酒店,对照第二天的预订情况开始预排班。可是第二天早上还是有服务员生气地来找小智,问为什么她没有安排在原来的固定楼层,这样不公平！日班督导也打电话反映帮忙清洁客房的服务员安排不合理,小智的排班表被一改再改,工作非常被动。

请同学们带着下面问题进入本任务的学习:

1.在开房高峰,人员紧张的常态下,督导应该怎样合理排班?

2.如何将数字化思维应用到员工排班工作中?

一、动态排班的意义

(一)合理排班是有效控制酒店人工成本的基础

首先,合理排班可以有效节约人力成本。客房部最核心的楼层班组的人力安排是精确计算工作量的动态排班制度,是由客房本身标准化的特性决定的。在人力成本占据酒店总成本的比重越来越大的情况下,数字化的精确排班就是酒店节约人力成本的基本保障。

其次,合理排班可以减轻招聘压力。酒店中最难招聘的工作岗位就是客房服务员,因为对客房服务员的要求是既能吃苦耐劳,又能掌握工作技能,还能为客人提供优质服务。合理的排班能够缓解酒店招工难的行业难题。

(二)合理排班是客房平稳运行的基本保障

客房部每天的工作量是随着开房率的变化而明显变化的,每天部门的运作是从合理的排班开始的,任何一个员工对排班产生意见都会影响楼层卫生和服务工作的正常秩序,如果员工情绪出现波动会严重影响客房产品的质量,对督导的检查和管理工作也会带来困难。

(三)合理排班是稳定员工队伍的重要因素

首先,合理排班可以提高员工的收入。各酒店都在努力控制人力成本,因此酒店客房部员工配置基本上都要低于酒店年平均客房出租率相应的员工配置标准。酒店客房的特点是标准化,因此客房员工工作可以采用计件的形式来安排,这种形式对员工来说就是多劳多得,督导合理的排班可以提高员工的工作积极性,员工多计件既可以提高自身收入又可以降低酒店成本,是双赢的形式。

其次,合理排班可以使员工保持良好的工作情绪。客房楼层员工的工作强度较大,员工在日常工作中存在对工作量安排较为敏感和习惯固定做法的特点,因此员工最关注的是每天督导对自己的工作安排还有和其他同事对比后的感觉,客房的排班是动态排班,只有排班合理、符合排班原则才可以使员工在每一天的开始带着良好的情绪工作。

最后,合理排班可以减少人员流失。客房督导要保持公平的工作环境,在排班过程中安排岗位应合理,不厚此薄彼,执行统一的排班原则,这样员工就能感受酒店公平的工作环境,能有一个稳定的工作状态,减少一线员工的流失同时还会提高工作质量和效率。

二、动态排班方法

每日客房楼层的排班是客房督导的重要工作,也是一个需要技巧和经验积累才能处理得较为恰当的工作。在楼层的排班中首要具备的是数字化思维,在排班过程中只有以数据做依据才能确保班次科学安排。

(一)排班的标准和原则

1. 制定工作量化标准

一般,酒店的规模主要是根据客房的数量划分,客房的数量也是配备服务人员数量的主要参考依据。结合当天的开房数动态安排当天的岗位和上岗人数。每天开房数的不同决定了客房楼层属于动态排班,要想排好班首先应核定员工的单位标准工作量和员工每天的工作定额。

(1)核定员工单位标准工作量的方法。

将酒店数量最多的一种房型作为单位标准房,其他不同房型工作量的大小可以依据与标准房的差别核定,如标准房计 1 间,同样配置的一房一厅的套房可计为 1.5 间,豪华配置的一房一厅因房间配置设施、物品多、房间面积更大可计为 2 间。

(2)核定员工每天工作定额的方法。

以 7 小时有效工作时间除以一名熟练员工平均清洁一间标准房的时间即可得到一名员工一天可清洁的房间总数,即

$$标准工作量 = \frac{总有效工作时间}{单间标准房清洁时间}$$

例如:如某酒店主要的房类是标准单人房/双人房,算作 1 个单位标准房,员工平均清洁一间标准房为 30 分钟,即 7 小时÷0.5 小时/间=14 间,也就是服务员每天的工作量为 14 间标准房(住、走房)。

2. 坚持公平排班的原则

动态排班要坚持公平的总原则,应制定好排房规定并向员工公布,即对常见开房情况的排房方法逐一做好规定,排班的督导统一执行。

如果每个区域的房型(对应着工作量)相对统一可采取固定岗位的方式排班,固定岗位的优点是员工做房责任心强,督导容易进行班组建设,安全性高。

如果不同区域房型变化大(对应工作量变化大)可采取岗位定期轮换的方式排班,比如同样是标准房,但全层都是大床房和全层都是双床房实际的工作量是不同的,长期固定岗位、相同房间数量员工就会感觉不公平,采取轮岗就会相对公平。

(二)量化排班方法

先核定好员工的工作定额,由于酒店每天的开房数都有不同,督导排班必须根据开房数和实际上岗员工数、根据每天的工作定额(如 14 间/人/天的定额),将所有住、走房的清洁工作合理分派。每间房都应有相应负责的员工和督导,为做到精准的量化排班,督导排班可以分两次,第一次排班由晚班督导在预订相对稳定的时间点第一次排班,安排好第二天上班的员工岗位和计算做房数,发出第一份排班表。由于通宵班的开房变化,第二次排班在次日清晨,在日班员工上班前准确计算做房数,做到每位员工达到工作定额(如 14 间房或相当于 14 间房的工作量)发出当天班表。

在实际排班中除了安排每天工作定额,如 14 间房以外,督导还应该注意影响员工工作量的其他因素,如本区域开房数不足 14 间,如果跨区域要考虑合理安排跨区域的房间量;如本区域客人退房均太晚,而新的住客即将入住应随时动态合理调整;如除了计算好报表上的住、走房还要考虑维修房、洗地毯房复原的工作量;如本区域内有重点房需要多次打扫也需要合理计算员工的工作量。

员工的工休最好相对固定,如遇特殊情况需要员工停休,需由督导根据客房预订情况提前通知。客房员工因为每天劳动强度大,尤其在开房高峰、在员工计件的情况下,必须每周确保安排员工至少休息一天,如果本周实在无法安排则可以在下周初先安排休息。

(三)人员不足时的排班方法

1. 计件法

计件是员工合格地完成一间客房的清扫即可获取相应报酬的一种劳动形式。一般酒店的计件有两种形式,一种是直接计件,另一种是超定额计件。

1)参与计件人员

计件人员包括做房熟练的客房服务员、酒店指定的符合计件条件的其他部门员工、经过考核的酒店固定劳务员工。

2)计件的计算方法

$$月度计件总数 \leqslant 全月开房总数 - 做房员工总数 \times 应出勤天数$$
$$\times 每天工作定额数(不同定额单独计算) + 换房数$$
$$当天计件数 \leqslant 昨天总开房数 - 全体员工(含停休)$$
$$\times 每天工作定额数(不同定额单独计算)$$

3)计件的具体做法

将需要计件的房间合理准确地分配给相应员工,在报表上记录员工的做房数,当天员工下班前需当面核对每名员工当天实际做房数和计件房数,每间住、走房只计一次,钟点房、换房、参观房根据实际客人使用的情况由督导判断工作量核算计件。如月度计件则累计全月员工实际计件数,该数字必须小于等于月度计件总数。当天计件必须满足全员停休和该时间段的开房数超过员工应做房数的条件。

2.临时欠卫生排班

这是一种非常规排班法。正常情况下督导安排工作的总原则是将当天所有住、走房全部安排员工完成打扫,而临时欠卫生房是在人员严重缺乏的时候,在短时间内有开房高峰和开房较低的周期情况下,在开房较低的当天适当对某类房间临时不打扫卫生同时不影响客房经营,这就叫作临时欠卫生排班。

安排临时不打扫的房间必须由督导指定房号或者房类,因此督导要依靠数据化的管理手段,即清晰掌握这一周期的客房预订情况,掌握客源结构,根据时间不同决定不打扫卫生的房间种类和数量。例如,某酒店是商务型酒店,开房的周期特点是周一至周五以商务散客为主,本周五和周六酒店接待了一个大型会议,全周客房都处在满负荷状态,到周日的时候客房督导就可以根据预订当天对会议退房量大的双床房适当控欠卫生,而保证酒店仍有足够数量的大床房可以开给商务散客。在选择不打扫卫生的区域时,督导要依据客房报表,以及住、走房的数量,尽量选择走房多的楼层,这样可以减少服务员跨楼层工作的情况,减少员工跑动的劳动量。

三、数字化动态排班方法

小智所在的酒店有378间房,楼层服务员18名,其中日班员工15人,夜班员工3人,2021年12月15日至2021年12月17日该酒店每天开房数分别为240间、274间和229间(表9-17),客房督导小智怎样在员工数量不足的情况下完成客房清洁工作的分配,既合理安排员工的工作又节约酒店的人力开支呢?

(一)排班表

一般,客房排班表分动态班表和固定班表。动态班表根据每天的开房情况安排,可以在前一天晚上7:00—8:00开房情况相对准确的时候预排,主要作用是安排员工停休或者补休,提前让员工了解,做好个人安排。在第二天早班员工上班前排好实际当天班表,作用是将当天楼层所有工作合理安排给每个当班员工。固定班表的内容是所有员工的休息日。

(二)排班和计件

上述案例中,2021年12月15日当天开房240间,当天计件清洁房为41间,客房督导小智提前一天通知所有休息的员工于12月15日需要停休和参加计件。这样的排班合理吗?

首先,12月15日开房240间,除1位员工事假外,上岗17位员工,其中有14位日班员工。如果按照理论计算日班上岗14人,每人做房14间,应做房196间,当天计件清洁房41间,理论可以完成的清洁房总数是237间。但在实际工作中,考虑个别员工有跨楼层的工作量,所以员工实际完成客房清洁数量会小于理论完成的清洁房数量。

其次,在实际工作中还会出现客人要求晚班打扫或者勿扰不打扫的情况(这些房间由员工报告),即勿扰6间,这些房间就要从员工的做房数里减掉。假设案例中去除所有因素后,最终需要做的实际数量为236间,而当天勿扰房有6间,应从员工做房数中剔除。因此,小智的班次安排是合理的。另外安排员工暂时停休,可以有效减少酒店计件的开支。

表 9-17(a)　楼层员工12月15日做房统计表

日期	钟点房	2	自用房	0	开房总数	240
12月15日	换房				合计	242
序号	员工姓名	应做房数	计件房数	备注		员工签名
1	小郑	事假				
2	小曾	13	2			
3	小陈	14	3			
4	小杜	14	4			
5	小周	14	1			
6	小程	14	2			
7	小辛	14	3			
8	小林	14	4			
9	小章	14	3			
10	小高	14	2			
11	小陈	14	3			
12	小申	14	4			
13	小郑	14	3			
14	小吴	14	3			
15	小周	14	4			
16	小裴	夜班				
17	小汤	夜班				
18	小陈	夜班				
员工应做房总数		195		员工计件数		41
外部门计件数		0		劳务计件数		0
合计		236		备注		勿扰6间
当值主管				部门经理		

表 9-17(b)　楼层员工 12 月 16 日做房统计表

日期	钟点房	2	自用房	0	开房总数	274
12月16日	换房				合计	276
序号	员工姓名	应做房数	计件房数	备注		员工签名
1	小郑	14	2			
2	小曾	14	2			
3	小陈	14	3			
4	小杜	14	2			
5	小周	14	3			
6	小程	14	2			
7	小辛	14	3			
8	小林	14	2			
9	小章	14	3			
10	小高	14	4			
11	小陈	13	3			
12	小申	14	2			
13	小郑	14	3			
14	小吴	14	3			
15	小周	14	3			
16	小裴	夜班				
17	小汤	14				
18	小陈	夜班 1				
员工应做房总数		223		员工计件数		40
外部门计件数		0		劳务计件数		0
合计		263		备注		控 8 间,勿扰 5 间
当值主管				部门经理		

表 9-17(c)　楼层员工 12 月 17 日做房统计表

日期	钟点房	0	自用房	0	开房总数	229
12月17日	换房				合计	229＋8
序号	员工姓名	应做房数	计件房数	备注		员工签名
1	小郑	14	0			
2	小曾	14	0			
3	小陈	14	0			
4	小杜	13	0			
5	小周	14	0			

续表

序号	员工姓名	应做房数	计件房数	备注	员工签名
6	小程	14	0		
7	小辛	14	0		
8	小林	14	0		
9	小章	14	0		
10	小高	14	0		
11	小陈	13	0		
12	小申	14	0		
13	小郑	休息	0		
14	小吴	14	0		
15	小周	13	0		
16	小裴	14			
17	小汤	夜班 1			
18	小陈	夜班 2			
员工应做房总数		207	员工计件数		0
外部门计件数		0	劳务计件数		0
合计		207	备注		临时欠卫生,勿扰 3 间
当值主管			部门经理		

(三)计件和临时欠卫生

督导在做员工排班安排时,不仅要关注当天客房出租情况,还要关注未来两日客房预订情况。上述案例中,假设 16 日控维修房不打扫卫生客房为 8 间。17 日开房 229 间,实际应做房数 237 间,其中有 8 间房是 16 日未打扫。督导在做 17 日排班安排时,需要提前关注 18 日、19 日的客房预订情况,如果这两日客房预订率较低,则可以采取 17 日暂不安排员工打扫卫生,只安排撤去房间脏布草和垃圾,待 18 日、19 日开房不高时逐步安排打扫卫生,这样不仅可以提高清洁房间效率,而且 17 日当天可以不产生计件房,因此能够有效降低酒店的开支。

上述案例就是利用数字化思维对楼层所有做房数据进行统计分析,把原来模糊的数字变得清晰、可衡量,为合理用工安排提供依据。

(四)注意事项

1. 坚持公平原则

为防止因督导主观意识影响,而让员工产生不公平的感受,客房部应制定动态排班规则。督导在日常排班时要坚持执行已规定的制度,不能因为员工个人的意见而随意妥协。

2. 合理设置计件上限

为保证员工做房质量和员工的体力,计件应根据酒店客房的实际情况设上限,不是越多越好。优先对平时做房合格率高的员工进行计件,既能保证计件房间的卫生质量又可以鼓励卫生质量合格率高的员工。

3. 临时欠卫生规定

欠卫生房必须满足以下几个条件:①不影响当天的客房经营;②有必须安排员工有序休息的需要;③根据实际开房情况有限度地控制。欠卫生的房间应安排员工撤走脏布草和垃圾,在员工下班前督导必须逐一核对欠卫生的房号,在电脑系统中标注清楚维修原因是欠卫生,同时做好书面交班,第二天安排清洁。

  任务思考

小组讨论做到公平的排班应该注意哪些因素?

任务四　学会物料管理

  任务引入

客房部财产和物资的管理在酒店各部门里是范围最大、品种最多且管理最复杂的,因此,客房督导需要具备数字化管理思维和专业的仓库管理知识。督导小智通过一段时间的学习,已经基本掌握了仓库管理的核心要点。在日常工作中,她对所有财产、物资坚持分类管理,先进先出,标识齐全,台账清晰。为了方便员工领用,节省时间,她还将仓库按位置进行了调整,把日常使用的物资存放在离楼层区域近的仓库,定期存取的物资存放在距离较远的仓库。在她的努力下,整个部门的财产被管理得井井有条。小智也成为部门员工都敬重的好管家。

请同学们带着下面问题进入本任务的学习:

1. 客房易耗品应该如何管控?
2. 客房物资盘点的注意事项有哪些?
3. 怎样做到节能降耗?

一、客房物料管理的意义

(一)有效管理和控制客房日常费用

客房的物料主要分为固定物资、周转性物品和消耗性物品。本部分主要介绍客房周转性物品和消耗性用品的管理。消耗性用品包括客用易耗品和常用清洁用品:客用易耗品主要有酒店的"六小件",如牙具、梳子、三液(洗发液和护发素、沐浴露、护肤露)、护理套装、针线包、小香皂,以及一次性拖鞋、文具类用品、宣传品等;常用清洁用品主要是员工日常使用的各类清洁剂和清洁工具。客用易耗品为客人住店带来方便,清洁用品是员工清洁客房的主要物料,所以使用数量较大,虽然这些易耗品在单价上都属于低值用品,但是每天十几位甚至几十位员工上岗,日积月累,如果没有精细化的管理制度和环保观念的树立,物耗费用就会居高不下,所以客房督导特别要对此做好管理和控制,才能降低客房的费用。

(二)树立环保的意识,保护环境

客房的员工和督导在认知上应当树立节约使用易耗性用品就是保护环境的观念,这不仅仅是为酒店节约费用,更是一种社会责任和义务。客用易耗品都是一次性使用的物品,大部分是塑料用品,丢弃后会污染环境,因此应尽量减少使用一次性塑料用品。服务员使用的清洁剂也会污染水源,因此加强对客房物耗的管理就是保护环境。同时树立节约的工作习惯也可以起到保护环境的作用,如员工在清洁房间时能按照规范关闭灯光、电器开关,在清洁卫生间时节约用水,督导在巡查公区时及时调整灯光,检查员工的节能操作,客房制定不同季节的节能措施,都有利于环保。

二、数字化易耗品管理

本部分从周转性物品和消耗性物品的计划领用流程、使用统计流程和仓库管理流程进行介绍,通过对数据的分析掌握督导有效管理和使用物料的方法。

(一)制订计划和领用

(1)仓库督导根据客房每个月开房率的规律和已知客房预订情况做好预测,结合库存量按预测使用量的1.1~1.2倍提前制订月度物资领用计划报批。

(2)楼层督导根据实际库存量提前两天填写物品申领表向仓库申领,由督导签名,一式两联分别由班组督导、仓库督导存查。

(3)仓库督导严格控制消耗性物品的发放,防止走漏。仓库督导对物品领用、发放要办理凭单记账的手续。仓库领进物品凭"查存联"的编号、名称、数量、单价、金额登记台账,做到"一领一发一记账",确保账物相符。

(4)仓管员根据楼层督导填写的物品申领表,按照指定时间和地点送货。

(二)使用和统计分析

(1)督导每日根据员工记录的易耗品的实际使用数量,填写低值物品统计表统计全班组当天消耗性物品使用量;每周开房率与耗用情况的走势应该基本一致;每月仓库领用与班组耗用的金额应基本一致。

(2)客房低值易耗品的使用量不是越少越好,每个酒店根据长期实际使用的数据测算出每间房的平均耗用量,计算方法是全年低值易耗品的总费用除以总开房数,如果房类不同,配置用品差距大可以计算几个平均耗用量。只要客房督导对本班组的客用品耗用量与平均耗用数基本持平即达标。因为物耗控制真正控制的是浪费的行为和员工使用客用品的行为,而不是一味地减少易耗品的用量,这样很有可能导致员工为了达到减少耗用的目的而损害客人的利益。

(三)仓库管理

首先,物料进仓后要分类摆放,仓库的货架分区、排、架摆放物料,要固定,文字标识要清楚,所有物料固定摆放。注意货架上的物料离天花板的距离不能小于 10 厘米,同时货架底部离地面的距离不小于 10 厘米。仓库台账清楚准确。

其次,各班组要设一个低值易耗物品贮藏间,由督导负责管理,并按规范建立楼层三级仓库台账,做到维持最小库存、先进先出。

最后,仓库可以每十天对易耗品进行小盘点,填写物资报表,每月最后一天对仓库所有物品进行盘点,填写月度盘点报表,一式二联分别由仓库、部门经理存查。各班组的仓库每月盘点一次。

三、数字化物耗分析

客房部在做物耗统计时会统计三份数据:①客房部各班组每日低值物品耗用统计表,这是客房部各楼层当日实际的物耗;②客房部月度物品耗用统计表,这是客房部当月实际使用的物耗总额;③客房部月度物品领用统计表,这是酒店统计客房部当月申领的物料消耗的总额。客房督导通过这些数字控制班组的物耗。

在三张报表中最能直接反映部门物耗的数据就是客房部月度物品耗用统计表,其作用是准确反映客房物品耗用的情况和控制好楼层三级仓库的存量。这是直接通过楼层员工报表体现出来的。

表 9-18 客房部各班组每日低值物品耗用统计表

20××年　　月　　日

班组:

岗位 品种 单价	房间数		须刨	梳子	牙刷	小香皂	洗浴液	洗发液	护肤液	新浴帽	擦手纸	卷纸	礼品袋	蒸馏水	包头拖鞋	二次拖鞋	护理套	针线包	卫生袋		
	住房	走房																			
—F																					
—F																					
—F																					
—F																					
数量合计																					
金额合计																					

表 9-19　客房部月度物品耗用统计表

品种	A 班组		B 班组		C 班组		D 班组		E 班组		五星小计		
	数量	金额	数量	金额	数量	金额	数量	金额	数量	金额	数量	单价	金额
牙刷													
梳子													
洗浴液													
洗发液													
护肤液													
大香皂													
护理套													
浴帽													
须刨													
针线包													
手纸													
卷纸													
卫生袋													
包头拖鞋													
蒸馏水													
各班组领用金额													
总金额													
各班组开房数量													
间天消耗量													

表 9-20　客房部月度物品领用统计表

品种	A 班组		B 班组		C 班组		D 班组		E 班组		五星小计		
	数量	金额	数量	金额	数量	金额	数量	金额	数量	金额	数量	单价	金额
牙刷													
梳子													
洗浴液													
洗发液													
护肤液													
大香皂													
护理套													

续表

品种	A班组		B班组		C班组		D班组		E班组		五星小计		
	数量	金额	数量	金额	数量	金额	数量	金额	数量	金额	数量	单价	金额
浴帽													
须刨													
针线包													
手纸													
卷纸													
卫生袋													
包头拖鞋													
蒸馏水													
各班组领用金额													
总金额													
各班组开房数量													
间天消耗量													

下面以表 9-21、表 9-22 为例，分析该酒店的物耗管理情况。表 9-21 中，8 月份耗用金额为 72578 元，平均每间耗用为 8.98 元。8 月份单间耗用金额高于 7 月份，而 8 月份开房数低于 7 月份，7 月份单间平均耗用为 8.01 元，可以看出 7 月份物耗控制比 8 月份做得好。

表 9-21 客房物耗（领用和耗用）统计

项　　目	领用金额/元	耗用金额/元	开房数/间	单间平均耗用/元	酒店预算指标/(元/间)
8 月	41370	72578	8077	8.98	9
7 月	44689	69817	8718	8.01	9
同比 8 月	53242	61157	7891	7.75	8

为什么 7 月份单间物耗相对于 8 月份来说减少了？

分析表 9-22 发现，耗用量差额最大的三种物品分别是蒸馏水、拖鞋和牙刷，而对比其他物品的使用基本持平或 8 月份略有下降，经过对客人结构的分析发现，7 月份酒店接到了几个入住 3 天以上的会议团，会议客人在住的天数多，使 7 月份住房数比 8 月份高，客房的拖鞋和牙刷使用量有一定下降，拖鞋减少 3034 元，牙刷减少 2970 元，所以 7 月份的单间物耗较 8 月份少。

表 9-22　客房部分易耗品对比

项目	蒸馏水	拖鞋	牙刷	三液	卷纸/手纸	梳子	大香皂	护理套装
8月	10488	20942元	14520元	9608元	8383元	2884元	2187元	2566元
7月	12053	17908元	11550元	10080元	8844元	2247元	2160元	2598元
同比8月	10737	19285元	9404元	5329元	8775元	2150元	2100元	2305元

分析每个月的耗用量结合楼层的领用情况也可以了解楼层三级仓库的库存。楼层三级仓库的库存应该越少越好，只要仓管员根据楼层的申领计划及时送货即可。楼层三级仓库的库存过多容易出现使用浪费、储存损耗、容易流失等问题。

任务思考

1. 客房易耗品的耗用量是不是控制得越少越好，为什么？
2. 客房楼层三级仓库保持怎样的库存较合理，为什么？

项目小结

本项目主要讲述的是客房督导进行日常工作检查的要点、现场管理的内容和方法、动态排班原则和技巧、物料管理与节能环保的注意事项。帮助学生初步了解酒店客房部督导的日常管理实务，掌握运营管理的基本知识和方法，在现场管理中能够正确运用处理异常情况的措施和技巧，以及通过数字化思维进行分析和决策的基本能力。

项目训练

1. 简述客房检查的主要内容。
2. 如何处理客人将衣服放在洗衣袋却未填写洗衣单的情况？
3. 客房督导遇到异常情况的处理流程是什么？
4. 一家酒店客房楼层服务员的标准工作定额怎样计算？
5. 动态排班的注意事项是什么？
6. 客房易耗品计划和领用的一般流程是什么？

项目十
酒店餐饮督导实务

 项目描述

餐饮部是酒店重要的对外营业部门,其运营管理涉及面广,内容繁杂。从酒店的部门属性来看,餐饮部属于对客服务的前线部门,是负责管辖直接面对客人的餐厅、宴会部、酒吧等前线服务区域;但从酒店的内部管理层面来看,餐饮部也有提供支持服务的厨房、管事部等后勤区域。餐饮部的工作内容决定其在日常的工作中,需要与市场营销部、公共卫生部、工程安保部、人力资源部、IT 部等酒店各部门保持密切沟通、高效协作,才能保障部门运作顺畅,为客人提供优质的服务。因此,餐饮部整体运作的复杂性和联动性不容小觑。

作为一名基层管理人员,餐饮督导既是服务客人的服务者,又是领导团队的管理者,在部门运作中发挥着连接内外、承接上下的重要作用。这种身份特性就要求其在日常工作中除了要掌握作为一名基层服务人员必须具备的职业素养、服务技能和服务意识外,更需要学习和掌握督导管理能力,及时发现并对员工的服务不足实施补救措施,精准培训以提升部门运作效能,更好地带领团队有序、规范地开展对客服务工作,从而为客人提供美好的服务体验,为酒店打造良好的市场口碑,创造更好的经营业绩。

本项目选取了餐饮督导工作职责中的部分重要内容,着重讲述餐饮督导在日常工作中如何进行工作检查、如何开展厅面销售,以及如何防范服务过程中发生的突发事件。通过对本项目的学习,夯实餐饮督导在餐饮部运营管理中的作用,为进一步提升个人职业发展奠定基础。

 项目目标

知识目标
1. 掌握餐饮督导日常工作检查的目的。
2. 掌握餐饮督导在厅面销售过程中应注意的重点事项。
3. 掌握餐饮服务中突发事件的主要类型。

能力目标

1. 能够实施餐饮服务工作的督导检查。
2. 能够实施餐饮产品的厅面销售。
3. 能够应用安全知识防范厅面突发事件的发生。

思政目标

1. 培养标准化管理意识。
2. 培养主人翁责任感。

知识框架

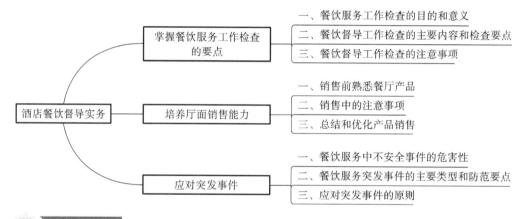

教学重点

1. 掌握餐饮服务日常工作的检查要点。
2. 掌握餐饮产品知识的主要途径。
3. 掌握餐饮服务突发事件的应对原则。

教学难点

1. 餐饮服务各主要环节的检查要点。
2. 应用餐饮产品销售技能实现创收增效。
3. 应对餐饮服务突发事件。

项目导入

小和从旅游专科学校毕业后加入了某市一家五星级酒店,从餐饮部服务员岗位做起,"业精于勤"是小和在加入酒店时为自己确立的工作信条。因此,在对客服务中,他总是态度热情诚恳,服务勤快高效,认真对待工作细节,积极关注客人需求,及时提供贴心的服务,常常得到客人的好评。对于餐厅的日常工作,他不仅勤学好问,还爱动脑筋思考如何优化改进,也乐于协助领导完成一些部门管理事务。于是,经过短短1年的时间,小和就凭着良好的工作表现晋升为一名餐饮督导。

小和在感恩领导和客人对自己工作认可之余,对于自己肩上的责任和未来的工作开始了认真的思考。他希望自己能够快速准确地掌握餐饮督导的工作要点,在新岗位上发挥更大的作用。于是,他敲开了领导办公室的门,恳请领导为自己进行岗前培训。培训结束后,小和望着整理的厚厚的一本笔记,脸上露出了笑容,对未来成为一名合格的餐饮督导充满了信心。

任务一 掌握餐饮服务工作检查的要点

任务引入

中午12:00,中餐厅的客人开始多起来了,带位员正在迎宾台低着头接听客人的订餐电话。此时,刚在酒店会议室结束会议的张小姐和两位朋友走进餐厅,见她正在接电话便径直走向靠窗的位置坐下来。接听完电话,带位员看到预留给常住客李先生的座位上坐了别的客人,于是放下电话快步走到张小姐身边说:"中午好,女士。不好意思,这个位置已经有客人预订了,麻烦几位移坐到旁边的位置好吗?"张小姐刚刚还在夸赞这个位置视野极好,可以一边用餐一边欣赏风景,令人心情愉悦,听到带位员这么说,瞬间很失落,但也没有为难她,与朋友移坐到了旁边的位置。带位员对张小姐和两位朋友表示感谢后转身离开了。

此时,服务员小李为张小姐送上了一壶茶水,并为每位客人的茶杯倒上茶水,然后放下茶壶转身离开了。张小姐端起茶杯,茶水刚送到嘴边,却停下了,她端详着茶杯上的一处小缺口,脸上露出了不悦的神色。张小姐放下茶杯,招手请来了服务员小李,示意她更换。小李表示歉意后,拿走破损的茶杯,很快取来新的茶杯放在张小姐的面前再次转身离开了。张小姐和朋友看着餐桌上新拿来的空茶杯,相对而视,欲言又止。

正在餐厅内巡场的督导小和看到了这一切,立即上前做出补救措施……

请同学们带着以下问题进入本任务的学习:

1. 这家餐厅的服务存在哪些问题?
2. 督导小和应该采取哪些补救措施?
3. 餐饮督导日常检查工作包括哪些内容?

上述案例中,服务员在开市准备、迎宾服务、用餐服务的过程中均存在不规范操作现象,这也是餐厅对客服务中常见的客人投诉类型。餐厅能否在日常运营管理中及时发现问题,对服务不足之处迅速实施补救措施,保证客人满意度,与餐饮督导的日常检查工作密不可分。

一、餐饮服务工作检查的目的和意义

管理的一半是检查,检查是为了培养团队标准职业行为规范的养成。餐饮督导工作检查的目的和意义也源于此。餐饮部的面客服务岗位较多,工作内容相对繁杂,员工结构多样化,常常是集老员工、新员工、实习生、劳务派遣工等于一体,员工素质水平参差不齐,对于酒店服务标准的理解和执行程度会有较大差异,表现出来的直接结果就是餐厅对客服务品质的不一致。因此,餐饮督导日常工作检查十分必要,其具体目的和意义体现在以下几个方面。

(一)保持稳定而优质的服务质量

酒店通常都有一套根据行业标准和实际运营需要而制定的服务标准操作程序(SOP),这是酒店衡量各个部门、各个服务环节是否达到酒店规范要求的"尺子"。餐饮督导运用这把"尺子"对员工的服务工作进行量度,找到不达标的地方,就是为了保证餐饮服务的各个环节符合酒店的标准要求,使酒店服务质量保持稳定优质的水平,从而为酒店打造出优质的市场口碑,带来持续不断的客人。

(二)提升客人对酒店的满意度

客人选择到酒店的餐厅消费,除了对酒店优雅的环境氛围的认可,往往带着对酒店优质产品和舒适服务的信任与期待,这无疑是他们愿意付出高于普通餐厅消费的理由之一。餐饮督导对服务工作的检查,可以帮助员工提前预见或及时发现客人的服务需求并予以满足,确保员工的服务符合客人的期望要求,带给客人美好的服务体验,从而提升客人对酒店的满意度。

(三)降低对客人和酒店造成的不良影响

在餐饮服务过程中,难免会出现一些意外情况,有的是员工服务不规范所致,有的是酒店设施设备故障引发,也有的是客人原因导致。但不管因为哪种因素引发意外情况,及时采取补救措施、控制不良事态的进一步发展是解决问题最为有效的途径。餐饮督导对服务工作进行检查,可以对已经出现的问题及时实施补救,把对客人和酒店造成的不良影响降到最低。

(四)找到问题的根源

发现问题是解决问题的第一步。餐饮督导在对服务工作进行检查的基础上,要对发现的问题定期总结,通过科学准确的数据分析,详细了解服务中存在的痛点和难点,找出问题的根源,从而更有针对性地制定具体改进措施,助力服务品质快速提升。

二、餐饮督导工作检查的主要内容和检查要点

上述内容中讲述到，餐饮督导在进行工作检查时，主要依据的标准是酒店制定的服务标准操作程序，这是各家酒店根据自身的星级档次、品牌定位、服务项目、服务特色、人员配置、岗位职能、设备设施配置、场地环境、操作流线等设计的操作标准，具有"量身定做"的特点，一般按部门编写独立分册，指导酒店各部门实施服务的全过程，是酒店衡量各部门服务质量的标尺。员工入职后，在正式走上服务岗位前，都需要接受服务标准操作程序的培训，因此这本"天书"既是部门岗位培训的基本教材，也是餐饮督导进行工作检查的秘籍。

下面以开市准备工作检查和迎宾服务工作检查为例，对餐饮督导的主要检查内容和检查要点进行详细说明。

餐饮部每个营业时段开始前，督导都需要对相关准备工作进行一次全面的检查，这是保证对客服务和部门运作顺利进行的基础。开市准备工作和迎宾服务工作的检查内容和检查要点分别如表10-1和表10-2所示。

表10-1　餐厅开市准备工作检查表

序号	检查内容	检查要点
1	当天客人预订情况	(1)是否有重要客人预订。 (2)是否已预订满座；如已满座，是否已做好客人等位安排。 (3)是否有特殊要求的预订，如有，是否已按要求提前做好安排
2	各个服务区域员工在岗情况	(1)是否有员工脱岗。 (2)是否各区域都已分派员工跟进服务。 (3)是否已安排操作熟练的服务员负责重要客人的接待。 (4)重点区域是否已增派员工加强服务。 (5)是否已安排员工分批用餐
3	餐台物品摆设情况	(1)是否餐具、杯具、餐巾(如有)、调味瓶(如有)、台花(如有)已按酒店制定的标准摆放，数量足够，位置正确，摆放整齐。 (2)餐台上各项物品是否都保持洁净，无破损，无污渍
4	灯光、室温、音乐、地面清洁情况	(1)是否已开启所有灯光，照明正常。 (2)厅面室内是否温度舒适，空调机无异响。 (3)地面是否洁净，无水迹，无污渍，无碎屑。 (4)是否已开启背景音乐(如有)，是否播放正常、音效清晰。 (5)是否有需要马上维修调整的设备
5	包间接待准备情况	(1)餐台物品摆设是否符合酒店制定的规格和标准。 (2)是否已按客人要求进行布置。 (3)是否已安排熟练员工负责提供服务
6	当天出品安排情况	(1)是否有当天特别推介的菜品。 (2)是否有已沽清的菜品。 (3)是否有需要特别与厨师沟通的菜式制作要求

表 10-2　餐厅迎宾服务工作检查表

序号	检查内容	检查要点
1	物品准备情况	（1）餐牌、酒水牌和推广菜单是否已整齐摆放在迎宾台上，是否数量充足、干净、无破损、无污渍，方便随时取用。 （2）带位员是否已准备好预订记录本，并熟悉当天已有预订情况，掌握尚未预订的座位情况。是否对已预订的座位正确摆放预留位置卡。 （3）摆放在餐厅入口处的宣传海报架是否摆放有序，整齐划一
2	迎宾服务情况	（1）员工的发型、妆容是否符合酒店的仪容仪表规范（如女员工化淡妆，长头发以深色发网束起；男员工两鬓头发不过耳，后脑发尾不过衣领）。 （2）员工制服穿着是否合身得体，整洁。 （3）员工是否在开市前已提前在入口处带位台一侧站好，精神饱满，保持笑容，随时准备迎接客人。 （4）当客人走近餐厅门口，员工是否主动上前相迎，礼貌地向客人问好，对客人的光临表示欢迎（如：先生/女士，早上好/下午好/晚上好！欢迎光临！）。 （5）若员工正在接听预订电话，当有客人走近时，员工是否微笑向客人示意稍等片刻。结束通话后首先对客人的等候表示感谢，并马上为客人提供服务。 （6）员工是否主动询问客人有无预订，对已有预订的客人按预订安排引领客人就座。 （7）员工引领客人时是否按规范礼仪引导客人前行（如：走在客人的右前方，手掌心向上伸向前方为客人示意方向，步速适中，与客人保持适当的距离并不时回头关注客人）。 （8）到达座位后员工有没有征询客人对座位安排是否满意，若客人要求作出调整，是否尽力为客人安排满意的座位。 （9）对于没有预订的客人，员工是否根据餐厅的上座情况适当安排客人就座，尽量为邻座客人之间留出空间，使客人有一个舒适私密的用餐环境。 （10）员工是否为客人拉开椅子，礼貌地请客人就座。 （11）员工是否在客人就座后为客人展开餐巾，并示意为客人铺在大腿上（注：此时应按照"先女士后男士，先老后幼"的原则，以顺时针方向为客人提供服务）。 （12）如果客人带有小孩，员工是否主动询问客人是否需要儿童椅，并协助儿童安全就座。 （13）如果客人脱下外套，员工是否主动为客人套上椅套，并提醒客人注意保管好个人物品。 （14）如果餐厅已满座，员工是否礼貌请客人在休息区等候，并按照轮候顺序叫号

续表

序号	检查内容	检查要点
3	餐厅预订服务	（1）员工是否在电话铃响3声之内接听电话。 （2）员工是否报出餐厅名称和个人名字，礼貌地询问客人姓氏，并用客人姓氏来称呼客人。 （3）员工是否仔细聆听客人的预订需求。 （4）员工是否快速查询预订情况，迅速回复客人是否可以接受预订。 （5）员工是否复述并确认客人的预订需求，记录客人的姓氏、联系方式、预订安排和用餐需求等信息。 （6）员工是否告知客人餐厅保留预订的时间规定，并对客人的来电预订表示感谢。 （7）员工是否主动向超过预订时间而尚未到来的客人确认是否推迟或取消预订，并注销取消的预订记录。 （8）员工是否及时知会主管有特殊用餐需求的预订，以便出品部及时掌握客人需求，配合提供

前述案例中，餐饮督导小和如果能在开市准备工作检查中，对当天客人的预订情况以及餐台物品摆设情况进行认真检查，带位员如果能严格执行餐厅迎宾服务规范，提前在预留位置摆放标识卡提醒，在接听预订电话的同时，礼貌示意张小姐一行稍等片刻，稍后为客人引领入座，张小姐一行则无需临时变更餐位，破损的茶杯也不会出现在餐桌上引起客人不悦。因此，餐饮督导应熟练掌握每一个服务环节的检查要点，认真执行日常检查工作，督促员工规范服务行为，这是提供优质服务的重要保证。

三、餐饮督导工作检查的注意事项

餐饮督导在对服务工作进行检查时，如何快速精准地发现问题，需要多动脑筋多思考，把注意力集中在与客人体验息息相关的服务环节上，也需要不断积累工作经验，提升自身的管理能力。

1. 要提前预见或积极关注客人的服务需求，及时为客人提供"满意＋惊喜"的服务

在这个信息丰富、沟通便利的时代，越来越多的酒店发现：能否很好地理解并快速准确地响应客人的需求已成为酒店竞争力的关键点。这就要求，酒店在运营中坚持"以客人需求为出发点"，努力为客人提供"满意＋惊喜"的服务，既符合标准又超出期待的优质服务。例如：有的客人在用餐的时候喜欢干湿分碗，而酒店标准的餐具配置是每位客人的桌上摆放一个碗，对于客人的这种特殊服务需求，员工要善于观察，及时增补餐具，满足客人服务需求。

餐饮督导在进行服务工作检查时，就是要时刻关注客人的服务需求能否得到服务人员的及时响应，如果服务出现缺失，督导要马上采取补救措施，消除客人的不满情绪。案例中服务员小李在为客人取来新茶杯后立即转身离开令客人不满，餐饮督导小和发现后及时为客人倒茶致歉，恰当地发挥了督导的作用。

2. 要检查和督导员工按酒店标准流程做好服务工作，及时纠正操作中的不规范行为

服务团队中的个体差异，诸如对工作责任心、服务意识、服务技能等因素的不同认

知识拓展

用餐服务
工作检查

知识拓展

会议服务
工作检查

知,决定了员工在执行酒店服务标准的过程中也存在一定的差异。案例中,如果带位员能严格遵守服务礼仪规范,时刻关注客人动态,在接听客人电话的同时,礼貌示意走进餐厅的客人稍候,并能在结束电话后立即对客人的等候表示感谢,引领客人进入餐厅安排座位,张小姐一行就不会因为需要调整座位而感到失落。

餐饮督导在进行服务工作检查时,就是要关注员工的服务行为是否符合酒店的标准要求,对于员工表现出的不规范行为要及时给予指导,督促其改正。对于因员工服务不规范导致客人不满,督导要真诚地向客人道歉,并采取有效的补救措施,防止客人的不满情绪进一步扩大,挽回餐厅的服务声誉。

3. 要协调厨房高效出品,保证出品效率和质量符合酒店的标准要求

餐厅通常对于上菜速度和菜品的色香味形有着明确标准和要求,这些因素与客人的服务体验密切相关,是构成餐饮服务品质的核心要素。试想,如果客人用餐时,要么上菜时间拖延,要么上菜毫无规律,所上菜品与菜牌上的图例相差甚远,这样的服务体验会令客人满意吗?因此,出品部门能否按标准高效地提供出品对于客人的服务体验至关重要。服务员在服务的过程中要留意菜品的上菜时间是否正常,如果出现异常需要马上向督导反映,迅速采取补救措施。

餐饮督导在进行服务工作检查时,要关注出品效率和出品质量是否符合标准要求,及时协调出品部门解决出品异常的问题,以免给客人带来不好的服务体验,以及给酒店造成不必要的经营损失。

4. 要及时发现服务区域内潜在的安全隐患,防止事故发生

安全是客人消费的第一需求,也是酒店向客人提供优质服务的基础和保障。这就需要酒店既要做好设备设施检查、消防治安管理,又要做好食品卫生管理、环境卫生清洁,以及服务过程的安全操作工作,从源头上杜绝事故的发生。例如:一位在自助餐厅用餐的客人取食物时不小心把汤洒在了地上,如果客人自己没有主动提醒服务员进行清理,服务员也没有留意观察地面的情况,那么地上的汤水很容易使经过的客人滑倒,严重的还会造成身体损伤。

餐饮督导在进行服务工作检查时,要随时保持安全警觉性,密切关注餐厅区域是否存在不安全因素,员工服务操作是否有不安全行为等。通过细致的观察和检查,及时发现潜在的安全隐患,最大限度地防止不安全事件的发生,这既是对客人的关爱,也是对酒店利益和声誉的保护。

5. 要及时了解客人对服务和出品的意见反馈,正确处理宾客投诉

客人对餐饮服务及出品做出的意见反馈是餐饮部改进和提升服务质量最重要的参考依据。通过听取客人的意见和建议,定期进行数据分析,可以准确发现客人对酒店的服务需求和价值期望,有的放矢地调整工作方向,稳定已有客源并吸引更多客源。例如,某商务酒店餐饮督导对近两个月前来餐厅享用午餐的散台客人进行意见征集和分析后发现,80%的客人反映酒店菜量较大,有点儿浪费。于是,他又对近期散台客人所点菜单深入分析,找出最受客人喜爱的菜品,与厨房沟通后,针对2~4位商务散客设计了五款小分量的商务套餐菜单,满足了商务客人既追求午餐品种多样、营养丰富,又希望性价比高、不浪费的多重需求,收获众多客人好评。

餐饮督导在进行服务工作检查时,对了解到的宾客意见和建议要如实记录,及时向部门领导反馈。对于宾客的认可与表扬要表示感谢,遇到客人投诉或表达不满时,督导

更应加以重视,认真倾听,及时协调解决,尽最大努力改善带给客人的不良体验,消除客人的不满。

6. 要培养数字化思维和数据分析能力,善于运用督导检查的结果,合理制定改进措施

在数字化时代背景下,数字技术嵌入酒店业的速度之快、比例之高超过了预期。餐饮督导要适应时代发展,培养数字化思维和数据分析能力,善于运用数字技术、工具对各类检查结果进行统计分析,提取有效信息,找到问题的根源,从而有针对性地制定优化措施。例如,餐饮督导小和对近一个月的餐饮服务工作检查表(表10-3)进行了失分统计,发现员工在酒水服务环节失分较多。然后,他又对近一个月的餐饮服务客人意见表(表10-4)进行统计分析,发现客人对餐厅服务操作方面的评价最低,且服务操作类评分同比降幅最大。他分析,这与餐厅近期员工流动率较大,实习生人数增多密切相关,于是,他重新调整了培训方案,将服务技能作为近期主要培训课程,收获了不错的培训效果。

表 10-3 餐饮服务工作检查表

序号	检查要点	检查结果 是	检查结果 否
1	员工是否主动询问客人是否需要酒水,并在客人需要时推介		
2	员工是否根据客人所点的品种摆放好相应的酒具和杯具		
3	员工是否向客人展示所点的酒水,礼貌地请客人确认后再在客人面前开启酒瓶		
4	员工上饮品时是否报上饮品名称		
5	斟倒饮品时,员工是否控制好瓶口,不触及杯口边缘		
6	员工上饮品时是否在客人的同一侧送上,遵守礼宾次序并且使用礼貌服务用语		
7	员工是否密切留意客人杯中饮品余量,及时为客人添加		
8	员工是否及时告知客人酒瓶的酒已斟完,并征求客人意见是否需要加酒		

总结分析:

表 10-4 餐饮服务客人意见表

评价项目	评价内容	非常满意	满意	基本满意	不满意
员工服务	礼仪礼貌				
	服务效率				
	服务操作				
出品质量	味道				
	新鲜度				
	分量				
	装饰摆设				
	上菜效率				

续表

评价项目	评价内容	非常满意	满 意	基本满意	不 满 意
餐厅环境	布置				
	温度				
	灯光				
	音乐				
设备设施	性能				
	便捷性				
	运作				
卫生安全	食品卫生				
	环境卫生				
	服务安全				

对于客人意见的收集方式，除了传统的纸质客人意见表，在数字化时代还可以采取线上问卷填写的方式，利用数字软件工具制作电子问卷，不仅可以提高数据分析效率，还可以扩大酒店私域流量。

 任务思考

作为一名餐饮督导，你将在哪些方面征询客人对餐饮服务的意见建议？

任务二　培养厅面销售能力

 任务引入

中秋前的某一天，熟客李先生带着一位从北方来看望他的老同学到酒店的粤菜餐厅用餐，餐饮督导小和接待了他们。因为老同学从北方远道而来，李先生希望用地道的粤菜好好招待他，于是在点菜的时候请小和推荐几款餐厅的招牌菜式。小和向客人推荐了明炉烧鹅、鸡丝煲仔鱼翅、金瓜海鲜船、蒜蓉炒生菜、广州炒饭，并向李先生的老同学简单介绍了菜品特点。用餐完毕后，李先生和老同学对餐厅的出品表示了赞许，对小和的推荐也表示了感谢，认为小和推荐的菜品搭配相宜，分量适中，色香味形都不错。

恰逢酒店正在销售自制的广式传统中秋月饼，口味很受客人欢迎。于是，在客人用餐将近结束时，小和向李先生介绍了酒店正在销售的月饼，推荐他送给老同学尝尝。小和的介绍正切合了李先生的想法，因为他也在想着为老同学准备伴手礼，广式月饼既是地方特产又是应景的礼品，更让李先生高兴的是，酒店通过微商城销售的月饼可以由快递公司直接寄送到老同学家里，这就减去了他带着月饼搭乘飞机的麻烦。李先生对酒店周到的服务再次表示了赞许。

在小和的理念里，餐饮产品的销售收入是酒店营业收入的重要组成部分，是酒店持续发展的根基。作为一名餐饮督导，只有熟悉每一个餐饮产品，掌握所销售产品的特点，在为客人做推荐的时候才能做到胸有成竹，精准匹配客人的需求，提高客人的购买成功率，为酒店创造理想的销售业绩。

请同学们带着以下问题进入本任务的学习：
1. 小和的销售工作获得客人赞许的原因有哪些？
2. 熟悉餐厅产品知识的途径有哪些？

上述案例中，小和凭着自己对餐厅产品的高度熟悉，圆满地向客人推荐了餐厅的招牌菜式，而且搭配相宜，在展示餐厅特色产品的同时，也满足了外地客人对本地菜式的好奇心。此外，小和还凭着敏锐的观察和强烈的销售意识，成功地向客人附加销售了餐厅的节庆产品，展现了良好的厅面销售能力。在日常工作中，餐饮督导要培养自己的厅面销售能力，需要从销售前、销售中和销售后三个环节多下功夫（图10-1）。

图10-1　销售前中后的核心思想示意图

一、销售前熟悉餐厅产品

（一）了解酒店餐饮产品的主要类型

酒店的餐饮产品种类丰富，形式多样，但在销售时都以酒店公开展示的餐牌、台卡、宣传页、线上销售平台等信息为依据。要做好餐厅产品销售，首先要从熟悉自有供应产品做起，总体来说，可以从以下三大类型产品着手。

1. 固定餐牌、酒水牌产品

餐厅通常把在较长时期内保持稳定供应的食品、饮品的名称和图片通过设计编排，印制成精美的餐牌和酒水牌，展示给客人作为选用菜品和饮品的参考。一个完整的固定餐牌通常包括主菜、配菜、汤品、主食、小食等，能够突出展示本餐厅的名菜、精选菜和特色菜等。同样，一个完整的酒水牌包括餐厅可以稳定供应的酒类、软性饮料、茶水等，能全面满足客人搭配点餐的需求。固定餐牌、酒水牌的产品是餐厅销售的基本产品，更换频率一般是2年左右。

在数字化时代,纸质版的餐牌和酒水牌已逐步被电子版取代,电子餐牌的出现让产品展示效果更精美,客人使用更便利,且数据统计功能更强大,可以有效帮助餐厅科学调整出品方案。

2. 特别推广产品

餐厅出于吸引客人、增加产品新鲜感以及提升客人黏度等目的,在一个时期内推出的不包含在固定餐牌、酒水牌内的产品称为"特别推广产品",通常这些产品都具有性价比高、时令性强、地域特色鲜明等特点,是吸引客人重复消费的亮点。

特别推广产品通常采用小餐牌或宣传单页形式集中呈现,是对固定餐牌产品的一种有效补充,可以很好地弥补固定餐牌更换周期长、菜品新鲜感淡化的不足。常见的特别推广产品餐牌如(春季)新菜推介、(厨师)特别介绍、(是日)特价菜式、(咖喱)系列推广、(川)味特别推广、(意大利菜)专题周、(冬日)特饮、(店藏佳酿)推介、(花语花茶)推介等。

3. 节庆产品

餐厅为满足客人庆祝节日的需求,在某个广受欢迎的中西方节日的前后一段时间内推出的餐饮产品称为节庆产品。这类产品围绕着特定的节日主题而设计,通常贴合该节日的文化历史和饮食习惯,产品比较有特色而且形式较为多样,通常既有餐厅设计的特色活动,也有包装精美的礼品。如春节合家欢套餐、情人节套餐、"女神节"下午茶套票、年宵礼盒、新春盆菜、端午粽子、中秋月饼等。

如今的餐饮消费市场,节庆产品销售已成为餐厅营收的一个重要来源。餐厅吸引消费者的手段已不再停留在物质性的产品消费,更多的是抓住了消费者"追求美好生活感受"的心理需求,充分利用各种节日庆祝来打造消费场景,践行着"有节过节,逢节必促"的营销理念。

(二)掌握酒店餐饮产品知识的途径

要熟悉酒店正在销售的餐饮产品,需要在日常工作和培训中做到"用心和用脑"。用心,是要始终保持着对学习和了解产品知识的兴趣以及自觉性;用脑,是要注意观察和思考如何实践,只有通过不断的学习积累,在脑海中把所学到的知识储存起来,在需要的时候才能快速找到匹配答案。餐饮督导熟悉酒店餐饮产品的途径和方法主要有以下几点。

1. 学习餐厅标准菜谱

餐厅在推出每一个新菜品时,厨师都会编制一份标准菜谱,详细说明制作该菜品的主料、配料、调料、制作工艺、成品色泽、口味、造型等,这份菜谱既是产品制作的标准,也是测算菜品成本的依据,更是餐厅服务人员了解菜品详情的基本资料。

作为一名餐饮督导,在熟悉餐厅产品的过程中,需要针对这些标准菜谱进行认真研究和学习,掌握每一个菜品的制作材料、味道等基本情况,这样在向客人介绍菜品时才能做到专业高效。

在任务案例中,当客人请小和推荐地道本地菜时,小和首先想到的是餐厅的招牌菜式,这些都是经过厨师们多年的技术磨炼、得到客人普遍认可、在多次菜品更换中被保留下来的经典菜品,是真正经得起考验的餐厅招牌菜,所以小和的推荐赢得了客人的赞许。

2. 邀请厨师讲解菜品

作为一个服务团队,餐厅全体服务人员都应该了解餐厅销售的产品,这样才能高效地为客人提供服务。因此,作为餐饮部岗位培训内容之一,讲解餐牌菜品内容是必不可少的。餐饮督导可定期邀请厨师长为服务人员讲解餐厅主要菜品的原材料、口味特点、制作工艺等,尤其是在餐厅准备推出新菜品的时候。通过厨师们的讲解,餐饮督导不仅可以自己掌握菜品知识,还可以增加服务团队对菜品的认知,为共同做好餐饮产品销售打下基础。

3. 观摩菜品制作视频

在有些酒店,餐饮部还会把厨师制作菜品的过程录制剪辑为小视频,这些小视频既可以在部门培训时播放给员工观摩学习,有效帮助员工直观地认识所销售的产品,同时也可以作为产品宣传资料,在餐厅大厅的电视屏幕投放,引起客人的品尝欲望。

4. 参加新品试菜

餐厅在推出新菜品时,通常会组织餐厅负责人、督导等人员进行试菜,共同对新菜品的口味、搭配、品相等进行评议,以便协助出品部门进一步改进新菜品。餐饮督导通过试菜,可以把掌握的产品知识通过培训传递给服务人员,提升团队成员对产品的整体认识。

5. 扩展自身的餐饮知识

饮食文化博大精深,了解本地、中国乃至世界各地不同菜系的特色和文化,积累丰富的餐饮知识,都将有助于提升个人销售餐饮产品的能力,餐饮督导需要利用业余时间学习更多的餐饮知识,进一步提升自身的相关知识水平。

二、销售中的注意事项

(一)执行服务规范

在酒店的餐厅消费,除了在环境气氛、卫生安全和菜品质量方面有别于社会餐饮消费,员工的服务质量也是客人特别关注的因素。同样是向客人销售产品,周到有礼的服务能带给客人更高的信任感,促使交易达成,客人的体验感更好。因此,餐厅销售时执行服务规范是十分必要的。需要注意的关键点如下。

1. 点餐前

服务员为客人送上餐牌后应允许客人有充分的时间浏览和沟通,一般停留大约2分钟,餐饮督导应主动上前询问是否可以开始点菜,或者在客人提出需要点菜的时候及时上前提供服务。当客人表现出犹豫不决时,餐饮督导应礼貌地询问是否需要为客人做菜式介绍,并问客人的口味喜好、有无忌口等特殊要求。

2. 点餐过程中

为客人推荐菜品时,餐饮督导应主动介绍菜品的主料、配料和烹饪方式,简单描述菜品的味道(如酸、甜、咸、辣等)和口感(如脆、酥、爽、糯等),使客人更直观地做出判断。如果餐厅使用的是电子餐牌,在客人自选菜品的过程中,餐饮督导应随时关注客人是否需要提供帮助。

对于客人自选的菜式分量,应根据客人的用餐人数和餐厅产品的分量规格,礼貌地提示客人适当增减,以免造成食物浪费或分量不足的尴尬。遇到客人所点的菜品已经沽清，要及时告知客人，并征询客人是否更换其他菜品。

3. 点餐后

客人点餐完毕后，餐饮督导应向客人复述所点的菜式，得到客人确认后及时为客人录入订单。在打印订单前，餐饮督导应再次核对以确保录入内容准确无误。下单成功后，餐饮督导应根据客人所点的菜式，提示服务员适当更换、调整餐具，如增加刀叉、撤走酒杯等，为上菜做好准备工作。

（二）分析客人的需求

餐饮督导在进行产品销售时，了解客人的需求是必不可少的环节，也是促成销售成功的关键。一方面，餐饮督导可以通过直接询问客人以获取信息，如用餐人数、口味要求、个人喜好、忌口食物、价格预算、过往用餐经历的满意度等，并根据这些信息为客人推荐合适的菜品，尽可能地满足客人的需求。

另一方面，餐饮督导也可以通过观察思考，从侧面了解客人的心理实际需求，如对菜品价格是否敏感、对新产品是否有尝新的意愿、菜单价格是否超出客人的心理预算等，通过观察分析为客人推荐符合其需求的产品。

（三）线上同步精准销售

随着移动互联网和社交媒体平台的发展，酒店餐饮产品的销售除线下售卖外，已迅猛扩展到各种线上销售渠道。官方网站、微信小程序、电子商城以及第三方订餐平台等，已经成为主流线上销售渠道。

对于线上销售，餐饮督导可深入研究分析不同渠道的主要受众人群特点，从消费者的年龄、喜好、价值期望等因素了解他们对餐饮产品的不同关注点，有针对性地向消费目标群推送匹配度较高的产品信息，更精准地实施产品销售。

三、总结和优化产品销售

（一）总结自有产品销售情况

餐饮督导在销售产品时，与客人保持着直接沟通，掌握第一手的客人反馈信息。因此，餐饮督导有责任对餐厅产品的销售做出记录、总结和分析，为优化餐厅的产品提供数据支撑。

餐饮督导在日常工作中要及时了解产品的销售动态，并且每月、每季度对正在销售的产品进行统计分析，例如，通过统计餐厅每月位居前 15 名的点单菜品、沽清菜品和退单菜品（表 10-5 至表 10-7），分析主要原因，可以帮助餐厅了解产品的受欢迎程度、热销程度，以便做出调整方案。

表 10-5　每月销售产品点单前 15 名排行表

餐厅名称：_____　　　　　　　　　　　　　　　　　　____年____月

排　名	菜品名称	点餐次数	价　格	出品厨房	上月排名
1					

续表

排　名	菜品名称	点餐次数	价　格	出品厨房	上月排名
2					
⋮					
15					

表 10-6　每月销售产品沽清前 15 名排行表

餐厅名称：_____　　　　　　　　　　　　　　　　　　　　　　____年____月

排　名	菜品名称	沽清次数	价　格	出品厨房	上月排名
1					
2					
⋮					
15					

表 10-7　每月销售产品退单前 15 名排行表

餐厅名称：_____　　　　　　　　　　　　　　　　　　　　　　____年____月

排　名	菜品名称	退单次数	价　格	出品厨房	上月排名
1					
2					
⋮					
15					

（二）分析竞争对手产品情况

在市场竞争中，我们常说"知己知彼，百战不殆"，除了要熟悉自身的产品，餐饮督导还需要对外进行市场调查，与周边竞争对手销售的产品进行对比，了解自有产品所处的市场定位，开展优劣势分析，及时调整销售策略，在产品供应、产品品质上保持"人无我有，人有我优"的立场，以差异化的竞争优势取得更好的销售效果。

（三）创新优化自有产品

创新优化是保持自有产品活力的有效途径。餐饮督导要及时向厨房反馈客人对出品的意见，定期与厨师共同商讨并制定适合本餐厅且更有市场竞争力的新菜式，在保持原有销量稳定、受欢迎的菜式的基础上，根据客人意见反馈、目标群体消费特点、当下流行元素等提出新菜式的研发建议。

任务思考

酒店为了进一步提高各部门的销售业绩，决定实施全员销售政策，由各部门把销售指标分解下达到下辖每个班组，小和带领的服务团队也从所在的餐厅接收到了任务指标。对小和来说,要带领团队完成指标真是压力不小,毕竟在小和的团队里既有老员工,又有新员工,还有实习生,这是他们第一次亲身感受到任务指标的压力。经过思考,小和决定从培养团队成员的产品销售能力着手。你觉得他该怎样实施这个计划呢?

任务三　应对突发事件

任务引入

这一天,餐厅工作比较繁忙,小和与他的团队都在辛勤地为客人服务着。这时,一位刚从洗手间回到座位的客人扬手示意小和过去,脸上带着明显的不高兴。小和来到客人餐桌前,还没来得及询问客人有什么服务需求,客人就开始投诉起来:"你们洗手间通道的地板怎么会有积水?刚才我差点滑倒,幸亏我的协调性还比较好,换了是老人肯定要摔伤!"听了客人的投诉,小和明白了客人投诉的缘由,马上诚恳地向客人道歉,并且对客人及时的提醒表示感谢。在安抚了客人之后,小和马上到洗手间通道进行了查看,发现是清洁员清洁地面时残留的水造成了湿滑,并且没有及时在通道上摆放警示牌。回想刚才那位客人的经历,小和打心底里庆幸这次事件没有对客人的身体造成伤害,但小和也深深地意识到这次事件对于餐厅以后的安全风险防范是一个响亮的警钟。

请同学们带着以下问题进入本任务的学习:
1. 餐厅以后应该如何防止这类事件的发生?
2. 在餐厅里还会有什么潜在的不安全因素?

　　上述案例中,由于清洁员的操作不规范造成了餐厅环境的不安全,险些给客人造成身体伤害。其实,大多数客人选择用餐地点的时候,除了对食物出品和价格因素关注外,餐厅环境的安全性和舒适性也是客人关注的重点因素。因此,餐厅用餐的安全性是不容忽视的,这是餐厅正常运营的基本条件。餐饮督导在日常工作中要时刻树立高度的安全警觉意识,做好安全事故防范应对。

一、餐饮服务中不安全事件的危害性

　　餐厅安全需要全体员工从思想上切实认识到安全事故的危害性,才能自觉地产生安全保护意识,形成防范不安全因素的敏感性。餐饮服务中不安全事件的危害性主要有以下三个方面。

(一)给客人的身心造成伤害

上述案例中,虽然客人庆幸自己没有滑倒,但显然已经受到了惊吓。如果换作一位年迈的客人,这种"幸运"也许就变成了"噩运",客人身体受伤程度也难以预估。其实,在餐厅的日常服务中,还有许多可能引起客人身心受伤的不安全因素,如不符合卫生标准的食物、不规范的服务操作行为、设备设施的突发故障等,餐饮督导应提高安全责任意识,对餐厅潜在的安全隐患严格排查,做好防范。

(二)造成客人财物受到侵害

如果因为餐厅的治安安全防范工作不到位,给某些进入餐厅的犯罪分子有了可乘之机,造成客人财物受侵害的风险就会大大增加。

(三)导致酒店利益受到损害

在餐厅中发生的不安全事件所造成的伤害,无论是发生在客人身上还是员工身上,酒店都需要承担一定的管理责任,严重的突发事件还有可能扩散至社会层面,这必然会对酒店的经济效益和品牌声誉造成一定的影响,带来有形或无形的利益损害。

二、餐饮服务突发事件的主要类型和防范要点

(一)餐饮服务突发事件的主要类型

餐饮服务突发事件看似点多面广,实则大体可以分为以下几种类型。

1. 食品卫生安全事件

食品卫生安全事件通常是客人在进食了餐厅提供的饮食后出现身体不适,对酒店的食品卫生产生怀疑而引发的投诉事件,例如,客人进食自助餐后出现拉肚子的情况等。

2. 服务安全事件

服务安全事件通常是因为服务人员的不规范操作给客人带来不安全服务体验而引发的投诉事件,例如,服务员上菜的时候没有提醒客人注意而发生碰撞,导致菜汤洒在客人身上等。

3. 环境安全事件

环境安全事件通常是因为就餐区域内的设备设施存在安全隐患,导致客人身体不适或造成伤害的事件,例如,餐厅的落地玻璃门没有张贴防撞标识导致客人误撞而受伤等。

(二)突发安全事件防范要点

在服务过程中保障客人的人身和财物安全、确保部门安全顺畅地运行是餐饮督导的工作职责之一。这就需要餐饮督导在日常工作中密切关注服务、治安、食品卫生和消防等各方面的安全风险点,同时也要督促指导员工做好防范,避免各类突发事件的发生。

1. 食品卫生安全

为防止食品卫生安全事件发生,餐饮督导需要对食品原材料采购、储存到加工的全过程,以及厨房环境卫生和餐具消毒等一系列操作环节加以关注。

1)食品原料采购和储存管理

(1)食品原料的采购来自正规渠道,具有必需的食品生产许可、食品流通许可证明,以及检验检疫合格证明,有符合国家规定的发票等购货凭据。

(2)食品和非食品库房分开设置,统一库房内贮存不同性质食品和物品的应区分存放区域并设置明显的标识。

(3)食品分类、分架存放,距离墙壁、地面均在10厘米以上,并定期检查,变质和过期食品及时清除。

(4)贮存食品的场所、设备保持清洁,无霉斑、鼠迹、苍蝇、蟑螂,没有存放有毒、有害物品(如杀鼠剂、杀虫剂、洗涤剂、消毒剂等)及个人生活用品。

(5)食品冷藏、冷冻贮藏的温度分别符合冷藏和冷冻的温度范围要求。

2)食品加工和留样

(1)待加工食品在烹调前经过认真检查,发现有腐败变质或者其他感官性状异常的,不得进行烹调加工。

(2)畜禽类、水产品类、蔬菜类分池清洗,禽蛋使用前对外壳进行清洗;为防止农药残留,蔬菜需浸泡一定时间后再清洗。

(3)食物加工均在工作台上操作,生熟食品的加工工具及容器分开使用并有明显标识,刀、菜墩、抹布等保持清洁、卫生。

(4)隔顿及外购熟食品要回锅后再出售;不使用过期变质食品;需要熟制加工的食品应烧熟煮透。

(5)加工后的成品、切配好的半成品、原料分开存放;生熟食品及半成品分柜置放;需要冷藏的熟制品尽快冷却后再冷藏,冷却是在清洁操作区进行并标注加工时间。

(6)员工工作时,工作衣帽应穿戴整洁,不留长发、长指甲,工作时利用夹子、勺子等工具,避免手接触或沾染成品食物与盛器。

(7)留样食品执行卫生部门要求,并做好留样食品名称、留样量、留样时间、留样人员、审核人员等记录。

3)厨房环境卫生

(1)生产、加工、就餐场所内环境(包括地面、排水沟、墙壁、天花板、门窗等)及其内部各项设施随时保持清洁和良好状况,所有孔、洞、缝、隙填实密封,并保持整洁。

(2)设有专门放置临时垃圾的设施并保持其封闭。

(3)废弃物至少每天清除1次,清除后的容器及时清洗,必要时进行消毒。

(4)废弃物放置场所没有不良气味或有害(有毒)气体溢出,并且防止有害昆虫的滋生,防止污染食品、食品接触面、水源及地面。

(5)食品处理区的门、窗装配严密,与外界直接相通的门和可开启的窗设有易于拆洗且不易生锈的防蝇纱网或设置空气幕;与外界直接相通的门和各类专间的门能自动关闭。

(6)操作间入口处设置有洗手、消毒、更衣设施。

(7)洗手、消毒设施附近设有相应的清洗、消毒和干手设施,并设有洗手、消毒方法标示。

(8)粗加工操作场所内至少分别设置动物性食品和植物性食品的清洗水池,水产品的清洗水池独立设置。

(9)厨房人员正确佩戴厨师帽、工作围裙等操作服,不要在不同功能区域随意走动,避免交叉感染。

(10)设置凉菜和其他熟食品加工专间,由专人加工制作,非操作人员不得擅自进入专间,专间每餐(或每次)使用前进行空气和操作台的消毒。

(11)食品处理区内设专用于拖把等清洁工具清洗的水池,并设置在不会污染食品及其加工操作的位置;拖把等清洁工具的存放场所与食品处理区分开。

(12)定期进行除虫灭害工作,防止害虫滋生;除虫灭害工作不在食品加工操作时进行,实施时应对各种食品(包括原料)采取保护措施。

(13)杀虫剂、杀鼠剂及其他有毒有害物品存放均有固定的场所(或橱柜)并上锁,包装上有明显的警示标志,并由专人保管。

(14)食品处理区内可能产生废弃物或垃圾的场所均设有废弃物容器,并配有盖子;废弃物容器与加工用容器应有明显的区分标识。

4)餐具消毒

(1)接触直接入口食品的设备及工具均经过消毒,采用化学消毒的设备及工具在消毒后要彻底清洗。

(2)已清洗和消毒的设备和工具存放在保洁设施内,避免再次受到污染。

(3)用于清扫、清洗和消毒的设备、用具放置在专用场所妥善保管。

(4)餐桌布及餐巾等应每次使用后即时更换。

2.服务安全

要为客人提供安全的用餐服务体验,需要餐饮督导与服务人员在操作中关注各个细节,防止各种不安全事件的发生。

(1)在营业期间,及时提醒就餐客人妥善保管好随身携带的物品,要注意发现可疑人员,防止客人财物被盗。

(2)在提供服务过程中,如有食品或饮料撒泼到地上,应立即清扫干净,防止客人和员工滑倒。

(3)在营业场所内,要提醒客人不要让小孩随处奔跑,避免孩子跌倒或撞伤。

(4)上菜时,应避开小孩和老人的就座位置,上菜时轻声提醒客人,避免发生擦碰。

(5)使用托盘时,要注意正确的使用方法和姿势,物品在托盘上要合理分布摆放,避免受力不均衡而出现摇摆或侧翻。

(6)当端着托盘行走需要超越其他员工或客人时,应小声提醒对方注意避让。

(7)对饮酒过量的客人,应恰当、及时地予以劝阻,防止客人在醉酒状态下使用酒店设施导致意外,防范客人醉酒后在酒店内肇事,给其他客人造成影响;对已发生的肇事行为应立即制止。发生意外时,应及时照顾受伤的客人。

(8)客人结账离开后,如有物品遗留在营业场所内,应设法与客人取得联系以归还物品,或按拾遗物品上交酒店处理。

3.环境安全

用餐环境安全的维护需要从酒店设备设施的配置做起,餐饮督导需要关注各个区域的设备设施安全运行状况,认真排查安全隐患,防范事故发生。

(1)营业场所的座位应设置平面布置图,规定最大容纳人数,避免座位过于拥挤。

(2)出入的通道和楼梯口应保持畅通,以备紧急疏散。营业结束后应有专人巡视,做好安全检查。

(3)营业区域内落地式的玻璃门、玻璃窗、玻璃墙应设置安全警示标志,防止客人误撞。

(4)室内保持通风,没有异味;抽风系统符合卫生标准要求,通风及空调的风口滤网、风扇要定期清洗。

(5)室内营业场所设置禁烟标志,保持环境的空气清新。

4.消防安全

消防安全是整个酒店的生命线,与客人、员工的生命财产息息相关,餐饮督导和服务人员必须时刻保持警惕,严格执行酒店相关的管理制度,杜绝一切消防安全隐患。

(1)在清理餐台时应注意检查是否有未熄灭的烟头或其他火种卷入台布中,以免引起火灾。

(2)每天营业时和营业结束后,应对营业场所进行消防安全检查,消除烟蒂等火种。

(3)营业场所内不得为客人提供标定重量超过5千克的液化石油气瓶作为用餐火源。

(4)在使用各种明火或电热设备时,应严格遵守操作规程。

(5)燃气存放室应安装防爆照明灯及报警装置,保持通风,使用完毕后由专人关闭阀门并做好记录。

(6)厨房灶台照明应使用防潮灯,油烟管道应定期清洗,灶台附近应配备灭火毯和消防器材。

(7)厨房各种电器及设备的安装和使用须符合防火安全标准,认真执行各项操作规程。

(8)营业结束后厨房应有专人负责断水、断电、断气并做好记录。

三、应对突发事件的原则

1.保持冷静

遇到突发事件,餐饮督导应保持头脑冷静,有序处理事件,安抚客人和员工,避免慌张而引起客人和员工更大的恐慌。

2.了解原因

餐饮督导接获突发事件信息后应迅速到达事故现场,及时了解事情发生的经过和事故发生的可能原因。

3.做好保护

在突发事件发生时,应坚持客人和员工安全至上的原则,首先应最大限度地保护客人和员工及其他相关人员的生命安全,其次应最大限度地保护酒店财产安全,尽量减少或避免损失。

4. 及时报告

对于已出现的突发事件，餐饮督导要及时向酒店相关部门和上级主管（如酒店值班经理、餐厅经理、安保部等）汇报，汇报内容应基于当时的实际情况，信息准确具体，尤其是事件发生的时间、地点、涉及人员、简要经过和可能的原因，对个人、酒店、周边社区可能造成的影响，需采取的行动和已采取的行动等尽可能提供详细说明。

5. 服从指挥

当酒店管理层启动突发事件应急处置预案时，餐饮督导应根据酒店的统一安排部署，带领员工采取一系列保护措施，做好突发事件后续的消除、救援、疏散、安抚等工作，把事故对客人、员工和酒店造成的损失控制在最低限度（图10-2）。

图 10-2　应对突发事件的原则

任务思考

下周一，小和所在的餐厅将有2名新员工入职，餐厅经理把新员工的入职培训任务交给了小和。为此，小和开始着手编排培训方案，打算把餐饮服务安全也纳入岗前培训中。你认为小和应该从哪几个方面向新员工讲解餐饮服务安全的相关内容呢？

本项目通过对餐饮督导实施服务工作检查的重要性，在餐饮产品销售工作中需要掌握的工作重点，以及应对突发事件的处理原则与方法等内容的详细阐述，帮助学生初步了解酒店餐饮部督导的日常管理实务，掌握运营管理的基本知识和方法，熟悉基本的厅面销售技巧，树立安全经营意识，具备应对突发事件的基本能力。

项目训练

1. 简述餐饮督导实施服务工作检查的目的。
2. 简述餐厅开市准备环节的主要检查内容。
3. 简述学习餐饮产品知识的途径。
4. 简述在餐饮产品销售过程中需要重点关注的因素。
5. 服务人员应如何避免在服务过程中给客人造成身体伤害？
6. 做好餐厅消防安全工作的具体措施有哪些？

案例分析

正值暑假，酒店里旅游休闲散客比平日多了不少，而此时也恰逢公司年中会议在酒店举办的密集期，餐厅里每天人来人往，用餐高峰时段更是座无虚席，餐饮督导小和每天带领餐厅服务员忙得团团转，客人的投诉却比平时高出很多，他看着网评里的客人意见：上菜速度慢、餐厅里小朋友太吵闹、餐厅温度高、就餐等座时间长、餐具补充不及时，服务员业务不熟练……感到压力很大。他准备制定改进措施，调整工作方案，努力满足每一位客人的消费需求，减少客人投诉。

请分析：

小和应如何制定改进措施？

参考文献
References

[1] Liew A. DIKIW: Data, Information, Knowledge, Intelligence, Wisdom and their Interrelationships[J]. Business Management Dynamics, 2(10), 49.

[2] 肖科学. 双向沟通视角下领导者发展反馈与员工变革行为关系研究[J]. 领导科学, 2018(32): 54-56.

[3] 杨俐. 客户沟通在客户关系管理中的应用[J]. 合作经济与科技, 2009(8): 54-55.

[4] 吴丹, 向华. 关键论争中建设性谈话氛围的营造[J]. 企业管理, 2017(8): 110-112.

[5] 李东阳. 领导潜质的性格分析[J]. 领导科学, 2015(25): 36-37.

[6] 周志刚, 陈娟. 浅析企业双向沟通方式的选择与使用[J]. 辽宁行政学院学报, 2011, 13(6): 76-77.

[7] 石云鸣. 基于大五人格理论的性格领导力类型分析[J]. 领导科学, 2020(2): 24-26.

[8] 姜玲. 培训培训师: TTT指南[M]. 北京: 高等教育出版社, 2008.

[9] 姜玲. 酒店业督导技能[M]. 北京: 旅游教育出版社, 2008.

[10] (美)杰克·E.米勒, 玛丽·波特, 凯伦·埃克·多蒙德. 酒店督导(经典版)[M]. 宿荣江, 等, 译. 大连: 大连理工大学出版社, 2002.

[11] (美)Raphael R Kavanaugh, Jack D Ninemerier. 饭店业督导[M]. 宿荣江, 主译. 北京: 中国旅游出版社, 2011.

[12] 汪群, 王全蓉. 培训管理[M]. 上海: 上海交通大学出版社, 2006.

[13] 中国就业培训技术指导中心. 企业人力资源管理师(二级)[M]. 2版. 北京: 中国劳动社会保障出版社, 2007.

[14] 薛兵旺. 酒店督导[M]. 上海: 上海交通大学出版社, 2011.

[15] 罗峰, 杨国强. 前厅服务与管理[M]. 2版. 北京: 中国人民大学出版社, 2018.

[16] 王培来. 酒店前厅运行管理实务[M]. 北京: 中国旅游出版社, 2013.

[17] 韩军. 饭店前厅运行与管理[M]. 2版. 北京: 清华大学出版社, 2014.

[18] 携程大住宿团队. 酒店OTA平台运营增长指南[M]. 北京: 人民邮电出版社, 2020.

[19] 罗君,邹湘."互联网＋"背景下酒店个性化服务对策——以重庆富力艾美酒店为例[J].企业科技与发展,2020(11),209-212,215.

[20] 李虹,张安然.关于酒店个性化服务的思考[J].中国商论,2020(18),116-117.

[21] (美)西蒙·斯涅克.从"为什么"开始[M].苏西,译.深圳:海天出版社,2011.

[22] (美)马库斯·白金汉,唐纳德·克利夫顿.现在,发现你的优势[M].方晓光,译.北京:中国青年出版社,2002.

[23] 古典.生涯规划师[M].南京:江苏凤凰科学技术出版社,2016.

[24] 黄林军.职业健康与安全管理体系理论与实践[M].广州:暨南大学出版社,2013.

教学支持说明

为了改善教学效果,提高教材的使用效率,满足高校授课教师的教学需求,本套教材备有与纸质教材配套的教学课件(PPT电子教案)和拓展资源(案例库、习题库、视频等)。

为保证本教学课件及相关教学资料仅为教材使用者所得,我们将向使用本套教材的高校授课教师赠送教学课件或者相关教学资料,烦请授课教师通过邮件或加入酒店专家俱乐部QQ群等方式与我们联系,获取"电子资源申请表"文档并认真准确填写后发给我们,我们的联系方式如下:

E-mail:lyzjjlb@163.com

酒店专家俱乐部QQ群号:710568959

酒店专家俱乐部QQ群二维码:

群名称:酒店专家俱乐部
群　号:710568959

电子资源申请表

填表时间：_____年____月____日

1. 以下内容请教师按实际情况写，★为必填项。
2. 相关内容可以酌情调整提交

★姓名		★性别	□男 □女	出生年月		★职务	
						★职称	□教授 □副教授 □讲师 □助教

★学校		★院/系	
★教研室		★专业	
★办公电话		家庭电话		★移动电话	
★E-mail（请填写清晰）				★QQ号/微信号	
★联系地址				★邮编	

★现在主授课程情况	学生人数	教材所属出版社	教材满意度
课程一			□满意 □一般 □不满意
课程二			□满意 □一般 □不满意
课程三			□满意 □一般 □不满意
其他			□满意 □一般 □不满意

教材出版信息		
方向一		□准备写 □写作中 □已成稿 □已出版待修订 □有讲义
方向二		□准备写 □写作中 □已成稿 □已出版待修订 □有讲义
方向三		□准备写 □写作中 □已成稿 □已出版待修订 □有讲义

　　请教师认真填写表格下列内容，提供索取课件配套教材的相关信息，我社根据每位教师/学生填表信息的完整性、授课情况与索取课件的相关性，以及教材使用的情况赠送教材的配套课件及相关教学资源。

ISBN(书号)	书名	作者	索取课件简要说明	学生人数（如选作教材）
			□教学 □参考	
			□教学 □参考	

★您对与课件配套的纸质教材的意见和建议，希望提供哪些配套教学资源：